플랫폼
경제학

Robin Mansell | W. Edward Steinmueller 저
김병근 | 옥주영 | 강민정 | 김규환 | 김종석 역

PLATFORMECONOMICS

박영사

이 저서는 2019년 대한민국 교육부와 한국연구재단의 지원을 받아 수행된
연구임(NRF－2019S1A5C2A02082342)

This work was supported by the Ministry of Education of the Republic of Korea and the
National Research Foundation of Korea(NRF－2019S1A5C2A02082342)

저자
서문

본 입문서는 공식 경제학 교육을 받은 독자와 받지 않은 독자 모두를 대상으로 합니다. 상업적 플랫폼 운영, 데이터 수집 및 사용, 일부 기업의 대규모 운영은 흔히 불가피한 일로 받아들여지고 있습니다. 인공지능 기반 기술의 혁신은 글로벌 무대에서 성공적으로 경쟁하기 위해 필수적인 것으로 여겨집니다. 왜 그럴까요?

디지털 플랫폼 운영은 경제, 정치, 사회성 및 민주주의의 변화와 밀접하게 연결되어 있으며 불평등, 배제, 불이익과 직간접적으로 연관됩니다. 우리가 보기에 이러한 결과는 기업 및 정책 선택이 왜 그리고 어떻게 이루어지는지 인식하지 못하는 경우에만 불가피하게 일어납니다. 경제분석은 현재의 플랫폼 개발을 방어하고 비판하는 경우 모두에 사용됩니다.

이 책에서 우리는 주류인 신고전파 경제학뿐 아니라 다른 두 개의 경제학 전통의 가정과 강점, 한계를 분석할 것입니다. 디지털 플랫폼의 기원과 결과는 사용되는 분석 렌즈에 따라 다릅니다. 우리의 목표는 독자들이 미래 플랫폼 개발을 위한 대안적 비전을 제시할 수 있는 방식으로 이러한 차이점을 이해하도록 돕는 것입니다.

감사의 글

완화 조치를 포함하여 플랫폼 개발에 대한 수많은 유용한 관찰에 대해 후안 마테오스 가르시아에게 감사드립니다.

중국 플랫폼 및 전략에 관한 토론에 대한 도움과 의견을 준 멍빙춘(孟冰純), 문헌 검토에 도움을 준 파비엔 칸테, 그리고 자신들의 모국에서 경제 이론이 디지털 "파괴"를 설명하기 위해 어떻게 활용되는지에 대한 이해를 심화하는 데 도움을 준 학생들에게 감사드립니다.

저자들이 소속된 각 대학 동료들의 지원에 감사드리고 책을 집필할 시간을 가질 수 있어서 감사합니다. 초기 책 초안에 대해 매우 건설적인 논평을 해주신 요하네스 바우어 교수님께 깊은 감사를 드립니다. 마지막으로 오류나 누락에 대한 책임은 저자들에게 있습니다.

로빈 만셀과 에드워드 스타인뮬러

런던, 2020년 1월

역자
서문

이 책은 디지털 플랫폼이 출현한 배경을 소개하고 플랫폼 기업들이 현재 및 가까운 장래에 국내외 경제는 물론 정치, 사회에 미칠 영향을 분석하는 데 도움이 될 개념과 관점들을 잘 정리한 교과서로서 추상적인 경제이론을 배우지 않은 독자들도 이해하고 실무에 활용할 수 있도록 설계되었다.

네이버, 카카오, 쿠팡, 구글, 아마존, 애플, 페이스북, 알리바바, 텐센트… 이 책의 독자라면 국내외에서 활동하고 있는 디지털 플랫폼에 관한 질문을 받으면 위에 열거한 기업들 가운데 적어도 한두 개 정도는 즉시 머리에 떠올릴 것이다. 그러나 디지털 플랫폼, 또는 줄여서 플랫폼을 설명하라고 요구받으면 쉽게 답하기 어려울 것이다. 플랫폼이라는 용어는 강의 연단, 기차역의 플랫폼, 소프트웨어 플랫폼, 자동차 플랫폼 등 다양한 맥락에서 사용되는데, 이러한 기존의 플랫폼 개념을 연상하는 것은 디지털 플랫폼의 이해를 방해한다. 따라서 디지털 플랫폼을 기존의 플랫폼과 관련이 없는 개념으로 생각하는 것이 편리하다.

저자들은 디지털 플랫폼을 (1) 사용자가 원하는 콘텐츠, (2) 플랫폼 유지 및 개선 비용을 지불하는 비즈니스 모델, (3) 사용자에 대한 데이터의 수집, 보존 및 사용, (4) 보조 서비스의 제공 등 네 가지 요소로 구성된다고 정의한다. 이 정의는 경제 또는 경영 관련 문헌에서 다루는 플랫폼 전략(중개 모델)을 완전히 포괄하지 못한다. 저자들이 다소 좁은 정의를 선택한 것은 디지털 플랫폼을 경제뿐 아니라 정치, 사회에 두루 영향을 미치는 중대한 현상으로 다룰 의도가 있기 때문이다.

이러한 저자들의 의도는 디지털 플랫폼을 보는 관점으로 차별적인 세 가지 경제 분석의 전통 – 신고전파 경제학, 제도학파 경제학, 비판적 정치경제학을 함께 고려하려 하는 것이다. 주류 경제학의 전통을 잇는 신고전파 경제학은 정교하고 추상적인 도구들을 사용하여 순수한 경제적 함의를 도출하는 데 초점을 둔다. 반면에 비주류에 속하는 두 접근은 사회·문화적 맥락(제도학파 경제학)과 정치적 갈등의 관점(비판적 정치경제학)에서 경제 현상을 이해하려 한다. 저자들은 세 가지의 접근을 병행하여 디지털 플랫폼의 정치, 경제, 사회에 걸친 현실적·잠재적 영향력을 분석하고 적절한 제도와 규칙의 방향을 검토한다.

기존에 국내에 출판된 디지털 플랫폼에 관련된 책들이 주로 글로벌 기업의 플랫폼 전략을 소개하거나 분석하는 데 초점을 두었다면 이 책은 디지털 플랫폼의 대두가 가져올 정치, 경제, 사회적 변화에 주목한다는 점에서 차별성을 가진다. 디지털 플랫폼은 어떻게 사회적 불평등과 프라이버시의 침해를 초래하고 민주주의를 위험에 빠지게 할 수 있는가? 이 문제들을 예방하기 위해서는 어떠한 사회적 합의와 제도적 장치가 필요한가? 이 책은 이러한 질문을 던지는 독자들을 위한 최고의 입문서이다.

contents
목차

03 플랫폼의 경제분석 · 51

04 기술과 데이터화 실행 · 79

05 자율 규제 및 대안 비즈니스 모델들 · 107

06 정책, 규제, 대안 플랫폼 공급 · 139

07 글로벌 관점 · 163

08 결론 · 185

도입

도입

아마존, 애플, 페이스북, 구글,[1] 알리바바와 텐센트와 같은 기업들은 놀라울 수준의 경제적 성과를 경험하였다. 온라인 서비스를 제공하는 많은 다른 기업들도 때로는 이익 없는 성장을 통해서 빠르게 확장하고 있다. 이들 기업들은 경이로움과 놀람의 원천이다. 디지털 플랫폼으로 알려진 이들 기업들은 눈에 띄는 21세기 발전의 결과물이다. 그들은 단지 새로운 것이 아니다. 디지털 플랫폼 기업들은 경제적, 정치적, 사회적, 문화적 영역들에서 편익을 제공하고 있다. 동시에 그들의 사업운영이 개인의 사생활보호 권리와 표현의 자유권 등 국민의 기본권을 침해하는 것으로 널리 알려져 있다. 우리는 독자들이 이 책에서 디지털 플랫폼이 창출하는 이점, 비용, 위험에 대한 답을 찾을 수 있을 것으로 기대한다. 구체적으로 경제분석의 여러 전통이 디지털 플랫폼이 사회의 모든 측면에 어떻게, 왜 영향을 미치는지, 어떻게 말하는지에 대한

---

1) 2019년 11월 페이스북 앱과 회사를 구분하기 위해 회사 로고로 FACEBOOK 을 채택했다. 알파벳(Alphabet)은 구글(Google)의 소유자이다.

실무 지식을 습득하게 될 것이다. 또한 플랫폼 시장 경쟁에 영향을 미치는 선택 대안들을 검토하고 플랫폼이 어떻게 공공의 가치에 잘 부합할 수 있는지를 논의한다.

1.1 디지털 플랫폼의 새로운 점은 무엇인가?

디지털 플랫폼은 전례가 없다. 과거에는 개인, 선택, 행동 및 특성에 대한 많은 데이터를 수집 또는 처리하거나 이러한 데이터를 잠재적 관심사, 구매 선호도 및 세계관과 연결하는 것이 가능하지 않았다. 현대의 디지털 플랫폼은 여러 공급업체와 소비자 또는 시민을 연결하기 위해서 사용하는 기술들에 의해 구별된다. 이들은 사용자로부터 직접 수집하거나 사용자의 행동을 관찰하여 수집한 데이터들을 활용함으로써 공급업체와 소비자 또는 시민과의 연결고리를 구축한다. 상업용 플랫폼은 엄청난 양의 데이터를 수집한다. 이 데이터는 일반적으로 마케팅 및 광고 서비스의 판매를 통해 수익화된다. 이러한 수익 창출 방법 또는 비즈니스 모델은 사람들을 디지털 플랫폼에 참여시키거나 배제시키므로 전 세계 많은 사람의 삶에 중요하다. 플랫폼 사용자들의 관심이 돈벌이에 맞춰지고 영향을 받고 있다. 수익을 창출할 수 있는 잠재력은 플랫폼 사용자를 위한 매력들을 고안하는 강력한 인센티브를 만들어내고 있다. 이러한 매력들이 도덕적으로나 법적으로 의심스러울 때조차도 말이다.

플랫폼 소유자[2]는 사용자의 관심을 예측할 수 있는 역량을 개발하고자 한다. 그들은 광고를 위한 사용자의 표적화를 개선하면서 상업적이고 정치적인 관심을 끌기 위한 노력을 강화하기 위해 혁신적인 방법을 추구한

---

2) O'Neill(2002)을 참조하고 피해 목록은 UK(2019e: 25)를 참조하라.

다. 이러한 플랫폼을 위한 과정들의 경제적 결과는 높은 수익과 경쟁 관심원(예: 전통 미디어)에서 산소(광고 수익)를 제거하는 것이다. 그 결과 디지털 환경은 정보에 대한 접근을 통해 상당한 혜택과 폭넓은 선택권, 사회적 연결을 제공한다. 그것은 문화와 민주주의에 피해를 줄 수 있는 위험 및 해악과도 관련되어 있다. 이러한 편익과 비용은 경제적 가치(economic value)와 공적 가치들(public values)과 연계되어 있다.

경제적 가치는 부의 창출과 분배에 관한 것이지만, "공적 가치들"이라는 용어는 공정성, 평등성 이슈, 개인과 집단적 연대를 의미할 수 있다. 플랫폼에 대한 논의에서, 관심 가치 중에는 표현의 자유, 개인의 프라이버시 및 감시 또는 사찰로부터의 자유에 대한 기본권이 있다(van Dijck et al., 2018). 이러한 가치는 다시 플랫폼이 공론장(public sphere)에서 다양한 정보의 유용성과 제공에 미치는 힘의 영향을 받는다. 이런 가치들은 가치 상호 간과 경제적 가치 창출의 바람직성과의 긴장 속에 존재한다. 플랫폼 현상이 이들의 운영 방식이 어떻게 관리되어야 하는지에 대한 치열한 정책 논쟁을 촉발시키고 있는 것도 이 때문이다. 이 책에서 사적 또는 경제적 가치와 공적 가치의 상대적 중요성이 의사결정 과정에서 어떻게 결정될 수 있는지를 검토할 수 있는 범위는 제한적이다. 그러나 경제학의 전통들은 이러한 중요한 문제에 대해 서로 다른 가정을 하기 때문에, 우리는 그들이 플랫폼 책임과 사회적으로 수용 가능한 플랫폼 거버넌스 접근 방식을 달성하기 위한 노력에 어떻게 영향을 미치는지 고려한다.

1.1.1 디지털화

디지털 플랫폼의 기반이 되는 기술의 부상은 수십 년 동안 진행되어 왔다. 발전 경로와 관련하여 다른 선택이 이루어졌을 수도 있다. 그들의 발전에 필수적인 단계는 통신 인프라3)의 디지털화(digitalisation)였다.

디지털화는 수집되는 모든 유형의 데이터량, 데이터 분석 능력 및 데이터 사용 목적 등의 대량 증가를 포함하였다. 그 결과 추출, 처리하고 경제적 또는 다른 유형의 가치를 창출하는 데 사용할 수 있는 데이터 자원들이 생성되었다. 디지털화된 정보가 통신망을 통해 이동할 수 있게 한 혁신은 1950년대와 1960년대에 일어났다. 1970년대 초까지, 컴퓨터화는 "대중에게 사실상 미개척의 새롭고 개선된 서비스의 창고"[4]를 가능하게 했다. 1980년대에 이르러 새로운 디지털 통신 능력이 등장했다(예: 수신자의 전화에 발신자 번호를 표시하는 전화선 식별). 새로운 기술 능력은 처음에는 고객 과금, 비상 통화의 출처를 식별하고 악의적인 통화를 추적하는 데 적용되었다. 이러한 기술 능력이 개발됨에 따라 사적 공간과 개인의 상호작용에 대한 기업 및 정부의 감시에 대한 우려가 제기되었다. 사생활과 시민 자유 문제는 정책 토론의 중요한 주제가 되었다(Mansell, 1996; Samarajiva and Mukherjee, 1991). 사생활과 감시에 대한 통상적인 사회적 규범을 벗어난 행동과 관행이 이러한 기술 개발로 인해 육성되고 있다는 사실이 알려졌다. 그리고 데이터를 수집하고 처리하는 능력은 모든 것을 볼 수 있는 "전자적 눈"으로 특징지어졌다(Lyon, 1994; Zuboff, 1988). 집단이나 계급의 차별적 "사회적 분류"를 가능하게 하기 위한 이러한 시스템의 적용에 주목하였다(Gandy, 1993).

1990년대에 인터넷은 글로벌 데이터 통신 능력과 함께 등장했다. 모든 정보 생산자와 사용자에게 서비스를 제공하는 중립성은 표현의 자유에 대한 권리를 지지하는 것으로, 일부 국가에서는, 사회적 규범과 정부의 통제에 대한 자유주의적 우회의 전망과 함께 촉진되었다. 그러나 인

---

3) 디지털화는 디지털 방식으로 수집, 저장, 큐레이팅 및 통신하는 관행을 의미한다(이진 0과 1들).
4) Strassburg(1970: 12)를 참조하라.

터넷의 개방성은 논쟁의 여지가 있었다(van Schewick, 2010; Zittrain, 2003). 좋든 나쁘든, 이러한 네트워크 인프라를 기반으로 구축된 플랫폼 서비스와 디지털화의 추가 발전은 "디지털 경제"5)로 알려진 경제 성장의 주요 "동인"으로 간주되었다.

1.1.2 이동성

모바일 기술의 혁신으로 사용자는 네트워크의 고정 터미널 노드에서 해방되었다(Katz and Aakhus, 2002). 셀룰러(또는 모바일) 통신은 1940년대 후반에 미국에서 발명되었지만, 무선 통신은 훨씬 더 오랜 역사를 가지고 있다(Raboy, 2016). 최초의 휴대 전화는 1970년대 초반에, 스마트폰(IBM Simon, BlackBerry)은 1990년대 중반에, 애플의 아이폰과 앱 스토어는 2007년과 2008년에 출시되었다. 데스크톱 컴퓨터에서 분리된 사용자들의 텍스트, 오디오 및 시각적 콘텐츠를 만들고 유통하는 능력이 더욱 향상되었다. 1990년대 후반까지 모바일 서비스 제공업체들은 자사 네트워크에서 연산력과 소프트웨어를 통합한 플랫폼 모델(Ballon, 2009; Bresnahan and Greenstein, 2014)을 채택하기 시작했고, 초기 모바일 미디어 서비스를 제공하기 위한 인터넷 보급을 기반으로 구축하였다(Funk, 2003; Ibrus, 2010). 이러한 플랫폼은 전문적으로 제작된 콘텐츠와 사용자 제작 콘텐츠의 배포에 모두 사용되기 시작했다.

연결성의 지속적인 향상은 기업과 개인의 모바일 연결과 점점 더 접근성이 높은 인터넷 연결과 결합되어 아마존 웹서비스(AWS), 마이크로

---

5) 디지털 경제에 대한 정해진 정의는 없다. UNCTAD는 핵심 부문(하드웨어 제조, 소프트웨어 및 정보 기술 컨설팅, 정보 서비스 및 통신)과 플랫폼 경제 및 디지털 서비스를 포함하는 좁게 정의된 "디지털 경제"와 전자상거래, 인더스트리 4.0, 정밀 농업, 알고리즘 경제, 공유 경제 및 긱 이코노미(gig economy)를 포함한 광범위한 "디지털 경제"를 구별한다(UNCTAD, 2019).

소프트 아주어(Azure) 및 구글 클라우드 등의 클라우드 기반 서비스의 개발을 촉진시켰다(Mosco, 2014). 더욱 빠른 차세대 모바일 네트워크 (5G)는 인간의 통신 및 사물 간 통신 – 사물인터넷(IoT)은 이전에 유비쿼터스 또는 생활환경 컴퓨팅으로 논의되었다 – 에서 획득된 방대한 양의 데이터 전송을 약속한다. 사물인터넷은 물리적 물체에 내장되어 인터넷에 연결된 센서를 사용한다. 자율주행차, 스마트시티, 신보건서비스, 혁신소매시스템 등 참신한 응용은 물론 건강모니터 등 웨어러블도 가능하다. 디지털화의 이전 발전과 마찬가지로 사물인터넷의 구성 요소는 일상생활의 일부가 되고 있으며 사람들의 활동6)을 추적, 관찰, 예측하는 기능을 크게 확장하는 동안에도 육안으로 볼 수 없다.

1.1.3 데이터화와 인공지능

디지털화는 수집 및 처리하여 가치를 창출하는 수단을 크게 증가시킨다. 이 가치는 직접적인 금전7)일 필요는 없다. 예를 들어, 환자나 학생에 대한 데이터는 향상된 건강이나 학습을 통해 사회적 이익을 제공할 수 있다. 20세기 대부분 동안 통제력을 향상시키기 위한 데이터 수집 수단의 개발은 주요 사업 활동이었다. 기업들은 인터넷 훨씬 이전부터 고객 쇼핑 습관에 대한 정보를 바탕으로 고객 충성도를 구축했지만, 네트워크 전산화를 통해 데이터를 새로운 방식으로 다루고 사용할 수 있게 되었다. 1990년대 멀티미디어 애플리케이션은 정보화 시대가 도

---

6) Ren et al.(2019)의 영국과 미국의 사물인터넷 소비자 장치에 의한 데이터 공유에 대한 자세한 분석을 참조하라.
7) 데이터 보유는 기업의 시장 가치를 유형 자산 가치 이상으로 높일 수 있으므로 데이터는 무형 자산으로 취급될 수 있다(기업 소유권이 있는 경우). 이러한 권리를 가정하면 데이터의 자산 가치는 천연자원(예: 석유 또는 담수)과 같지만, 이 가치는 광고 판매 또는 시장 조사 서비스 제공과 같은 일부 수익 창출 활동에 사용될 때까지 수익을 창출할 수 있는 잠재력일 뿐이다.

래하면서 데이터 통신 서비스(전자상거래 포함)와 디지털 콘텐츠와 함께 경제적 기회의 주요 "동인"으로 취급되기 시작했다. 1990년대 말에 플랫폼과 유사한 서비스들이 개발됨에 따라, 고객 또는 시민과 광고주의 이해관계 간의 상충이 인식되었다. 광고주를 지원하면서 사용자의 관심과 충성도를 유지해야 하는 기업들에게는 이러한 갈등에 대한 협상이 우선시되었다. 일찍이 일부에서는 네트워크에 내장된 전산시스템이 "사용자들이 컴퓨터 처리 응용프로그램의 성격과 범위를 지시할 수 있도록 프로그램화"[8]되기를 희망했었다. 21세기의 첫 10년 동안, 이러한 기대는 증발해 버렸다. 플랫폼은 물론 온라인 세계의 다른 부분들도 사용자의 지식이나 동의를 뛰어넘는 방식으로 운영되었다.

인공지능(AI)과 기계학습 형태의 혁신이 진행 중이다. 사용자 온라인 상호작용 관행의 상당한 변화가 공공과 사생활의 경계를 복잡하게 만들고 있다. 이 플랫폼은 시민 및 정치적 담론의 재편, 사회적 응집력의 소멸, 그리고 일부에서는 인간의 학습과 상상력의 노예화와 관련되어 있다(Zuboff, 2019).

반 디크(van Dijck) 등은 사용자의 모니터링에서 파생된 데이터를 사용하는 플랫폼들을 데이터화 − 사용자에 의해 수집된 데이터의 사용 − 로 명명하였다(van Dijck et al., 2018). 데이터화는 온라인 상호작용 중에 발생하는 사용자 행동을 포함한 모든 현상을 데이터(표로 작성하고 분석할 수 있도록 수량화된 형식)로 변환하는 것을 포함한다(Mayer−Schonberger and Cukier, 2013: 78). 특히 대규모 상업용 플랫폼들이 수행하는 데이터화는 플랫폼 운영이 "온라인 및 오프라인 개체, 활동, 감정 및 아이디어"를 거래 가능한 상품으로 변환할 때 발생할 수 있는 결과에 대한 우려를 불러일으킨다(van Dijck et al., 2018: 38). 데이터화는 가격차별부터 사용

8) FCC(1980: para 118)를 참조하라.

자 프로파일링에 이르는 다양한 기능들을 위해 사용될 수 있다. 광고는 사용자가 생성한 콘텐츠(예: 소셜미디어)와 함께 결합되거나 플랫폼 소유자가 검색 결과로 팔 수 있다. 사용자 모니터링 또는 감시가 광고 콘텐츠 배치에 대해 (주로) 자동화된 선택을 할 수 있도록 해 준다. 목표는 플랫폼 사용자의 참여 가능성을 높이는 것이다. 데이터화는 플랫폼에서의 상호작용을 통해 사용자의 관심사와 선호도에 대한 데이터를 획득하는 것만으로 경제적 가치를 창출할 수 있다는 것을 의미한다.

1.2 디지털 플랫폼의 정의

이 맥락에서 "플랫폼"은 은유적 용어로서 여러 가지 의미를 가진다. 경제학 및 경영학 문헌에서 플랫폼 구성요소들의 모듈화와 이들을 생태계로 결합하기 위한 전략은 핵심 관심사이며, 플랫폼은 "제품군 내의 여러 제품에 걸친 구성요소들을 체계적으로 재사용하는 것"으로 정의된다(Gawer, 2014: 1242). 분석의 초점은 종종 유익한 조건으로 상호작용을 추구하는 고객을 끌어들이기 위한 중개자로서의 플랫폼에 있다 (Evans and Schmalensee, 2016). 중개자는 생산자와 소비자(또는 사회적 또는 정치적 목적을 위해 소통하고자 하는 개인) 사이의 기본적인 교환의 제3자이다(Hagiu, 2007; Rochet and Tirole, 2003). 디지털 플랫폼 비즈니스 모델은 플랫폼이 제공하는 직접 서비스와 중개 서비스의 조합으로 정의한다. 그러나 디지털 플랫폼은 두 가지 측면에서 기본적인 중개 모델과 다르다. 첫째, 고객의 구매가 구매로 이어질 수도 있고 그렇지 않을 수도 있는 온라인 행동 패턴에 대한 정보를 보유한다는 점이다. 둘째, 플랫폼 소유자가 네트워크 효과를 활용하여 수익을 얻기 위해 고객 또는 사용자가 만든 콘텐츠를 사용하는 방법과 관련된 차이이다.

디지털 플랫폼의 정의는 우리가 알고자 하는 것에 따라 달라지며, 플랫폼을 정의하고 분류하는 방법은 다양하다(Gawer, 2011; Lehr 등, 2019; Nooren 등, 2018 참조). 우리의 관심은 플랫폼 운영이 경제적 가치 및 다양한 공적 가치와 어떻게 관련되어 있는가 하는 것이다. 이러한 목적으로 플랫폼의 정의를 개발하기 위해, 우리는 플랫폼을 "최종 사용자뿐만 아니라 기업체와 공공기관 사이의 상호작용을 조직하도록 설계된 프로그래밍 가능한 디지털 아키텍처"라고 특징화한 반 디크 등(van Dijck et al., 2018: 4)의 개념을 따르는 것으로 시작한다. 또한 플랫폼은 생태계 개발 또는 일상 관행에 영향을 주는 "특정 메커니즘 집합의 지배를 받는 네트워크 플랫폼 집합"과 관련이 있다(van Dijck et al., 2018: 4).9) 우리는 (1) 사용자가 원하는 콘텐츠, (2) 플랫폼 유지 및 개선비용을 지불하는 비즈니스 모델, (3) 사용자에 대한 데이터의 수집, 보존 및 사용, 그리고 (4) 보조서비스의 제공 등의 네 가지 요소를 정의한다.

이러한 요소는 제2장에서 자세히 설명한다. (1)에서 (3)까지의 세 가지 요소는 필수적이다. (4) 요소는 보편적이지는 않지만 널리 퍼져있으며, 사용자의 데이터 사용을 수반하는 경우가 많다. 우리의 정의는 상업적 플랫폼과 이윤을 축적할 의도가 없는 플랫폼까지 모두 포함한다. 사용자의 데이터는 수집하지만 사용자의 관심을 형성하거나 강화하기 위해 데이터를 체계적으로 사용하지 않는 많은 웹사이트는 제외한다. 이 정의는 플랫폼을 유지하고 개선하기 위한 수단을 제공하는 것 외에 적용된 사업모형의 성격을 명시하지 않는다는 점에서 포괄적이다. 다른 저자들(예를 들면 Hagiu와 Wright(2015a, 2015b))은 플랫폼 소유자가 여러 시장에 동시에 참여할 수 있는지 여부에 따라 플랫폼을 다른 온라인 활동과 차별화하는 추가적 구별을 도입하였는데, 우리는 제3장

---

9) 데이터화 프로세스는 "플랫폼화"와 관련하여서도 논의된다(van Dijck et al., 2018).

(3.2.1)에서 추가로 검토한다. 이러한 추가적인 구분은 중요한 비즈니스 모델인 시장 조정과 관련된 질문에는 유용하지만, 사용자 데이터와 사용자의 관찰에서 수익을 창출하거나 비금전적인 사회적 가치를 도출하거나 보다 단순한 금전화의 원칙에 근거한 다른 비즈니스 모델에 대해서는 소홀히 한다.

1.3 플랫폼의 결과들

사용자의 관심을 이용하는 데이터화는 선도적인 상업 소셜미디어와 전자상거래 플랫폼의 핵심이다. 이러한 플랫폼 개발은 기회와 함정에 대한 분석을 제공하는 경제적 렌즈에 따라 다른 반응을 유발한다. 이 책에서 우리는 차별적이지만 때로는 서로 겹치기도 하는 경제분석의 전통 – 신고전파 경제학, (때로는 정치경제학으로 지정되기도 하는) 제도학파 경제학 그리고 (마르크스주의 전통에서 영감을 받은) 비판적 정치경제학에 초점을 맞춘다. 이들 각 경제분석 전통들은 디지털 플랫폼의 대두, 그 결과들 및 경우에 따라 디지털 플랫폼을 규율하기 위해서 무엇을 할 수 있고 무엇을 해야 하는지에 대한 통찰력을 제공한다. 특히 우리는 플랫폼 개발과 관련하여 시장, 시민사회 조직, 국가 및 개인의 관행을 알리는 규범과 규칙에 주목한다. 우리는 규범과 규칙들이 제도화되는 방법이 시장이 작동하는 방식과 분리될 수 없기 때문에 규범과 규칙에 초점을 맞춘다(Freeman, 1988).

정책 입안자들은 종종 경제적 분석으로 눈을 돌려 디지털 플랫폼을 관리하거나 규제하는 방법에 대한 결정을 내린다. 때로는 플랫폼이 개인과 커뮤니티에 힘을 실어주기도 하고 긍정적으로 제시되지만, 개인 또는 제도적 관행의 특수성, 플랫폼이 행사하는 힘의 대리인이나 결과에 대해서는 거의 고려하지 않는다. 다른 경우에는 상업 플랫폼 운영과 관련된 위험 및 실제 위험이 강조된다. 플랫폼들의 운영은 특별한 관심 대상인데 부분적으로는 그들의 운영의 불가시성이 증가하기 때문이고 부분적으로는 "헌법 민주주의의 정착, 즉 민주주의, 법치 및 기본권"10) 에 도전하고 있는 것으로 보이기 때문이다. 디지털 기술과 플랫폼이 공정하고 공평한 결과를 가져오는 인권을 구현하는 사회적 기반이나 인프라를 제공하려면 이러한 목표에 부합하는 플랫폼 거버넌스 규범과 규칙이 마련되어야 한다. 2020년대에는 서구 세계의 플랫폼 거버넌스가 크게 불안정해질 가능성이 높으며, 이 때문에 제5장과 제6장에서 자율 규제 접근과 외부 정책 및 규제 개입에 대해 고려하고자 한다. 제7장에서는 여러 지역에서 취해진 선택과 관련하여 서구 지역과 국가의 정책과 규제에 대한 질문들도 함께 제기된다.

1.3.1 기술 및 사회적 변화

자신들이 보유한 기술적, 구조적, 조직적 특징들로 인하여, 디지털 플랫폼들은 데이터의 수집, 처리 및 해석이 부의 창출과 인간 복지의 개선에 대한 엄청난 약속을 보유한 경제에서 중심에 서게 된다. 어떤 관점에서 보면 기술 혁신이 새로운 일자리와 더 큰 소비자의 선택권을 보장하는 자본주의 경제의 기반을 제공할 것으로 기대한다. 이러한 관점에서 디지털 플랫폼은 4차 산업 혁명의 "파괴적(disruptive)" 특성으로부터 혜택을 받는다고 한다(Schwab, 2017). 컴퓨터 하드웨어와 소프트웨어, 인공지능 및 기계학습과 같은 파괴적 기술은 사회에 영향을 미치는 것으로 간주된다. 도전 과제는 이러한 기술의 특성을 수용하기 위해 시장 및 사회적 규범과 규칙을 조정하는 것이다. "파괴적"이라는 용

---

10) Bayamlioglu et al.(2018: 1)은 유럽연합 집행위원회 법무국장 수석 고문인 파울 네미츠(Paul Nemitz)의 말을 인용하였다.

어느 경영학 문헌에서 현재 주도적 위치를 가진 기업의 확립된 지위를 불안정하게 할 수 있는 전략을 지칭하기 위해 사용된다.[11] 이러한 전략에는 제품이 더욱 저렴하게 생산될 수 있도록 하는 제품 설계의 변경을 포함하는데, 시장의 주도적 기업이 재현하기 어렵다. 그 이유는 복사기 기계에서 건식복사(xerography)의 대체물로 디지털 복사를 도입하는 등 다른 지식 기반을 활용하기 때문이다.

디지털 기술을 중심으로 경제적 가치 창출과 공적 가치를 조직할 수 있는 방법은 여러 가지가 있다. "조정(adjustment)"의 개념은 주로 새로운 기술에 초점을 맞추는 표준적인 설명보다 훨씬 더 복잡하다. 이러한 더욱 복잡한 맥락에서 "파괴"는 그 일부만 디지털화 및 데이터화와 연결되는 여러 원인을 가진 프로세스로 간주된다. 조정 과정은 여러 행위자 간의 권력관계, 즉 실제로 비대칭적인 관계에 의해 특징지어진다. 이러한 의미에서 디지털 플랫폼 기업들은 기존 기업이 살아남기 위해 대응해야 하는 혁신적인 비즈니스 프로세스를 구축한다는 점에서 파괴적 혁신자로 특징지을 수 있다. 그 기업들은 소비자 또는 시민의 견해나 행동이 그들을 사용하거나 다른 사람이 사용함으로써 영향을 받을 때 "파괴적"일 수 있다. 이러한 발전과 관련된 "적응(adaptation)"은 사회 규범과 규칙을 경미하게 또는 급진적인 방식으로 변화시킨다. 일부 적응은 우려의 영역을 심화시킬 수 있으며, 다른 사람들은 공적 가치들이 유지될 가능성이 더 큰 플랫폼 운영에 대한 대안적 접근 방식을 선호할 수 있다.

우리는 파괴적이라는 용어를 사업의 의도적인 전략적 선택뿐만 아니

---

11) 비즈니스 전략 의미에서 "파괴"의 사용은 Christensen(1997)에 의해 도입되었으며 이후에 원래 의도를 모호하게 하는 방식으로 확장되었다. 기본 이론의 유용한 재설명과 수정에 대해서는 Gans(2016)를 참조하라.

라 새로운 기술의 설계 및 배포와 문화, 사회, 정치 및 경제 제도 및 관행을 포함한 확립된 규칙, 규범 및 표준 사이의 교차점으로 폭넓게 사용한다. 파괴라는 개념을 사용하는 것은 슘페터의 "창조적 파괴(creative destruction)" - 혁신으로 시작하지만 사회 질서를 뒤엎고 새로운 사회 질서를 창조하는 과정 - 를 환기하는 것과 유사하다. 이러한 관점에서 디지털 플랫폼과 관련된 위험과 해악은 어떤 의미에서도 기술 혁신에 의해 결정되지 않는다. 즉 "기술 진보는 자연의 힘이 아니라 사회적, 경제적 결정을 반영한다"(Atkinson, 2015: 3). 혁신 프로세스에 대한 우리의 분석은 기술과 사회가 서로에게 어떻게 영향을 미치는지 - 경제분석에서 "새로운 기술과 경제의 사회적 관리 시스템 간의 더 나은 조화"가 달성될 수 있는 방법 - 에 초점을 맞추고 있다(Freeman and Perez, 1988: 38).

1.3.2 사회 질서에 대한 도전들

디지털 플랫폼의 운영은 공적 가치들이 유지되도록 하는 능력을 감소시키고 있다는 우려 때문에 국가의 안과 밖, 전 세계에 걸쳐 논쟁을 촉발하고 있다. 비평가, 특히 지배적인 상업 플랫폼을 비판하는 사람들은 그것들이 이익을 위해 은밀하게 개인의 행동을 수정하는 것을 목표로 하는 감시 자본주의를 촉진하는 데 연루되어 있다고 주장한다(Zuboff, 2019). 플랫폼 운영은 "데이터 식민주의"(Coudry and Mejias, 2019)와 감시 문화 정상화(Lyon, 2018)로 특징지어지고 있다. 그들의 플랫폼 실행과 관련된 위험과 피해에 대한 판단은 상황에 따라 심각성이 다르기 때문에 지금까지 플랫폼이 스스로 선택한 규범과 규칙을 변경하기가 매우 어렵다.

플랫폼은 소비자와 시민이 개인화되거나 표적화된 콘텐츠와 메시지를 보고 싶어 한다는 가정하에 운영된다. 이 목표를 달성하려면 인공지능 지원 기계학습 시스템을 부양하는 데이터에 의존하는 상용 플랫폼의 비즈니스 모델을 지원하기 위해 기존의 공적·사적 경계들(public-private boundaries)과의 타협이 요구된다. 플랫폼 비즈니스 모델 및 실행은 인구통계, 관심사, 사회적 연결, 뉴스 피드 및 이동성에 대해 세분화된 계산을 하고 이를 기반으로 사용자를 겨냥한다. 이러한 프로세스를 통해 행동 예측의 자동화된(알고리즘) 시스템을 사용하여 개인의 선호도를 해석할 수 있다. 이러한 예측은 향상된 의사 결정을 기대하면서 상업적, 정치적 맥락에서 적용되고 있다. 실제로 예측 시스템은 겉치레로 확실성을 제공할 뿐이지만 판매자, 상품 및 서비스 구매자가 누구인지, 선거에서 후보자에게 투표할 가능성이 있는 사람 또는 범죄자일 가능성이 있는 사람에 대한 결정을 안내하는 데 사용된다.

소비자와 시민 사이에는 공적 생활과 사생활의 경계 변화, 특히 개인의 사생활 보호에 대한 우려가 있다(Turow, 2011). 사람들의 온라인 상호작용과 온라인 및 오프라인 피해 간의 직접적인 인과 관계는 확인하기 어렵지만 사람들이 어느 정도의 프라이버시와 안전 및 보안의 혜택을 받는다는 것에는 폭넓은 동의가 있다(Stoilova et al., 2019). 이러한 시스템은 기존의 경제, 인종, 민족, 성별 및 사회 내의 차별이 존재하는 훈련 데이터를 사용하여 알고리즘 기술 발전을 통해 차별을 만들고 그 결과 "불평등의 자동화"가 나타난다(Eubanks, 2018).

플랫폼의 부상에 동반한 불법적이고 유해한 디지털 콘텐츠의 확대는 온라인 정보의 정확성을 평가하는 능력의 감소와 동시에 진행된다. 정보위기[12] 또는 대의 민주적 위기(Pariser, 2011)로 특징지어지는 서구 사회의 민주적 공론장의 지속 가능성에 의문이 제기되고 있으며, "우리는 지금 민주주의 프로세스의 온전성에 대한 믿음과 확신이 훼손될 수

---

12) Trust Truth and Technology Commission(2018)을 참조하라.

있는 중대한 시점에 와 있다"[13]라는 주장이 제기되고 있다. 그러나 정책의 목표가 플랫폼 운영을 보다 투명하고 대중에게 책임 있게 만드는 것일 경우 플랫폼 소유자의 지나치게 열성적이거나 신중한 검열로 인해 표현의 자유에 대한 권리가 위태롭게 될 위험이 있다.

구글, 페이스북과 같은 플랫폼은 데이터로부터 경제적 가치를 확보하는 것이 우선이기 때문에 관심을 끄는 것이 무엇인지에 대한 고려 없이 뷰어의 관심을 끌 유인이 강하다. 관중에게 정확한 정보를 제공하거나 교육하기 위해 제작된 감정적 또는 본능적 표현 또는 텍스트와 이미지를 통해 관심을 얻을 수 있다. 20세기의 지난 수십 년 동안 오락으로서 뉴스의 움직임은 오늘날의 플랫폼 관행과 전문 뉴스 제작 조직의 플랫폼 배포에 대한 의존도 증가의 전조였다. 이러한 의존성은 콘텐츠를 호스팅하는 뉴스 발행자와의 수익 공유에 대한 대형 플랫폼들의 우위에서 발생한다. 편집 선택의 해체는 뉴스 콘텐츠의 다양성과 플랫폼 사용자가 사용할 수 있는 정보의 신뢰성을 위협한다.

디지털 플랫폼은 사회적 결속에 대한 추가 도전과 함께 불안정한 위치에 있는 사람들을 증가시키는 것에도 연루된다. 디지털화와 관련된 노동력 기술 요구 사항의 변화로 생활 임금의 유지가 불가능해지고, 디지털 플랫폼이 유연하고 고도로 일상화된 고용을 촉진함에 따라 작업장 조건이 나빠진다. 따라서 고용 안정성이 저하된다. 국가 내에서 이민자 또는 난민의 법적 지위로 인한 노동 자격의 제약과 함께 사람들은 예측 가능성이 낮아지는 것을 느끼며 살고 있다. 그들은 더 불안정하게 살고 있다. 소비자와 시민에게 영향을 미치는 결정은 불투명한 알고리즘에 의해 이루어지고, 사람들이 자신의 삶에 영향을 미치는 데이터 해석에 이의를 제기할 자원이 제한적일 때 상황은 더욱 나빠진다.

---

13) 영국(2018c: 47)을 참조하라.

디지털 플랫폼의 전례 없는 규모와 범위, 운영, 소비자와 시민을 위한 실행 가능한 선택 해제(opt-out)의 부재, 데이터 관리 및 사용과 관련된 편향된 결과는 플랫폼이 경제적 부를 창출하는 것처럼 사회적 불평등과 부당성을 강화하는 데 깊이 관련되어 있음을 의미한다.

1.4 책의 구성

디지털 플랫폼과 관련된 위험과 피해를 완화하거나 방지하려는 노력은 디지털화와 데이터화가 사회에 좋은 영향을 미친다는 주장과 직면한다. 우리는 기술 발전의 불가피성에 적응해야 한다. 반론은 이러한 발전이 사회적 규범, 규칙 및 기대를 변화시키는 사회적 과정과 선택을 포함하므로 사회적으로 숙고되어야 한다는 것이다. 이 책의 장들에서는 플랫폼 개발을 이해하고 이러한 개발에 수반되는 숙고를 다루는 데 있어 경제분석의 세 가지 전통의 장점과 한계를 강조한다.

제2장에서 우리는 디지털 플랫폼이 경제적 가치를 창출하고, 공적 가치들을 유지하는 방식에 대해 함의가 있는 급진적 혁신(radical innovation)으로 가장 잘 이해된다고 설명한다. 플랫폼의 요소와 성장을 도운 보완적인 발전들을 검토함으로써 우리는 이 책에서 사용되는 플랫폼의 실무적 정의를 개발한다. 그리고 이러한 발전을 이해하기 위한 시장 지향적인 경제분석의 한계를 설명한다.

제3장에서는 디지털 플랫폼의 가정과 관심의 초점을 파악하여 디지털 플랫폼을 조사하기 위한 세 가지 경제 이론적 틀을 개발한다. 각 틀이 플랫폼 개발에 대한 이해에 어떻게 기여하는지 보여준다.

제4장에서는 플랫폼 개발의 기반이 되는 데이터화 프로세스의 증폭기이자 플랫폼 회사를 위한 시장 강점의 미래 원천인 인공지능의 출현을 살펴본다. 이 장에서는 또한 현재 지배적인 광고주 지원 모델에 대

한 대안을 제공하는 플랫폼 제공 모델을 확인한다.

제5장에서는 디지털 플랫폼 자율 규제의 근거와 단점, 그리고 광고주 지원 비즈니스 모델의 지배에 도전하기 위해 상업적 데이터화 기반의 비즈니스 모델에 대한 대안의 가능성을 고려한다.

제6장에서는 기존 플랫폼 행동의 변화에 대한 인센티브를 창출하거나 구조적 조치를 통해 공공 공급과 민간 공급 간의 경계를 변화시키기 위한 외부 정책 및 규제 접근 방식을 탐구한다.

우리의 주요 초점은 서구의 디지털 플랫폼 발전에 있지만 제7장에서는 북반구 국가들을 표적으로 한 "추격(catch-up)"에 관한 논쟁에 비추어 중국을 포함한 글로벌 발전을 고려한다.

마지막으로 제8장에서는 디지털 플랫폼과 그 결과에 대해 배운 내용을 요약하고 미래 발전에 영향을 미칠 선택에 대해 강조하고자 한다.

디지털 플랫폼
기원과 참신성

디지털 플랫폼
기원과 **참신성**

2.1 도입

이 장에서는 플랫폼의 정의를 수립하는 것을 목적으로 디지털 플랫폼의 기원을 살펴보고자 한다. 디지털 플랫폼의 참신성과 역동적인 변화의 특성은 더 큰 결과를 가져온다. 우리는 혁신 문헌을 바탕으로 시장을 조직하는 수단인 플랫폼에 대해 조사하고자 한다. 이는 디지털화 및 데이터화에 따른 사회적 변화를 다각적인 프로세스로 이해하기 위한 프레임워크를 제공한다(제1장에서 논의됨). 우리는 디지털 플랫폼의 기원에서 얻어진 선택이 어떻게 결합되어, 단일요소가 아닌 조합을 통해 참신성을 가지는지, 새로운 구조의 조직화를 정의하는지를 식별해 낼 것이다. 이 조합은 급진적인 혁신이며, 많은 사람들의 삶에 영향을 미치는 광범위한 경제적 및 사회적 결과를 가진 혁신이다. 이 장에서는 일반적인 플랫폼 비즈니스 모델이 등장하고 번창할 수 있도록 하는 규범, 규칙 및 기준에 대해 알아보고자 한다.

2.2 급진적인 혁신으로서의 디지털 플랫폼

소위 혁신학자들이 급진적인 혁신이라고 부르는 디지털 플랫폼은 이 세상에서 새로운 것으로, 보기 드문 사례이다(Freeman and Perez, 1988). 증기, 전기 그리고 자동차와 같은 급진적 혁신은 사람들의 삶과 관계를 전환시켰다. 만약 혁신이 확고한 방법과 프로세스로부터 벗어나 사회, 정치, 경제 관계를 포함한 사회의 주요한 변화와 관련을 가진다면 급진적인 것이라고 볼 수 있다. 급진적인 혁신이 흔하지 않는 이유는 주로 기술향상의 노력이, 예를 들어 제품의 개선과 제품 또는 디자인의 변화를 통한 비용절감 등과 같은 점진적인 변화에 초점이 맞춰져 있기 때문이다.

급진적인 혁신의 성과는 돌이켜 보건대, 좁은 분석적 렌즈를 통해 관찰해 보더라도 예견되어 있거나 필연적이지 않다. 다양한 의사결정은 기술혁신과 그것의 적용을 위해 제약을 도입하고 기회를 만드는 규칙과 규범의 틀을 제공한다. 그러므로 개인, 시민사회 단체, 정부, 기업의 선택이 기술 발전에 영향을 미친다. 면밀한 조사는 급진적 혁신의 방향과 형태 또는 작고 큰 변화 과정의 경로를 전형적으로 보여준다. 이러한 변화가 없다면 혁신은 새로움에 대한 호기심으로 인식되었을 것이다. 증기력은 광산에서 물을 퍼내는 데 사용되었으며, 전기는 실험실의 호기심이었고, 자동차는 부자들의 취미용 액세서리였다. 앞 장에서 논의된 디지털화와 데이터화 프로세스에 기초하여, 데이터 통신망에서 두 개 혁신의 집단이 － 인터넷과 월드와이드 웹을 위한 기준 － 디지털 플랫폼의 발생을 위한 문을 열었다.

2.2.1 공고한 연결성

플랫폼은 1995년 인터넷 사용에 대한 상업적 규제의 종료에 따른 인터넷의 유연성과 함께 고정, 이동 또는 무선 등의 광대역 연결성의 활용을 위한 상업적 노력을 통해(Benkler, 2006; Lemstra and Melody, 2014) 출현하였다. 그 이후 첫 번째 혁신 집단은 플랫폼 혁신의 발전을 가능하게 하였다. 다양한 데이터 통신망의 수집은 20년 전부터 개인 벤처와 공권력하에서 구축되었다. 이들을 연결하기 위한 프로토콜(규칙과 기술 기준의 집합체)들이 고안되었다. 인터넷과 융합된 복잡한 네트워크는 알버트 아인슈타인의 명령, 즉 처음에는 과학적 이론에 대해 지시된, "그것은 가능한 한 단순해야 하지만 그 이상 단순해서는 안 된다"라는 명령의 한 예이다. 인터넷은 비록 정치적 요인이 작용했지만, 부분적으로 기준의 단순함과 층위 구조의 아키텍처(Clark, 2018; van Schewick, 2010)로 인해 독특한 것으로 간주되고, 데이터 통신 수단으로 지배하기에 이르렀으며, 중요한 역할을 지속해 오고 있다. 이러한 단순함은 인터넷 확산이라는 결과를 가져오게 되었고, 규칙과 기준의 지배성은 플랫폼의 부정적인 사회, 정치, 경제적 결과를 가져왔다.

2.2.2 공통의 웹 기준

디지털 플랫폼을 가능하게 만든 두 번째 혁신 클러스터는 1989 – 1991년 사이의 월드와이드 웹 개발로부터 시작되었다. 온라인 리소스(예: 텍스트, 그래픽, 시청각 콘텐츠)인 "정보공간"을 만드는 기준과 추가적인 집합체의 규칙을 작동시키는 웹은 소위 URL(Uniform Resource Locator)이라고 불리는 주소지정 방식을 사용하여 접근이 가능하다. URL은 인터넷 사용자에게 리소스에 연결을 허락하는 전화번호나 TV 채널로 생각될 수 있다. 이 연결성은 마이크로소프트의 인터넷 익스플

로러, 모질라의 파이어폭스, 구글의 크롬과 같은 웹브라우저를 사용하여 달성할 수 있을 뿐 아니라, 사용자 지식과 통제가 있거나, 없어도 작동하는 다른 소프트웨어로 만들 수 있다. 오늘날 웹사이트와 페이지의 친숙한 언어는 브라우저가 접속할 수 있는 리소스를 참조하는 반면, 다른 온라인 리소스는 인터넷 커뮤니케이션 프로토콜로 직접 접속된다. 이러한 리소스는 글로벌 네트워크 서버에 저장된다. 이 서버들은 소프트웨어를 자체적으로 작동시키거나 사용자로부터 입력을 받아들이고, 반응하고, 콘텐츠, 광고와 같은 요소를 결합한 컴퓨터이다. 인터넷 표준과 마찬가지로 웹브라우저, 서버, 웹을 위한 기준들은 좋든 나쁘든 사회적, 정치적, 경제적 영향력을 가진다.

2.3 공개와 상업성의 가상화

혁신의 두 가지 클러스터는 – 인터넷 연결성과 웹에 대한 공통 기준 – 디지털 플랫폼의 출현과 새로운 매체의 커뮤니케이션 수단으로서 공간에 개방되어 있다. 이는 정보의 공개와 증가하는 청중이 그들의 리소스[1]에 접근하여 모니터하고 웹사이트의 소유자와 상호작용을 가능하게 하였다. 결정적으로 그들은 소프트웨어와 연결된 사회기반시설과 커뮤니케이션을 제공하였고, 그 결과 방대한 규모의 데이터화와 디지털화에 대한 전산처리가 가능하게 되었다. 대규모 또는 대량의 쌍방향

---

1) 웹사이트는 웹 서버가 파일을 변경하지 못하도록 보호하는 기능으로 제어한다. 이 보호는 웹 서버의 보안 조항에 따라 달라지고, 웹사이트의 내용이 복제될 수 있으며, 웹사이트의 작성자가 아닌 다른 사람이 제어하는 다른 웹 서버에 위치할 수 있기 때문에 완전히 신뢰할 수 있는 것은 아니다. Way Back Machine(웹페이지 아카이브) 및 잘못된 방식(예: 사기 행위 계획) 등으로 사용자가 인증되지 않은 사이트로 잘못 인도될 경우, 사용자가 속을 위험이 있다.

커뮤니케이션은 - 소위 대량의 자체 통신망(self‑communication)이 실현되면서 - 디지털 플랫폼을 출현시킨 핵심 기술이 되었다. 그러나 지금 우리가 이해하고 있는 대규모의 디지털 플랫폼은 잠재적인 것에 불과하다.

오늘날 복잡한 생태계 내에서 작동하는 디지털 플랫폼이 나타나기 전에 먼저 개발이 이루어져야 한다. 이러한 개발은 (1) 기계 능력의 확장과 증가, (2) 기존 기업과 완전히 다른 기업의 시장 진입, (3) 세계적으로 분포하고 있는 대중의 출현, 즉 대규모 글로벌 사용자 커뮤니티(McAfee and Brynjolfsson, 2017) 등 3가지 주요 동향의 결과를 낳았다. 그들은 1990년대 후반 많은 공적, 사적 활동가들의 기업가적 실험을 통해 일어났다. 이러한 많은 노력이 기존의 오프라인 세계로부터 웹과 인터넷을 통한 온라인 서비스와 제품으로의 전환을 가능하게 하였다. 이러한 노력은 온라인 활동뿐만 아니라 감정과 아이디어들로 중요한 사회적 파장을 가지는 거래 가능한 상품으로 만들고 데이터화로부터 수익과 이익을 창출할 것이다.

2.3.1 오프라인에서 온라인으로 전환 과정

최초로, 그리고 가장 확실하게 오프라인에서 온라인으로 전환한 프로젝트는 책, 잡지, 신문 등의 인쇄 간행물의 기능을 재생산하는 웹사이트를 고안한 것이었다. 이전에 출간된 간행물의 디지털화는 1971년 구텐베르크 프로젝트를 통해 시작되었다. 이는 더 이상 저작권에 구속되지 않는 작품들의 공유 도서관을 창조하려는 노력이었으며, 오래전에 일어났던 정보자원에 대한 폭넓은 대중의 접근을 염두에 두고 이루어졌다. 저작권은 출판물의 독점적인 권리를 가지는 비즈니스 모델의 기초가 되었다. 전통적인 인쇄 간행물의 웹으로 전환은 새로운 비즈니스 모델을 위한 니즈를 일으키는 프로세스 사례라고 볼 수 있다. 원칙적으로, 웹사이트를 통해 제공되는 정보자원은 웹사이트 주소를 가진 누구나 자유롭게 이용 가능하다. 출판을 통해 수익을 창출하고 타인의 재출판을 막기 위한 기초로서 저작권을 사용하는 초기 비즈니스 모델은 더 이상 온라인의 세상에서는 작동하지 않았다. 이로 인해 혁신 없이는 출판물을 판매할 수 없게 되었다. 출판된 콘텐츠에 접근하기 위한 이름과 지급정보의 입력을 요구하는 페이월(pay wall)과 같은 간단한 혁신을 통해 다른 사람들과 작품을 공유하거나, 복제하는 일이 가능해졌다. 저작권 보호 작품에 적용되는 이전 비즈니스 모델을 안정적으로 사용할 수 없어 상업 시장에서 게시된 정보에 액세스하기 위한 온라인 저작권의 통제 및 관리 노력이 새롭게 이루어졌다(Branscomb, 1994).

저작권 보호하에 출판된 저작물을 판매하는 것에 추가하여, 광고주가 지원하는 콘텐츠라는 다른 비즈니스 모델이 온라인 세계에서 이용 가능하게 되었다. 이 모델에서 정보의 사용자는 무료로 복제본을 받을 수 있으며, 광고주는 광고 메시지에 대한 비용을 지불한다. 이 모델은 신문산업에서 자리 잡게 되었고, 신문을 무료로 유통하고 광고주들의 지원을 도우면서 수익을 창출하였다. 광고주가 지원하는 출판은 많은 디지털 플랫폼 운영자에 의해 채택되었다. 이 비즈니스 모델의 문제는 광고주들이 광고 메시지에 대해 조금밖에 지불하지 않는다는 것, 특히 메시지에 노출된 모든 뷰어에 대해 미미한 금액을 지불한다는 것이다. 이것은 온라인 플랫폼이 비용을 충당하기 위해 가능한 많은 뷰어를 끌어들여야 하며, 광고 메시지를 가진 다른 사업자들과 경쟁해야 한다는 것을 의미한다. 출판에서 경쟁은 다른 역량과 가치를 가지는 기업들 사이에서 일어나며, 콘텐츠의 접근과 제어에 관한 많은 문제들을 야기한다.

2.3.2 전자상거래와 온라인 판매

두 번째, 이제 분명해진 웹 응용은 전자상거래, 즉 실제 제품과 서비스를 위한 온라인 판매 아울렛을 만들었다. 초기 비즈니스 모델로서 전자상거래는 광고와 판매의 단순한 확장처럼 보였다. 예를 들어 TV 채널을 통해 최신 주방과 라이프 스타일 기기에 대한 정보를 제공하고, 콜센터와 제휴하여 고객의 주문을 받거나 전화나 우편을 통해 유통 회사의 카탈로그를 보내고, 우편을 통해 주문을 받는 것을 말한다. 아마존은 광고와 주문 비즈니스 모델 변형의 확실한 성공적 사례로 볼 수 있다. 초기에 책과 콤팩트 디스크 레코딩을 우편으로 배송하였고, 1994년에 회사를 설립하고, 인터넷이 상용화됨에 따라 1995년에 전자상거래 사이트 기능을 시작하였다. 아마존의 설립자인 제프 베이조스(Jeff Bezos)의 야망은 당시 많은 다른 전자상거래 기업가보다 컸을지 모르지만, 아마존이 급진적인 혁신의 선구자가 될 것이라고 기대할 만한 이유는 별로 없었다. 그러나 아마존과 다른 전자상거래 사이트들은 웹을 이용한 인터넷이 새로운 형태의 중개인을 만들 수 있다는 것을 보여주었다. 이 중개인들은 오프라인 상점(brick and mortar shop)을 우회하여, 정보를 포함한 제품 배치 및 고객 서비스들이 이전의 소매 경험과 다른 온라인 쇼핑 경험을 제공할 것이다.

2.3.3 온라인 검색과 색인

1990년대 비즈니스 모델 개발의 세 번째 흐름은 구글에 의해서 나타났다. 앞서 두 개의 사례와 달리 서비스의 원천이자 구글의 검색 엔진[2]의 서비스 성격과 비즈니스 모델은 이전의 실행을 즉시 번역해 주

---

2) 전화번호부와 비슷한 점이 몇 가지 있는데, 전화번호부는 평범하고 유료로

는 것이 아니었다. 구글은 사용자가 검색단어를 입력하면 사이트 목록의 가장 적절한 색인(index)을 웹에 보여주려고 노력한다. 그 목록은 사이트가 다른 사이트에 의해 언급되는 빈도에 의해 순서가 정해지며 결론적으로 목록의 순서 자체가 인기나 중요성을 의미한다. 구글은 단지 검색 엔진일 뿐이다. 그러나 구글의 색인 방법(지속적으로 정교화되는)은 혁신적이었다. 물론 수익을 창출하는 능력도 상당히 중요하기 때문에 출시한 지 2년 이내에 광고를 지원하는 비즈니스 모델을 채택하였다. 이를 통해 회사는 광고주 사이트의 인기에 관계없이 사용자가 선택한 검색어에 따라 제시된 결과 목록에 비용을 지불할 수 있었다. 광고 "지원" 사이트는 처음에 검색 결과 목록에 명확하게 표시되었으며, 시간이 지남에 따라 그 구분이 덜 명확해졌다.

결정적으로 중요한 것은 검색 엔진을 사용한 사용자의 행동을 기록하려는 구글의 선택과 사용자에 대한 정보를 광고주에게 제공하기로 한 결정이었다. 웹과 웹 서버 소프트웨어의 설계는 사용자의 접근이 개인의 페이지에 기록되고, 보존이 가능하게 되면서 이러한 선택을 가능하게 하였다. 이 정보는 광고주에게 가치 있는 것으로 드러났고, 광고주들은 구글이 조직할 수 있는 추가 정보를 만들 수 있는 코드를 웹사이트에 포함시켜 제공하였다. 다른 웹사이트를 통제하는 회사 ― 페이스북과 아마존 ― 는 그들의 웹사이트 사용자에 대한 데이터를 분석하고 기록하는 것을 시작하였지만, 구글은 직접적인 통제를 받지 않는 사이트에서 생성되는 데이터를 광범위하게 사용하는 최초의 기업 중 하나였다. 이러한 서비스는 상업적 데이터화 비즈니스 모델로 확장되고 계속될 것이다. 이런 비즈니스 모델의 경제적 성공의 중심에는 검색 엔진 또는 내장된 코드가 사용자 접근에 대한 데이터를 수집하여 구글에

향상된 목록을 제공한다.

전송하는 다른 사이트와의 상호작용을 통해 생성한 데이터를 활용할 수 있다는 구글의 기본 가정이 있었다.

2.4 디지털 플랫폼의 작업 정의

알리바바, 바이두와 같은 사이트들뿐 아니라 아이튠즈, 아마존, 구글 또는 페이스북과 같은 콘텐츠 출판, 전자상거래, 검색 엔진 및 소셜미디어 사이트들을 현재 디지털 플랫폼으로 일컬어지도록 변환시킨 특징들은 무엇인가? 이러한 급진적 혁신에 대한 우리의 작업 정의는 네 가지 요소를 가진다.

첫 번째, 디지털 플랫폼으로 만들어진 웹사이트는 사용자가 접속하길 원하는 콘텐츠를 포함한다. 이는 출판 플랫폼에 의해 가장 분명하고 직접적으로 충족되지만, 사용자들은 제공되는 제품과 서비스에 관한 콘텐츠(예: 아마존) 또는 잠재적으로 유용한 정보에 대한 안내를 제공하는 콘텐츠(예: 구글)뿐 아니라 전문가 또는 사용자에 의해 만들어진 사용자가 바람직하다고 생각하는 콘텐츠(예: 페이스북) 등에도 이끌릴 수 있다.

두 번째, 플랫폼 제공자는 콘텐츠의 제작 또는 획득, 플랫폼을 유지하는 데 필요한 소프트웨어 엔지니어링, 웹페이지 호스팅 서비스 등의 비용을 충당하게 해주는 비즈니스 모델이 필요하다. 출판사의 경우, 이것은 광고와 콘텐츠의 동시 전달로서 광고에 대한 비용을 지불한다. 이는 단순히 콘텐츠를 유지하고 업그레이드하는 비용을 지불하는 인기 있는 웹사이트이다.

세 번째 특징은 중요하다. 그것은 사용자에 대한 데이터를 수집, 유지, 사용하는 플랫폼의 능력으로서, 사용자로부터 얻은 행동에 관한 정보와 비즈니스 모델을 조합하는 능력이다. 아마존의 경우, 사용자에게 관심을 가질 만한 제안을 하기 위하여 사용자의 검색과 구매에 관한 정보를 수집하는 것을 포함한다. 이 능력의 범위는 기업에 따라 매우 다르며, 소형 플랫폼들에게는 그들의 사용자에 대한 데이터(구글과 공유)를 수집할 수 있게 해주는 구글의 애드센스와 같은 서비스의 존재로 인해 복잡하다. 세 번째 요소로 수익을 발생시키는 잠재성을 발휘하는 경우는 구글인 것 같다. 구글은 사용자가 제품과 서비스를 검색하기 위한 목적지향적 행동(예: 적절한 전자상거래 사이트를 찾는 것)뿐만 아니라 사용자의 관심과 행동을 노출하는 기타 모든 검색(및 사용자가 제공하는 정보)에 대한 정보도 기록할 수 있다. 구글이 광고를 더욱 잘 보여주기 위해 이러한 정보를 활용할 수 있는 한(그리고 광고주에게 이러한 능력을 납득시키는 한), 더욱 큰 경제적 수익을 창출하고 다른 광고 회사들에 대항하여 성공적으로 경쟁하는 광고 서비스를 제공할 수 있다.

이러한 구글의 세 번째 특징의 개발은 우리의 디지털 플랫폼 정의에서 네 번째 요소를 설명해 준다. 이는 먼저 세 가지 특징의 결과로 가능해진 보조적인 서비스 제공이다. 서비스 중 다수는 온라인 세계에서 플랫폼 제공의 중개자로서 관련이 있다. 2003년, 구글은 신문, 책 출판사와 같은 회사가 될 수 있었고, 광고주들의 지원을 받아 그들의 웹사이트의 구글 애드센스를 통해 광고를 제공하여 수익을 얻게 되었다. 구글은 보조적인 서비스를 창출하였고, 잠재적인 다른 웹사이트 소유자와 광고주 사이의 중개 기능을 가지게 되었다. 이러한 역할의 성과로 인해 추가적인 수입 흐름, 즉 광고주에게 부과되는 중개수수료를 얻게 되었다. 사용자가 구글 검색 엔진을 이용하지 않고 웹사이트에 접속하더라도 구글은 여전히 수익을 올렸다. 광고를 올릴 경우, 사용자에 대한 데이터를 사용하여 그들이 가장 높은 관심을 보이는 광고를 선택하였고, 그 결과 광고주에게 광고 서비스의 품질을 인지시킬 수 있었다.

플랫폼이란 용어는 문헌에서 보편화되었다. 이 책에서 중요한 초점은 작업 정의의 세 번째와 네 번째 특징을 이용한 플랫폼이다. 이는 우리가 구글, 아마존, 페이스북, 애플 그리고 마이크로소프트 플랫폼, 즉 사용자의 행동 관찰을 통해 파생되거나 사용자가 만들어내는 데이터의 수집뿐 아니라 사용자 참여를 증가시키는, 성장에 무한한 야망을 가진 플랫폼을 강조한다는 것을 의미한다. 우리는 작업 정의의 세 번째 또는 네 번째 특징이 운영에 부수적인 플랫폼을 제공하는 기업들에 덜 집중한다. 부수적인 것을 예를 들자면, 소위 에어비엔비, 우버와 같은 공유 플랫폼이다. 사용자의 데이터(공급자와 최종 사용자 고객 또는 서비스를 이용하는 시민 사용자)를 이용하는 이 플랫폼은 구글 또는 아마존과는 현격한 차이를 보인다. 이러한 공유 기업의 가장 중요한 측면은 거래가 성사되기 전에 오가는 서로에 대한 피드백을 통해 일어날 수 있는 사용자와 공급자 사이의 신뢰이다. 그들이 수집, 유지, 사용하는 데이터에 대한 다른 목적은 제한적이고, 부수적이다. 두 번째 예는 위키피디아인데, 사용자를 통해 수집된 데이터의 사용을 엄격히 제한하는 개인정보 정책에 의해 자기 검열을 하고, 특히 이 데이터를 제3자에게 되팔 수 없게 되어 있다.

요약하면, 우리의 작업 정의는 경제 분야 안팎의 문헌에서 중요한 정의들을 포괄한다. 제1장에 명시된 바와 같이, 디지털 플랫폼은 (1) 사용자가 원하는 콘텐츠, (2) 플랫폼의 유지 및 개선비용을 지불하는 비즈니스 모델, (3) 사용자에 대한 데이터의 수집, 보존 및 사용, (4) 보조서비스의 제공 등 네 가지 요소로 이루어져 있다. 첫 번째, (1)에서 (3)까지의 세 가지는 필수 요소이며, (4) 요소는 확장된 플랫폼 운영을 위한 핵심 요소이다. 위와 같이 플랫폼을 통해 수집된 데이터는 보조서비스를 제공하지 않고도 플랫폼 소유자가 독점적으로 사용할 수 있다. 항공사 예약 시스템 및 기타 부문 플랫폼과 같이 우리의 작업 정의 요소들을 포함하지만 표적 사용자를 스스로 제한하는 많은 온라인 설비들이 있다.

2.5 디지털 플랫폼 요소 검토

이 절에서는 각 요소가 어떻게 구체적인 결과를 초래하는지 설명하기 위해 작업 정의의 구성요소들을 더욱 자세히 발전시키고자 한다.

2.5.1 사용자가 바라는 콘텐츠

첫 번째 구성요소인 사용자가 원하는 콘텐츠 생성의 경우, 핵심적 측면은 플랫폼 운영자가 사용자 경험을 강화시키는 상호작용을 통해 생성되는 사용자 관련 데이터를 캡처하고, 활용하여 사용자 강화 주기를 만드는 것이다. 이것의 목적은 사용자가 플랫폼과 더 많이 상호작용하도록 참여시키는 것이다. 플랫폼 소유자가 사용자와 상호작용을 통해 사용자에게 학습을 시키게 되면 콘텐츠의 가치는 높아진다. 이는 플랫폼 운영자의 관점에서 볼 때 광고, 상품 또는 서비스의 판매 및 다른 기회들을 위한 청중의 대규모 온라인 네트워크를 구축하는 매우 강력한 방법이다. 이러한 비교적 간단한 아이디어는 실제 운영보다 말로 표현하는 것이 쉽다. 다음 장에서는 다양한 맥락에서 이 강화 주기가 어떻게 작동하는지 보여주며, 상업적 가치뿐만 아니라 공적 가치 결과에 대해 추적할 것이다.

플랫폼의 시장 결정 기능과 플랫폼 기술 아키텍처에 의해 창출되는 인센티브, 플랫폼 소유자의 수익을 창출하는 비즈니스 모델은 신고전파 경제분석을 통해 이해할 수 있다. 그러나 데이터 기반 또는 정보 제품 및 서비스의 특성을 고려해야 한다. 경제 상품으로 취급되는 정보는 다른 상품과 다르다. 첫 번째 복사본을 만들기 위해서는 많은 비용이 들지만, 후속 복사본의 단위 비용은 무시할 수 있을 정도이며, 결론적으로 비용은 사용 규모3)와 무관하다. 이는 플랫폼과 같은 정보 산업에서 규모의 경제를 창출하는 주요 근원이다. 비용이 들지 않는 데이터 기반 정보의 복제는 일반적으로 가격 결정에서 희소성(scarcity)의 기능에 초점을 맞춘 표준 신고전주의 경제분석에 도전한다. 플랫폼에서의 희소성은 데이터 기반의 정보를 소유 또는 통제하므로써 발생하며, 이러한 소유 또는 통제가 플랫폼의 경제적 가치를 창출한다. 따라서 데이터의 통제와 소유권을 지배하는 특정 사회 제도들(규범, 규칙 및 표준)은 데이터 리소스를 사용하여 생성된 정보를 가공하고 배포하는 인센티브에 매우 중요한 결과를 초래한다.

2.5.2 플랫폼을 위한 비즈니스 모델

이러한 개발의 기반은 작업 정의의 두 번째 요소인 플랫폼 비즈니스 모델 개발 초기에 구축되었다. 우리는 디지털 플랫폼에 채택된 두 가지 기본 비즈니스 모델인 사용자 생산 콘텐츠와 플랫폼 기반 전자상거래에 대해 알아보려고 한다.

2.5.2.1 비즈니스모델 기초 - 사용자 생산 콘텐츠

2004년에 설립된 소셜미디어 플랫폼인 페이스북에서 볼 수 있듯이, 사용자가 생산한 콘텐츠는 데이터의 수익 창출에 막대한 잠재력을 가지고 있다. 페이스북은 플랫폼의 첫 번째 특징인 사용자가 원하는 콘텐츠를 만들어 내는 혁신적인 솔루션이다. 페이스북의 대답은 사용자가 스스로 콘텐츠를 만들도록 안내한다는 것이었다. 이는 사용자들이 그들의 의견, 관심사, 그리고 정보를 공유하는 소셜미디어 사이트의 첫

---

3) 단위 비용 또는 평균 비용은 총비용을 단위 수로 나눈 값이다. 첫 번째 복사본 비용은 한 번만 발생하며, 이후 복사본은 거의 비용이 들지 않는다. 더 많은 복사본이 생성될수록 단위 비용은 줄어든다.

번째 사례가 아니었다. 페이스북은 "친구하기(friending)"라는 아이디어를 이용하여 사용자가 관리하는 페이지를 구축하고 이 페이지의 위치를 공유하는 과정을 간소화함으로써 페이스북 사용자들과 교류하고, 다른 사람을 초대하기 쉽게 만들었다. 페이스북의 비즈니스 모델은 광고주를 중심으로 운영하게 되어 있고, 사용자에게는 무료로 서비스를 제공할 수 있게 되어 있다. 또한 사용자의 관심, 사회적 연결, 그리고 사용자의 위치에 대한 방대한 양의 데이터에 빠르게 접속할 수 있게 되어 있다.

페이스북이 활용한 사용자 생산 콘텐츠라는 기회는 제1장에서 논의된 거대한 흐름의 일부에 불과하다. 사용자가 관심을 보이는 웹사이트를 만약 소유자가 선택하여 활용한다면, 데이터를 활용할 수 있는 비즈니스 모델을 개발할 수 있으므로 우리 정의에 따라 플랫폼이 될 수 있다. 사용자가 만들어 내는 데이터로 전적으로 운영되는 사이트는 사용자의 열의를 꺾거나 기분을 불쾌하게 하는 콘텐츠를 모니터링하는 것을 비롯하여 유지보수 비용을 지불할 비즈니스 모델이 필요하다. 비즈니스 모델은 자발적 기부(예: 위키백과), 구독(예: 일부 교육 사이트 및 신문) 또는 정부 또는 기타 기관(예: 보건, 공공 서비스 매체)의 보조금일 수 있다. 선택한 비즈니스 모델은 데이터에 대한 접속 권한이 다른 사람에게 판매되는 방식도 포함하여, 플랫폼 소유자가 사용자 참여 및 사용자 상호작용으로 생성된 데이터를 어떻게 활용하냐 하는 방식에 영향을 줄 것이다. 위에서 언급한 바와 같이, 위키피디아는 사용자에 대한 정보를 판매하거나 광고를 전달함으로써 자발적인 기여를 위험에 빠뜨리지 않기로 선택하였다. 구글 제품군의 일부인 유튜브는 광고를 전달하고, 사업 관계가 있는 모든 플랫폼에서 대상 사용자에게 광고 메시지를 전달함으로써 데이터를 사용하여 수익을 창출한다. 두 개 플랫폼 모두 사용자가 참여하는 콘텐츠와 사용자가 만든 콘텐츠에 의존한다. 그러나 (신고전파) 경제적 관점에서 볼 때, 소셜미디어를 포함한 디지털 플랫폼은 경제적 가치를 창출하기 위해 데이터 수집 및 캡처를 통한 방법을 선택하였다.

　제도학파와 비판적 정치경제학 전통에 속하는 일부 저자들은 사용자가 만들어 내고, 심지어 사용자가 플랫폼과 상호작용하여 가치를 만들어 데이터를 생성해 낸 것까지 플랫폼 소유자가 사용하는 것은 부당하다고 지적한다. 사용자의 활동이 없으면 데이터가 만들어지지 않으므로 가치를 획득할 수 없다. 이러한 종류의 논쟁은 사용자는 그들이 만들어 낸 가치로부터 어떤 형태로든 보상을 받아야 한다는 결론으로 이어질 수 있다. 이 주장에 대한 첫 번째 반응은 사용자가 플랫폼과 상호작용하는 것에 대한 선택이 소비의 한 형태라는 것이다. 그것이 사용자에게 가치를 창출한다. 더 나아가 이러한 상호작용이 플랫폼 소유자에 의해 추가적으로 개발되고 수익을 만들 수 있다는 사실은 상호작용을 할 것인지에 대한 사용자의 선택과는 관련이 없다. 만약 관련성이 있다면, 다양한 비즈니스 모델에 기반한 플랫폼(예: 기부 또는 구독료 지원)이 시장에서 만연하게 나타날 것이다. 이러한 대안 비즈니스 모델이 널리 퍼져있지 않다는 사실은 우세한 플랫폼이 대안 비즈니스 모델이 지원할 수 있는 것보다 더 큰 창의성과 투자를 기반으로 하는 혁신을 제공한다는 것을 시사한다. 그렇다면 플랫폼 소유자가 사용자의 참여 데이터와 사용자 상호작용을 통해 만든 데이터를 수익화할 수 있는 능력을 축소시키는 데이터의 집단적 또는 공공관리와 같은 규칙들은 사용자에게 매력적인 온라인 서비스를 만드는 플랫폼 소유자 혁신에 방해가 될 위험을 제시한다. 이것은 정책 입안자들이 공적 가치를 증진시키기 위해 기꺼이 감수할 수 있는 위험이다.

2.5.2.2 비즈니스모델 기초 - 플랫폼 기반 전자상거래

전자상거래 가상화와 사용자 모니터링(또는 감시) 및 사용자가 만든 콘텐츠의 활용이 온라인 환경에서 두 번째로 강력한 비즈니스 모델의 기반이 된다. 이는 신고전파 경제분석에서 오랫동안 인식되어 온 경제적 효과 때문이다. 즉, 디지털 플랫폼이 네트워크 경제 또는 효과로부터 혜택을 받기 때문이다. 이는 사용자 수에 따라 네트워크의 가치와 바람직함이 증가한다는 원칙이다. 전자상거래와 소셜미디어 플랫폼의 경우, 구매자와 판매자는 오프라인 환경에서 만들 수 있는 것보다 더 큰 시장에 매료된다. 이러한 네트워크 경제에서 수요를 플랫폼에 참여하고자 하는 사용자의 수라고 설명한다. 이에 대한 자세한 내용은 제3장에서 설명하며, 여기서는 사용자에게 서비스를 제공하고 발생하는 비용에 대해 중점적으로 다룰 것이다.

플랫폼 비용은 그들이 제공하는 기능에 따라 다르다. 간단하게 소셜미디어와 온라인 게임 플랫폼의 경우, 사용자에게 제공하는 서비스 비용은 플랫폼을 정의하고 운영하는 소프트웨어 설계 및 개선비용, 광고 판매비용, 소프트웨어 및 사용자 콘텐츠의 스토리지 비용, 사용자 서비스 유지, 통신비용 등으로 한정 지을 수 있다. 소프트웨어의 설계와 개선은 앞서 설명한 정보의 경제적 속성으로부터 이익을 얻는 비용의 범주이다. 이는 소셜미디어 또는 온라인 게임을 지원하기 위해 설계된 소프트웨어를 포함하여, 소프트웨어에 들어가는 평균 또는 단위 비용이 사용자 수에 따라 감소함을 의미한다. 기본적 정의에서 이 구성요소의 중요성은 아마존, 알리바바 및 이베이와 같은 플랫폼에 의해 제공되는 가상 시장과 물리적 시장을 비교함으로써 잘 설명할 수 있다.

구체적인 예를 들어보겠다.

이탈리아 토리노에는 42개의 야외시장과 6개의 덮힌 시장(covered

markets)이 있다. 이 중 가장 큰 포르타 팔라초 시장은 800개의 노점이 있으며 면적은 50,000 평방미터(12에이커 이상)이다. 그것은 유럽에서 가장 큰 야외시장이라고 주장한다. 이 시장은 종종 구매자들로 붐비지만 구매 동기는 분명하며, 다양한 판매자, 선택과 가격 경쟁 등이 있다. 판매자들은 시장에 참여하는 사람들의 숫자에 이끌리는데, 이는 다른 토리노 시장에 비해 치열한 경쟁을 능가하는 매출 증대의 가능성 때문이다.

아마존과 알리바바와 같은 전자상거래 플랫폼이 온라인 시장의 한 예이다. 웹 스크래핑 회사인 스크랩히어로[4]는 아마존이 전 세계 11개 시장에서 30억 개 이상의 제품을 제공하고 있고, 미국에 5억 6천 4백만 개가 넘는 제품을 제공하고 있다고 보고한다. 아마존의 미국 시장과 토리노의 포르타 팔라초 시장에 제공되는 것을 비교하려고 한다. 일반적으로 가정해 보면, 포르타 팔라초에서 제공되는 평균 고유 제품 수의 좌판은 100개이고, 시장은 8만 개이다. 이것은 아마존이 포르타 팔라초의 7,000배 이상이라는 것을 의미한다. 만약 아마존의 제품이 포르타 팔라초처럼 설치된다면 아마존의 시장은 84,000 에이커(약 34,000 헥타르) 정도를 차지할 것이다. 토리노의 전체 땅(13,000 헥타르)과 워싱턴 DC(18,000 헥타르)는 아마존의 미국 제품을 전시하기에 충분하지 않을 것이다.

이것이 제공물들을 탐색하는 데 어떤 의미가 있는지 생각해 보기로 한다. 포르타 팔라초에는 의류, 과일, 생선, 가정용품의 판매를 구분하는 10개의 다른 부서들이 있다. 수백 미터를 걷기만 해도 여러 부서에서 물건을 모으기에 충분하다. 아마존 웹사이트의 모든 제품은 분류와

---

4) 웹 스크래핑은 웹사이트에서 데이터를 추출하기 위해 자동화된 방법을 사용하는 관행이다. 시장에 대한 학술적 연구는 Scrap Hero(2019)와 Black(2012)을 참조하라.

검색이 가능하다. 아마존 플랫폼 방문자는 컴퓨터에서 신나게 전구, 책, 옷 등을 고를 수 있다. 방문자는 다른 판매업자에게 돈을 내는 대신, 선택한 모든 구매가 들어 있는 "바구니"를 확인하면, 수도권에서 훨씬 더 빨리 배송을 받을 수 있다. 또한 아마존은 구매하지 않는 방문자에 대해서도 데이터를 수집할 것이다. 매출과 사용자 데이터에서 창출된 두 개의 수익은 아마존에서 발생한 비용을 회수하는 데 사용되며, 이는 비즈니스 모델의 핵심 요소라고 볼 수 있다. 이 사례는 전자상거래 플랫폼의 장점을 보여준다. 플랫폼 제공자가 물리적 상품의 재고를 준비하고 배송 서비스를 처리할 수 있다고 가정하면, 방문자는 놀라울 정도로 많은 제공물 모음에서 제품을 찾고 주문할 수 있다. 쇼핑 경험은 사회적이지 않을 수 있지만, 포르타 팔라초를 방문하는 것보다 흥미롭고, 쇼핑하는 시간과 신발 가죽 측면에서 더 효율적(또는 편리함)이다.

2.5.3 저장, 유지와 사용자에 대한 데이터의 이용

플랫폼 개발 초기에는 고객 모니터링 및 정보 보존 기능이 플랫폼과의 상호작용에만 국한되었다. 이후에 우리의 작업 정의의 세 번째 요소인 모니터링 또는 보안 감시 능력이 확장 및 향상되었다. 그러나 고객 행동을 모니터링하는 것은 새로운 일이 아니다. 오프라인 소매업체는 폐쇄 회로 텔레비전 또는 매장 내 관찰자를 사용하여 고객의 행동을 추적했다. 기업은 개별 고객과의 상호작용 기록을 보거나 분석할 수 있는 고객 관계 관리 시스템을 개발했다. 이제 플랫폼 소유자가 사용할 수 있는 온라인 모니터링 용량이 훨씬 더 커지게 되었고, 이는 전자상거래에 참여하는 플랫폼의 특징이기도 하다.

이러한 모니터링 기능은 전자상거래를 수행하는 회사에 한정되지 않는다. 소셜미디어 및 검색 엔진 플랫폼은 광고를 대상으로 하는 사용자의 행동을 모니터링하여, 수용적인 시청자가 광고를 받을 가능성을 높임으로써 광고의 경제적 가치를 높인다. 사실상 모든 플랫폼에서 사용자가 만든 콘텐츠를 사용한다. 페이스북과 같은 소셜미디어 플랫폼에서는 사용자가 직접 만든 콘텐츠를 플랫폼에 가입하고 사용하는 것이 주된 이유이다. 친구, 가족 또는 다른 사람들이 만든 콘텐츠(메시지, 사진 등)를 볼 때, 디스플레이는 광고 메시지를 포함할 수 있으며, 플랫폼은 광고주들이 대중에게 다가갈 수 있는 중개자 역할을 한다.

플랫폼 소유자가 모니터링 기능과 사용자가 만든 콘텐츠를 사용하면 알고리즘과 인간의 개입을 통해 사용자와 관련이 있을 가능성이 가장 높은 광고 메시지를 선택할 수 있다. 사용자가 온라인 플랫폼에서 커피에 대해 이야기할 경우, 커피 및 커피 제조 장비에 대한 광고가 인터넷에 표시된다. 이러한 사용자 관심에 의한 광고의 "대상화"는 플랫폼이 광고주들에게 제공하는 광고 배치 서비스를 더욱 가치 있게 만든다. 이를 통해 플랫폼 소유자는 대상을 적게 잡은 광고보다 더 높은 가격을 부과할 수 있다. 사용자가 플랫폼에 접속하는 비용을 광고 수익이 대신 지불하므로 사용자에게 무료로 접속이 제공될 수 있다.

광고 수익의 창출은 전부는 아니지만 대다수 플랫폼의 지배적인 비즈니스 모델이다. 광고 상품과 서비스를 직접 판매하는 아마존과 같은 전통적인 중개 기능을 제공하는 플랫폼은 예외이다. 플랫폼 소유자는 구매 가격의 일부를 받고 판매자에게 자체 서비스를 판매할 수 있다. 그럼에도 불구하고 아마존을 포함한 많은 플랫폼들은 사용자가 만든 콘텐츠를 제품 리뷰의 형태로 사용한다. 일부 플랫폼은 구독 또는 자발적 기여 모델을 채택하고 플랫폼 리더와 동일한 수준으로 사용자의 데이터를 활용하지 않을 수 있다.

2.5.4 보조서비스의 제공

작업 정의의 처음 세 가지 기능 외에도 더 큰 플랫폼은 보조서비스를 개발하고 이를 상업적으로 활용한다. 2.4절의 구글 애드센스의 사례는 이러한 보조서비스들이 구글 플랫폼의 기본 운영 범위를 넘어서 검색 서비스와 관련이 없는 다른 웹사이트들을 포함하는 경우이다. 초기에는 보조서비스 개발이 부차적인 목표였지만, 이후 플랫폼 기업들[5]에게 주요 수익원이 되었다. 대표적인 예가 클라우드 기반 서비스이다. 플랫폼은 웹 서버에 정보 아키텍처로 존재하기 때문에 이러한 서비스에 대해 외부 업체와 계약하기보다는 서버 또는 서버 팜을 운영하는 것이 명확한 비즈니스 결정이다. 구글과 아마존의 서비스에는 웹사이트 호스팅, 클라우드 기반 기업용 소프트웨어 및 구성 가능한 계산 능력[6]이 포함된다.

기업용 소프트웨어 개발이라는 약간 다른 경로를 통해 마이크로소프트는 상당한 범위의 클라우드 기반 서비스를 제공한다. 페이스북과 애플의 보조서비스는 그들의 소비자 지향 서비스와 더 밀접하게 연결되어 있다. 페이스북 매출의 85%는 광고에서 나오지만 게임 매출과 데이터 분석 서비스 판매 수익 또한 올리고 있다. 애플의 아이클라우드는 구글 드라이브와 같은 파일 저장소 서비스다. 사용자는 초기 할당 후, 구독료를 지불하여 온라인 스토리지의 양을 늘릴 수 있다. 이 모든 회사들은 레크리에이션 및 기타 소프트웨어를 제공하며, 애플, 마이크로

---

5) 2018년, 애드센스와 새로운 몹애드(모바일 서비스 광고)에서 발생한 알파벳 매출은 주요 사이트에서 벌어들인 수입의 14.7%인 19억 8천만 달러였다. 같은 해, 사용자 서비스와 클라우드 기반 서비스 제공으로 인한 기타 매출은 19억 1천만 달러(14.6%)였다(Alphabet, 2018: 25).
6) 2018년 아마존 웹 서비스는 국내외 매출의 12.4%에 해당하는 256억 6천만 달러를 타 사업장에서 받았다(Amazon, 2018: 23).

소프트 및 아마존은 이들 회사가 공급하는 기기에 초점을 맞춘 소프트웨어를 판매하거나 제공하고, 구글과 페이스북도 소프트웨어를 판매한다. 여기에 언급된 보조서비스는 플랫폼 역할을 할 필요가 없는 다른 회사에서도 제공된다. 아마도 플랫폼 회사들에게 미래 개발의 가장 중요한 분야는 인공지능 기반 솔루션의 제공일 것이다. 이는 제4장에서 검토한다.

2.6 디지털 플랫폼, 규범과 가치

디지털 플랫폼을 현실로 만든 개발은 온라인 서비스 제공자가 운영할 수 있는 규범, 규칙 및 표준에 관한 민간 및 공공의 의사결정에 의해 형성되었다(이들에 대한 경제분석은 제3장에서 보다 자세히 논의한다). 여기에서 이러한 규범, 규칙 및 표준의 역할을 인정하는 것이 중요하다. 일부는 정부에 의해 도입되고 일부는 정부와 기업의 의사결정을 조율한 결과이다.

인터넷 사용에 대한 모든 상업적 제한이 끝난 1995년부터 온라인 서비스의 초기 개발 기간과 2008년 금융 위기까지, 정부 정책은 대체로 디지털 플랫폼을 환영했다. 이는 새로운 온라인 서비스가 "정보" 또는 "디지털" 경제[7]에서 경제 성장과 고용 가능성을 제공한다고 믿었기 때문이다. 새로운 기회들이 개발됨에 따라 뒤처질까 봐, 정부 계획의 규제들은 이러한 서비스의 성장에 명백한 장벽이나 장애물을 줄이려고 노력했다. 예를 들어, 전자상거래는 고객이 온라인으로 상품을 구매하

---

7) Bauer and Latzer(2016), Brynjolfsson and Kahin(2002), Goldfarb et al.(2015), Mansell(2010) 그리고 Mansell et al.(2007)에 대한 정보화 또는 디지털 "사회화" 그리고 "경제"개발을 참조하라.

거나 공급업체가 서로 또는 플랫폼 공급자와 계약하는 시스템에 의존한다. 정부는 지급 및 계약 방법이 집행 가능성과 책임 면에서 오프라인과 동등한 수준임을 보장하는 법률을 제정했다.

정부는 또한 불법이거나 다른 문제의 소지가 있는 사용자 생산 콘텐츠에 대한 책임성에 관한 초기 디지털 플랫폼 가입자의 우려에 대응하였다. 특히 서구 정부는 플랫폼의 역할을 중립적인 중개자로 해석하고 플랫폼 책임으로부터 "안전한 피난처"를 제공했다. 이는 나중에 플랫폼 소유자가 저작권을 침해하는 콘텐츠를 삭제(해제)하도록 요구하는 법률에 의해 마무리되었다(이 내용은 제6장에서 논의하고자 한다).

공적 가치와 시장 결과에 영향을 미치는 규범과 규칙을 고려할 때, 초기 정부 정책 입안자보다 덜 낙관적이게 되는 여러 가지 이유가 있다. 디지털 플랫폼의 성장은 물리적 위치에 얽매여 불리한 기존 비즈니스를 방해하기 시작했다. 예를 들어, 판매원과 근로자를 고용하여 물리적 재고를 유지하는 오프라인 상점은 고객에게 직접 상품을 공급할 수 있는 플랫폼 공급업체가 관리하는 대규모 창고와 경쟁하는 것이 어렵다는 것을 알게 되었다. 디지털 플랫폼의 "장소 없는" 특성으로 인해 과세(매출세 또는 부가가치세, 재산세 또는 사업세 등 다른 형태의 과세)에 대한 문제가 제기되기 시작했다. 이러한 파괴적인 효과의 일부를 완화하기 위한 수단인 "비트 세금"을 제정하자는 제안이 있었다. 이는 보다 효율적이며 기업가적 사업과 유익한 사회 및 정치적 의사소통의 기회를 제공할 수 있는 새로운 유형의 사업의 혁신적 성장을 방해한다는 주장에 의해 거부되었다.

보안 및 개인 정보보호 문제가 입증된 디지털 플랫폼의 다른 특징은 인터넷으로부터 계승되었다. 보안과 프라이버시에 대한 기술적 표준이 우세하였는데, 더욱 엄격한 방법은 인터넷의 보편성과 성장의 잠재적 장벽이 개방형 네트워크의 바람직함과 모순된다고 간주되었기 때문이었다. 이것은 사생활과 보안이 인터넷 사용자들에 의해 다루어져야 한다는 것을 의미한다. 비즈니스 사용자(및 공급업체)는 이를 위한 준비가 상당히 잘 되어 있었다. 이들은 개인 정보보호 및 보안 기능을 제공하는 독점 통신 프로토콜을 사용하여 구현되는 전자 거래 네트워크를 경험했다. 이것들은 표준에 동의한 사용자들 간에 "개방형" 인터넷상에서 다양한 형태의 암호화를 사용하여 재생될 수 있었다. 전자 결제 시스템과 같은 영역에서는 기술 수준이 떨어지는 사용자에게도 제한된 보안이 달성되었다. 플랫폼 성장기에는 사용자의 감시가 광고의 가치를 높이기 위한 주요 비즈니스 모델이 되면서 개인 정보보호, 보안 및 안전 문제가 지속적으로 제기되었다.

게다가 전자상거래의 출현과 디지털 플랫폼의 운영을 알리는 규범 및 규칙의 출현은 이러한 플랫폼이 노사 관계를 교란할 가능성이 있기 때문에 더욱 우려되었다. 산업 시대 동안의 오랜 투쟁의 역사는 산업 근로자들의 임금 정산 및 근로 조건의 개선(그러나 여전히 부족한)을 가져왔다. 이러한 혜택도 도소매업의 산업구조가 급변하고 기타 서비스 산업의 다양성 등의 이유로 서비스 분야의 근로자들에 의해 달성되지 못했다. 노조조직에 대한 저항은 블루칼라와 화이트칼라/핑크칼라 근로자 간의 계급 구별에 기인할 수도 있다. 노동 연대는 노동자 계층 분류에 저항한 후자 집단에서 덜 광범위하게 공유되었다(Frey, 2019). 하지만 20세기에는 서비스업이 북반구에서 고용의 주된 원천이 되었다. 플랫폼의 규범과 규칙이 시장 요구에 대응하는 보다 "효율적인" 방식을 만들어 내고 있다는 주장은 편향된 주장이라고 하여 비판받았다. 이러한 비판은 특히 플랫폼의 운영이 소득분배 패턴의 악화와 관련이 있다고 나타날 경우, 효율성 "개선"의 분배적 결과에 관한 질문을 불러일으켰다. 이것은 자본 소유주의 이익에는 도움이 되었지만, 소외된 노동자들에게는 도움이 되지 않았다. 따라서 디지털 플랫폼의 추가 개발로 근로자 처우 기준의 저하와 불안정한 고용 형태의 증가 전망이 증폭되고 있다.

또한 사용자 생산 콘텐츠는 사용자 기여금의 수익화와 관련하여 문제를 제기하였다. 플랫폼 소유자들은 사용자들의 "자발적인" 기여로부터 가치를 얻고 있다. 사실, 그들은 "미지급 노동"의 혜택을 받고 있었고, 이는 플랫폼의 기업 후원자로 소득 분배의 추가적인 전환이었다. 비판적 분석은 이러한 개발이 소수를 위해 다수를 착취하는 또 다른 측면을 어떻게 나타내는지에 초점을 맞췄다. 사용자 기여 콘텐츠뿐만 아니라 사용자 검색 및 기타 온라인 행동을 모니터링 한 결과 데이터가 수익화된다는 것이 명백해짐에 따라, 일부에서는 이를 서구 자본주의 시장에서 개인 착취의 범위를 넓히는 것으로 해석했다. 국세 및 일부 경우에 국가 정부 입법을 우회할 수 있는 디지털 플랫폼의 "위치가 없어 보이는"(Flecker, 2016) 것이 특정 개혁의 대상인 정부 규제와 규칙의 결함으로 취급되기보다는 세계 금융 자본주의의 결과 및 보안 문제를 제외한 국가 권한의 "공동화"(Gurumurthy et al., 2019)의 한 사례라고 간주되었다. 이러한 모든 우려는 플랫폼 성장에 의해 강화되고 증폭되었다.

2.7 결론

이 장에서는 디지털 플랫폼을 급진적 혁신으로 논의했다. 오늘날의 플랫폼을 탄생시킨 구체적인 개발들을 강조하고 이 책의 나머지 장들에 대해 알려주는 작업 정의를 제공했다. 플랫폼의 기원과 참신성에 대한 우리의 설명은 디지털 플랫폼에 의해 매우 광범위한 인간 활동이 촉진된다는 것을 명확하게 보여준다. 이는 플랫폼 개발의 결과에 대한 이해는 소득 분배 또는 일의 질과 같은 사회적 결과에 대한 통상적인 무시와 관련된 신고전파 경제분석의 범위를 벗어나야 한다는 것을 의미한다. 이러한 무시는 그러한 사안들이 정치적 선택의 문제 또는 분석틀을 벗어나는 것으로 간주되기 때문에 일어난다. 그러나 사회에서 디지털 플랫폼의 규모와 범위는 플랫폼 행위의 선택과 결과에 추가적으로 관련된 플랫폼 운영들에 대한 분석을 요구한다. 다음 장에서는 신고전파 경제학이 제공하는 통찰력과 플랫폼 경제학을 이해하는 데 있어 경제분석의 두 가지 추가적 가닥이 어떻게 필수적인 추가 요소인지에 대해 논의한다.

플랫폼의
경제분석

플랫폼의
경제분석

3.1 도입

앞의 두 장에서 살펴본 바와 같이 디지털 플랫폼 운영은 디지털화 및 데이터화로 불리는 커다란 과정들의 한 부분이다. 우리는 디지털 플랫폼에 대한 작업 정의를 소개했고, 기원들을 설명했다. 이러한 일들은 전통적인 과정들의 온라인 세계 속으로 변환과 적응 및 새로운 과정들과 관계들의 탄생을 포함한다. 이 장에서 조사하는 것은 디지털 플랫폼 현상과 기본적 요소들을 해석하고 설명하기 위해 어떻게 세 가지 가닥의 경제분석 — 신고전파, 제도학파, 비판적 정치경제학 — 이 적응·발전해 왔는가이다.[1] 이 장의 핵심적인 통찰들은 시장지향 논리와 데이터화 과정에서 증가된 공적 가치 간의 갈등들, 즉 사익과 공익의 경

---

1) 경제분석은 통찰력을 제공하는 사회과학 내의 많은 접근법 중 하나이다. 다른 접근법을 보려면 DeNardis and Hackl(2015), Musiani et al.(2016), Parks and Starosielski(2015) 및 Plantin et al.(2018)이 있다.

계에 대한 질문의 필요성이며, 과정과 결과의 형성에서 권력의 역할이다. 제4장에서는 이러한 기본 요소뿐 아니라 인공지능과 관련된 기술 및 비즈니스 혁신이 제공하는 기회가 디지털 플랫폼의 지속적인 성장과 영향력, 공적 가치에 미치는 영향을 설명하는 데 도움이 된다는 것을 알게 될 것이다.

3.2 신고전파 경제분석

신고전파 경제분석에서 디지털화와 데이터화에 대한 설명은 새로운 기술의 외생적 도래가 잠재적 "성장 엔진"이라는 관점에서 비롯된다(Bresnahan and Trajtenberg, 1995). 주요한 기원이나 급진적 혁신은 신고전파 경제분석 틀에 의해 설명되지 않지만, 신고전파 경제 성장모델의 틀에서 새로운 기술에 대한 투자 결정을 내리려는 시도들이 이루어져 왔다(Romer, 1990). 공통적으로, 신고전파의 틀에서 혁신들은 공공 및 민간투자로 생산된 지식을 기반으로 지식이 발전한다는 것을 가정한다. 이러한 투자는 때때로 예기치 못한 급진적 성격의 혁신들을 만든다. 디지털 기술들이 큰 성장 효과들을 가져올 것으로 예상하는 이유는 디지털 기술들이 새로운 제품과 서비스를 만들어내고 기존 제품과 서비스들의 생산과 유통에 있어 잠재적 효율성을 얻을 수 있기 때문이다.

신고전파 경제분석이 채택한 핵심 가정들은 명확한 결론들을 도출하기 위한 논리의 적용에 유용하다. 한 가지 중심 가정은 인간의 행동은 개인의 만족과 이윤 추구라는 목적에 의해 지배된다는 것이다.[2] 모든 개인은 일반적으로 타고난 역량과 선호도가 있다고 가정한다(분석의 틀

---

2) 경제학에 친숙한 독자들은 우리가 효용을 대신하여 '만족'이란 단어를 사용하고 있음을 인지할 것이다. 효용은 가정을 요구하는 구성물이다.

에서 벗어남). 사회에는 많은 개인이 존재하기 때문에, 이러한 목표들을 추구하기 위한 수많은 교환 가능성이 존재한다. 가장 단순한 형태에서, 신고전파 경제학은 개인과 기업들이 교환의 모든 가능성을 알고 있다고 가정한다. 개인들은 고용주(또는 활동)에게 노동력을 공급하기로 선택하며 이는 개인의 역량에 맞는 최고의 만족과 임금(또는 수입)으로 이어질 것이다. 노동력을 제공하여 얻은 수입으로, 개인은 가장 높은 만족을 주는 재화와 용역을 선택한다(이를 합리적인 선택이라고 부른다). 공급자와 고객들이 재화 또는 용역의 가격과 품질에 의해서만 교환을 하는 시장이 존재한다고 가정함으로써 교환이 이상화된다.

시장들이 경쟁적이라고 가정하는데, 이는 각 재화와 용역들에 대한 우세한 가격 또는 시장 가격이 있다는 것을 의미한다. 우세한 가격은 모든 고객의 총수요와 우세한 가격(친숙한 수요와 공급의 "가위")에서 모든 공급자의 총공급 의지에 의해 결정된다. 우세한 가격의 존재는 이윤 추구의 직접적 의미이다. 우세한 가격보다 더 높은 가격을 책정함으로써 우세한 가격에서 이탈한 공급자는 자신으로부터 이탈하는 고객들을 확보함으로써 얻을 수 있는 (상대적으로 적은)이윤을 추구하는 공급자들과의 경쟁에 직면한다.[3] 우세한 가격은 궁극적으로 "정상이윤"을 포함한 생산비용과 연관된다. 정상이윤은 공급자에게 생산수단(공장 및 설비 등의 고정자본과 노동 서비스를 획득하기 위한 운전자본을 포함한)을 제공하도록 투자자들을 격려하는 (위험에 대해 조정된) 이윤의 양이다.

앞의 두 단락은 경제학에서 "교과서"로 언급되는 기본적인 신고전파 경제학 틀의 개요다. 전문 경제학자들은 습관적으로 이러한 가정들을 다양화함으로써 신고전파 경제학의 가정들에 부합되지 않거나 부합되

---

3) 공급자는 공급을 멈춤으로써 가격에 영향을 줄 수 없다. 왜냐하면, 다른 공급자들이 공급을 멈춘 양만큼 공급할 것이기 때문이다.

기 어려운 세계의 특징들을 분석한다.[4] 이 책에서, 가장 중요한 가정의 변화는 정보에 관한 것이다. 현실에서 공급자들과 고객들은 모든 교환의 가능성을 완벽하게 이해하지는 못한다. 광고는 실현 가능한 교환과 더불어, 다소 논란의 여지가 있는, 고객의 선호에 영향을 줄 수 있는 교환에 관한 정보를 제공한다. 정보가 불평등하게 분포되었다고 가정함으로써 정보에 경제적 가치를 부여하는 것은 관찰에서의 어려움뿐 아니라 상당한 복잡성을 초래한다.[5] 예를 들어, 개인들이 대안들을 인식하지 못하고 공급자들에 대한 편견 또는 믿음들을 반영한다면, 선택들이 진정한 선호도들의 반영이라고 가정할 수 없다. 좀 더 혼란스러운 것은, 만약 정보가 선호도에 영향을 줄 수 있다면, 특정 공급자들은 경쟁자들이 유사한 영향력을 발휘하지 못하는 동안 자신들의 제품과 서비스들에 대한 가격을 인상할 수 있다는 것이다. 정보의 불균형은 "시장 실패"의 여러 원인 중 하나이다. 시장 실패는 시장이 공급자와 고객들 사이 교환 활동의 중립적 장소들이라는 가정에 따라 작동하지 않는 시장을 의미한다. 좀 더 진부한 유형의 시장 실패는 공급자 담합 가능성으로, 이는 보통 덜 협력적인 공급자들이 담합한 기업을 이기기 위해 시장에 진입하기 때문에 붕괴한다고 가정한다.

---

4) 심리학자들과 행동경제학자들은 실증적으로 사람들이 합리적 결정(만족 극대화)을 한다는 가정에 도전한다(Kahneman and Tversky, 1979; Tversky and Kahneman, 1992). 이러한 통찰력의 도입은 어떻게 (사람)행동에 영향을 주고(Thaler and Sunstein, 2009), 어떻게 투자자가 공유된 믿음을 갖게 되는지(Shiller, 2019), 어떻게 사람들이 인식적 오류 또는 편향을 가지게 되는가 등의 아이디어로 이어졌다(Bourgine, 2004; Kimball, 2015).
5) 중고차 구매자들이 차의 품질에 대한 완전한 지식을 갖지 않는 것을 Akerlof(1970)가 관찰한 이후, 경제학에서 정보의 함의는 주요 연구영역이다. 정보, 지식과 믿음은 상호 연계되었기 때문에, 각주 4에서 인용된 행동과 인지 경제학에 관한 작업들은 사람들 사이에 지식의 불평등한 분배에 연계되어 있다.

다음 절들(3.2.1 – 3.2.5)에서 약술하는 것은 경제분석에 대한 세 가지 접근 방식이 채택한 일부 핵심 개념들을 고려한 내용이고, 3.2.6의 결론은 신고전파 경제학의 한계들에 대해 간략하게 요약한 내용이다. 이어지는 절들에서는 어떻게 제도학파와 비판적 정치경제학 등 다른 두 가지 접근법들이 경제학 교과서 또는 핵심적인 기본 가정들을 고수하는 전문적 경제학자들에 의해 지나치게 단순화된 경제생활의 모습을 잡아내는 기본 가정들을 다양화했는가를 요약한다.

3.2.1 다측 시장의 경제학

디지털 플랫폼들은 소셜미디어 서비스들의 제공 사례처럼, 플랫폼 소유자가 다수의 서비스를 제공한다. 사용자는 콘텐츠(사용자 생산 콘텐츠)를 올리고, 플랫폼 소유자들은 사용자 콘텐츠와 광고주들이 플랫폼 소유자에게 댓가를 지불하는 광고(광고 콘텐츠)를 재조합한다. 플랫폼 소유자들은 광고로 얻은 매출을 통해 사용자들에게 무료로 포스팅 서비스를 제공한다(제2장에서 설명). 이런 경우, 두 가지 시장들이 ─ 사용자들에게 제공되는 포스팅 서비스 시장과 고객들에게 광고 메시지를 전달하기 위한 채널을 제공하는 광고주 시장 ─ 있다. 이 시장은 신고전파 경제분석에서 양측 또는 다측 시장으로 취급되며, 이는 플랫폼이 두 개의 분리된 집단들(예: 사용자와 광고주들)을 위한 중개 또는 중매 (matchmaker) 서비스로 운영된다는 것을 나타낸다.

다측 시장들은 다수의 판매자와 고객을 가진 원자적 경쟁(atomistic competitive) 시장에 대한 신고전파 경제학의 가정을 복잡하게 만든다. 복잡한 것은 수요와 공급의 신고전파 경제 모델이 일반적으로 서로 다른 측면에서 플랫폼을 사용하는 각 그룹의 상호의존성을 설명할 수 없다는 것이다(Evans and Schmalensee, 2016). 디지털 플랫폼의 운영과 별개로 존재한다고 가정되는 시장 대신에, 플랫폼에서 일어나는 시장

관계들을 형성할 수 있다. 중계 플랫폼 제공자는 시장참여자들이 직접적으로 상호작용(예를 들어 자신들의 친구들에게 콘텐츠를 전자우편으로 보냄으로써)하는 비용을 올리는 마찰을 줄여주기 때문에 개인은 플랫폼 참여를 선택할 것이라고 가정한다. 콘텐츠(자기 출판과 다른 사용자들이 생산한 콘텐츠의 시청) 교환에 참여하는 이점은, 잘 관리될 수 있다면, 사용자 수와 더불어 증가하며, 결과적으로 디지털 플랫폼 혁신은 자기 강화적 피드백 루프를 지원할 수 있다.

피드백 루프의 결과들은 네트워크 경제 또는 네트워크 효과로 불리며, 사용자 수가 증가함에 따라 (플랫폼 소유자들과 고객들 모두의) 가치 성장을 가져온다.[6] 이러한 과정에서, 사용자는 콘텐츠 서비스들의 전시가 효율적으로 조직된다면 광고 콘텐츠의 추가를 감수하거나 심지어 높이 평가할 것으로 가정한다. 사용자들은 일반적으로 보상이 없더라도 콘텐츠를 제공하며, 최근의 관행에서 많은 대중들의 관심을 받는 콘텐츠를 제공하는 "유명(celebrity)" 사용자들은 자신들이 창출하는 광고 수익의 일부 몫을 받는다. 바꾸어 말하면, 일부 사용자들은 게임 또는 플랫폼의 명물로서 사용자 생성 콘텐츠에 수반하는 오락물들의 저자들과 비견되는 콘텐츠 공급자들이 될 수 있다. 따라서 다측 디지털 플랫폼의 중심은 고객 서비스들을 지원할 데이터를 공유하는 역할이다. 콘텐츠의 효율적 전시는 사용자에게 기존 콘텐츠에 대한 링크를 허용하는 것을 포함하여 콘텐츠의 품질과 의미가 다양한 방식으로 정제되었다는 것을 의미한다.

데이터 집약적인 디지털 플랫폼(예: 사용자 생성 콘텐츠 기반 플랫폼)은

---

6) 초기 네트워크 경제에 관한 학술적 인식으로, Rohlfs(1974)를 참조하라. 인기 있는 참조는 메칼프의 법칙(Metcalfe's Law)이다. 메칼프 법칙의 주장은 네트워크의 가치가 사용자 수의 제곱의 비율로 증가한다는 것이다. 또한 Rochet and Tirole(2003)을 참조하라.

플랫폼 양측의 참여자를 끌어들임으로써 규모를 확장한다(더 많은 기여자와 광고주). 네트워크 경제로 인한 규모의 확장은 비선형적일 것으로 예상된다. 예를 들어 사용자의 x% 증가에 대한 플랫폼의 가치와 호감도의 상승률이 y%일 때, y값이 x값보다 크다. 이러한 네트워크 경제는 공급에서 규모의 경제에 의해 강화된다. 이 규모의 경제는 앞에서 언급한 정보의 경제로 인하여 대규모의 산출에서 단위 비용이 감소하는 것을 말한다. 규모의 경제와 더불어서 플랫폼들의 이점은 수요 또는 공급에서의 범위의 경제(economies of scope)에서 나온다. 범위의 경제는 제품 또는 서비스들을 개별적으로 제공(생산)하는 것과 비교하여, 플랫폼에 추가되는 부가적인 제품 또는 서비스들이 총수요의 증가 또는 개별 제품 또는 서비스의 평균 비용의 감소를 가져오는 것을 말한다.

다측 시장에서 경제적 가치 생성은 데이터화를 요구한다. 네트워크 효과의 규모와 범위의 경제 때문에 플랫폼들은 시장에서의 위치를 공고히 하고 더 나아가 데이터화를 위한 역량을 증대시키는 사용자 참여 수준을 달성할 수 있다. 플랫폼 소유자 및 사용자들의 관점에서 네트워크의 경제적 가치와 매력도의 증가율은 플랫폼의 특성에 따라 달라진다. 일부 플랫폼들은 다른 플랫폼들보다 더 강력한 네트워크 효과를 경험할 수 있다. 네트워크 효과가 클 때, 다른 플랫폼들은 지배적 플랫폼의 거대한 사용자기반과 데이터에 대한 통제에서 비롯된 규모와 범위의 효과가 없기 때문에 경쟁이 어려워진다. 경쟁자의 서비스들이 상당히 차별화되지 않으면, 시장에서 플랫폼의 지배적 위치는 사용자들이 다른 플랫폼으로 전환하고자 하는 인센티브를 감소시킨다(사용자들이 여러 플랫폼들에 가입해 있을 때도 마찬가지다). 지배적 지위에 대한 해석은 논쟁의 여지가 있다. 일부 경제학자들은 지배적 지위를 이끄는 네트워크 효과의 강점은 플랫폼 설계와 운영에서 혁신적 창의력의 결과라고 주장한다(Bork and Sidak, 2012). 지배적 지위에 관한 주장에 대한

통찰은 플랫폼 운영의 확장에 수반되는 규모의 경제의 역할을 고려함
으로써 주어진다.

3.2.2 규모의 경제 결과들

규모의 경제는 시장에서 지배적 입지를 구축하는 플랫폼의 비용 구
조와 역량에 영향을 준다. 플랫폼이 사용자를 끌어들이는 콘텐츠(사용자
가 생산하거나 또는 다른 사람들이 생산한)를 유치할 때, 플랫폼이 커질수
록, 콘텐츠를 저장하고 전달하는 데 소요되는 개인별 (평균) 비용은 줄
어든다. 평균 비용의 감소는 플랫폼 소유자가 채택하는 소프트웨어 설
계 비용에도 적용된다. 지금까지는 제2장에서 논의한 바와 같이, 규모
경제의 존재를 지시하기 위하여 확장성 또는 미미한 비용으로 재생산과
같은 데이터의 고유한 경제적 특성들만을 고려하였다. 그러나 데이터
저장 비용들은 콘텐츠 또는 사용자의 크기, 또는 둘 다에 따라 증가하
는 것처럼 보인다. 이것은 모든 콘텐츠에 단 한 명의 사용자만 접속한
극단적 예에서는 장벽일 수 있다. 이는 책을 받지만 아무도 방문하지
않은 도서관의 환상과 유사하다.[7] 그러나 많은 콘텐츠는 여러 사용자가
접속하므로, 정보의 확장성에 의해 제공되는 규모의 경제가 추가적인
저장의 불경제(추가 비용)를 지배할 것이다. 어떤 경우이든, 심지어 소규
모 관객 콘텐츠 사례들의 대규모 모음에서도 같은 광고 메시지가 보내
질 수 있다.

"롱테일(long tail)"로 불리는 플랫폼들의 흥미로운 특징은 콘텐츠
사용자 접속의 수가 하향 분포를 따른다는 것으로, 일부 콘텐츠가 대
단히 많은 수의 접속을 기록하고 접속이 감소하는 꼬리가 뒤를 잇는
다(Anderson, 2006). 비록 접속 숫자는 적지만, 롱테일에 위치한 콘텐

---

7) 이 이야기에 관해서 Brautigan(1983)을 참조하라.

츠는 사용자들을 위한 플랫폼의 가치에 기여한다. 빠른 속도로 데이터 저장 단위당 비용을 낮춰 온 기술적 진보로 롱테일을 유지하는 것이 가능해졌다. 그래서 콘텐츠의 증가가 추가 저장비용을 발생시키지만, 저장비용은 시간이 지남에 따라 낮아지고 있다. 마지막으로, 데이터 통신 비용은 통신네트워크의 경제학과 관련된 규모의 경제 및 부가적 경제에 영향을 받는다. 예를 들어, 통신 인프라에서 증가하는 광섬유 사용은 데이터 전송 단위당 비용을 낮추고 있다.

전자상거래에 참여하는 디지털 플랫폼들은 제품의 재고 유지 및 제품과 서비스의 배송과 관련된 추가적 비용을 부담한다. 제품 재고를 유지하는 데 필요한 물리적 공간은 매우 커야 하지만, 제2장에서 토리노의 포르타 팔라초 시장과 아마존의 비교에서 묘사한 것처럼, 물리적 공간을 소비자들에게 보여주지는 않는다. 전시되는 것은 제품의 이미지, 서술 정보와 아마도 사용자 평가를 포함하는 제품에 대한 광고이다. 상품들이 빽빽하게 쌓인 거대 저장창고는 고객 주문제품들을 찾고 선적하는 데 최적화되어 있다. 규모의 경제는 그러한 저장창고들과 제품들, 서비스들의 배송을 위한 네트워크들의 구축에서도 존재한다. 이러한 경제 원리들이 소셜미디어 또는 다른 디지털 콘텐츠 플랫폼들이 가지는 혜택만큼 두드러지지는 않지만, 아마존과 같은 플랫폼들을 제품과 서비스들에 대한 오프라인 소매업자들의 강력한 경쟁자로 만들기에 충분하다.

3.2.3 자연 독점 주장과 반대 주장

디지털 플랫폼 규모의 성장에 따른 사용자 관심의 증가(즉, 강한 네트워크 효과)는 규모와 범위의 경제를 수반하는 자연 독점(natural monopoly)이라는 시장 구조 형태를 규정한다. 자연 독점은 규모의 경제가 끊임없이 지속되어 가장 규모가 큰 기업이 실제 또는 잠재적 경쟁기업보다 더 낮은 평균 비용으로 운영될 때 존재한다고 이야기한다. 이 독점의 '자연 성(naturalness)'은 규모의 증가에 따라 비용이 무한히 감소하는 비정상적 인 기술의 특징을 가진다. 소셜미디어 플랫폼의 사례에서, 만약 사용자들 이 페이스북과 같은 인터페이스에서 플랫폼의 다른 사용자들과 소통하는 오직 한 가지 일만 해야 한다면, 네트워크 경제와 정보의 경제, 데이터 저장과 전송의 경제가 시사하는 것은 페이스북이 자연 독점이라는 것이 다. 이는 규모가 작은 경쟁업체들보다 낮은 평균 비용으로 전에 없었던 대규모의 사용자들에게 서비스를 제공할 수 있다.

이러한 논리가 흔히 이끌어내는 결론은 일부 디지털 플랫폼에서 응 용프로그램(예: 소셜미디어 또는 전자상거래)의 공급이 자연 독점일 수 있 다는 것이다. 반대 주장은 혁신으로 가능한 경쟁의 힘이 이러한 독점적 지위를 약하게 만들고 잠재적으로 독점적 지위를 끝낼 수 있다는 것이 다. 반대 주장을 지지하는 여러 가지 논의가 있다.

디지털 플랫폼 크기의 성장은 "불경제(diseconomy)"(큰 규모에 따른 고비용)를 시사한다. 이것은 탐색 비용이다. 플랫폼들은 탐색 비용을 줄 인다. 고객은 제품을 찾기 위해서 오프라인 시장에서 많은 상점을 조사 해야 한다. 아마존은 제품 유형에 따른 세부 분류로 이러한 탐색 비용 을 줄이지만, 사용자들은 여전히 부분적인 '불경제'를 경험한다. 전구를 찾는 사람은 원하는 특성과 제공되는 많은 제품을 매치시켜야 한다. 이 러한 세팅을 벗어나는 것은 소규모 공급자들이 공급할 수 없는 특별한 전구를 제공하는 아마존의 능력이다. 아마존의 제품 카테고리와 개별 제품에 대한 기술 사양의 제시는 탐색 비용을 감소시키는 하나의 방법 이다. 그러나 경쟁력이 있는 전자상거래 플랫폼이 대안을 제시할 수 있 음을 배제할 수 없다. 한 가지 예는 음악과 비디오 스트리밍이며, 두 가지 모두 아마존도 제공하지만, 많은 경쟁 사이트들도 유사한 서비스 들을 제공하고 있다(예 : 넷플릭스, 훌루, 스포티파이, 디저, 애플뮤직, 구글

플레이어, 비보, 타이달). 이러한 대안 플랫폼들의 운영 범위는 플랫폼별로 다르나(예: 광고 표적을 위한 사용자 행동 관찰), 대안 플랫폼들의 생존은 이러한 서비스들을 지속시키기에 충분한 사용자들이 존재하며, 각 서비스는 어느 정도 차별화된 디자인의 사용자 인터페이스를 가지고 있다는 것을 시사한다.

광고 메시지에 관심을 가지는 일부 대중을 포함한 대규모 대중과 특정한 광고주들의 메시지에 관심을 가진 개인들, 좀 더 전문화된 대중 사이에는 맞교환 관계(trade off)가 존재한다. 플랫폼 소유자들은 사용자들에 대한 예측 모델을 발전시킴으로써 보상하려 한다. 그리하여 플랫폼 소유자들은 개별 광고주의 광고 메시지에 가장 관심을 가질 사용자들을 파악하고 분류할 수 있다(제4장에서 더 논의될 것이다). 아마도 이러한 전략은 웹사이트를 만들려는 전략보다는 일부 유형의 고객들에게 비효율적일 것이다. 이러한 웹사이트가 유인하려는 사람들은 특정한 관심을 가진, 광고 콘텐츠에 적합한 고객들에 가깝다. 특별한 고객들을 모으는 전략은 오랫동안 잡지사들에 의해 채택되었는데, 예를 들어 패션 잡지의 콘텐츠는 독자들의 나이와 수입(실제 또는 열망)에 따라 계층화된다. 자연 독점 주장에서 회의적인 사람들에게, 경쟁 플랫폼의 (시장)진입 가능성은 페이스북 규모의 이점에도 불구하고 다양한 소셜미디어 플랫폼들이 존재해야 한다는 것을 입증하였다.

디지털 플랫폼은 악의적이고 기회주의적인 행동에 취약하다. 규모가 크고 독보적인 플랫폼일수록 그런 행동을 통제하기 힘들고, 플랫폼은 해로운 행동을 하려는 개인 또는 집단들에게 더욱 매력적일 수 있다. 그런 행동이 발생할 때는 개인들이 전자상거래 사이트에서 고객 리뷰를 조작함으로써 무언가를 얻으려고 하거나, 악의적 행동, 예를 들어서 소셜미디어 플랫폼들에 욕설이나 (타인의) 명예를 훼손할 수 있는 주장을 포스팅하는 악의적인 행동에 참여하려고 하려는 경우이다. 이렇게 유발된 "군비 경쟁(arms race)"에 참여하는 기회주의적이고 악의적 행위자들이 하는 일들은 다수의 계정에 등록하거나 플랫폼의 취약한 점들을 찾는 것이다(Taddeo and Floridi, 2018). 악의적이고 기회주의적인 행동들을 방지하기 위한 플랫폼 관리 비용은 규모 불경제의 요인이 될 수 있으며, 규모가 큰 플랫폼일수록 경감조치의 비용이 더 많이 소요되기 쉽다.[8] 이는 이러한 (경감) 조치들이 사용자 생산 콘텐츠가 서비스 약관 또는 실천 강령을 위반했는지 조사하는 인간 조정자들의 고용을 포함하는 경우 더욱 그렇다.

경쟁의 강건성 때문에, 신고전파 경제분석의 결론은 자연 독점은 가능하지만, 독점화될 수 있는 영역들은 혁신 전략들에 의해서 다툼이 발생할 수 있다는 것이다. 시장지배력에 이의를 제기할 것인가는 실증적 문제이다. 대답은 오직 시장 판단(market trial)과 경험에서 드러날 것이다. 대다수 개인들은 다양하고 많은 일을 온라인으로 하길 바라지만, 일부 사람들은 자신들의 일상에 대해서 다른 사람들과 소통하기 위한 페이스북의 사용을 선호하지 않는다. 페이스북이 경험한 지속적인 비용 감소에도, 성장의 한계들은 존재한다. 이러한 한계들이 아직까진 크게 문제가 되지 않고 있다. 왜냐하면 페이스북은 다른 온라인 플랫폼보다 규모가 크기 때문에[9] 2019년 6월 전 세계 인구의 약 30%인 24억 명의 월간 사용자들을 확보하였다. 하지만 페이스북 또는 다른 지배적인 디지털 플랫폼들에 아직 합병되지 않은 소규모 플랫폼들이 있음에도 불구하고, 규모가 가장 큰 플랫폼들은 광고 수익을 위해, 온/오프라인 사업들을 파괴하고 있다. 다음으로 우리는 이러한 결과의 일부를 미

---

8) 이론적 주장에 대해선 Arthur(2015)를 참조하라.
9) 매월 활동적인 사용자들은 지난 30일간 페이스북의 자신들 계정에 로그인하였으며, 페이스북을 참조하라(n.d.).

디어 산업과 전자상거래 분야에서 검토해 보고자 한다.

3.2.4 미디어 산업

디지털 플랫폼들이 경험하고 있는 규모와 범위의 경제는 전통적 미디어 산업(예: 신문, 텔레비전, 라디오 및 잡지)을 흔들고 있다. 지난 반세기 동안, 새로운 참여자들은 기존 미디어에 대한 광고 지출 비중의 감소를 야기시켰다. 텔레비전의 도입이 라디오, 신문과 잡지의 전체 광고 지출 비중을 감소시킨 것은 분명하다. 인터넷 광고는 대부분 플랫폼상에서 광고가 이루어지는데, 광고 지출 분포에 큰 영향을 주었다. 2018년에 인터넷 광고는 미국에서 모든 미디어상의 총 광고의 49%, 유럽에서는 45%를 차지했다.[10] 해결되지 않은 문제는 미디어 콘텐츠, 그중에서 특히 뉴스 콘텐츠의 품질, 다원성과 다양성에 대한 것이다. 신문의 재정은 나라마다 차이가 크지만, 뉴스 가입자와 뉴스가판대 구매는 2017년 미국에서 신문사 수입의 1/3에 불과하다. 공공 서비스 미디어 및 국가 소유 미디어에 대한 지원을 가진 국가는 예외이지만, 광고는 원칙적으로 라디오와 텔레비전 저널리즘을 지원한다. 결과는 전통적인 탐사와 다른 형태의 저널리즘을 포함한 특정 장르의 디지털 콘텐츠 수익기반의 약화를 가져왔다(제4장에서 더 자세히 설명하겠다).

---

10) 미국에서, 신문광고 매출은 2010년 20.4십억 달러에서 2017년 13.4십억 달러로 감소했고, 영국에서는 2010년 4.3십억 파운드에서 2017년 1.7십억 파운드로 감소했다. 미국에서 2017년 가입과 판매 매출은 35%를 차지했다. 이 문단의 숫자들은 Statista(2019)와 IAB Europe(2018)에 출처를 둔다. 영국에서 디지털 광고는 2017년 소비된 전체 22.2십억 파운드에서 52%를 차지하는데, 비교하자면 언론은 9%, TV는 22%, 광고 우편물은 8%, 야외광고 5%, 영화와 라디오가 나머지를 차지한다. UK(2019e)을 참조하라.

3.2.5 전자상거래

디지털 플랫폼의 경쟁력은 소매 및 도매 교역 부문의 고용 구조에 중요한 함의를 가진다. 디지털 플랫폼에서 요구되는 컴퓨터 코딩과 시스템 유지보수 등이 플랫폼 매출 중에서 차지하는 비중은 다른 어떤 유형의 사업에서 물리적 운영을 유지하는 데 요구되는 노동 투입량보다 낮다. 전자상거래 플랫폼 운영은 대규모 창고로부터의 상품 선적, 선별 및 배송을 포함한다. 대규모 창고들에서, 노동자들은 고용되어 집중적이고 굉장히 기계적인 활동을 하는데, 주문을 정리하고 포장하는 활동은 로봇을 포함한 자동화 또는 기계화된 장비의 도움을 받는다. 가까운 미래에 이러한 노동자들은 로봇 시스템으로 대체될 것이다(이에 대한 함의들은 제4장에서 더 논의될 것이다).

이러한 경쟁력은 일자리에 영향을 미친다. 오프라인 판매점의 수가 온라인 판매점의 수에 비해 상대적으로 감소함에 따라 적은 수의 소매 판매원들이 필요하게 된다. 이러한 일들은 점진적으로 이루어질 것이다. 왜냐하면 물리적 쇼핑의 모습들이 온라인과 쉽게 대등해지지 않기 때문이다. 이들은 쇼핑의 사회적 체험(소매 판매 직원과의 상호작용을 포함), 구매 전의 재화들에 대한 물리적 검사, 구매 및 소유 경험의 즉각성 등을 포함한다. 이것은 점진적으로 나타날 것이고 이유는 플랫폼이 낮은 비용으로 운영한다고 해서 반드시 제조 소매업자들보다 재화에 대한 가격을 싸게 책정하지는 않기 때문이다. 플랫폼 소유자는 데이터 분석을 통해 얻은 고객들에 대한 지식을 활용하여 높은 가격을 책정하거나 사용자들을 좀 더 비싼 제품으로 유도할 수 있다.

3.2.6 신고전파 경제분석의 한계

신고전파 경제분석에서 플랫폼의 시장 효과는 자연 독점이 우세하지 않을 때의 경제적 경쟁으로 설명될 수 있다. 소비자는 주권자인 것으로 가정된다. 즉 고객들은 당연히 자신이 구매하고 싶은 것을 선택하고 판매자를 선택할 자유가 있다. 디지털 플랫폼들은 소비자들과 다양한 응용프로그램 간의 중립적 관문이며, 소비자들은 정보 접근으로 편익을 얻고, 잠재적으로 정보를 동반한 광고로부터 추가적인 가치를 얻는다. 플랫폼은 투자를 활성화하고 기업가들이 보완재를 추가하고 추가적인 보조서비스를 고안하도록 인센티브를 창조하며, 플랫폼의 성장은 혁신의 결과로 보인다. 우리의 관심은 신고전파 경제학이 "외부성"으로 취급하는 것에 있는데, 무엇이, 누구에 의해, "바람직한" 것으로 정의되고 어떤 결과를 가지는가는 복잡한 문제이다. 어떤 사회가 바람직한가에 대한 질문에 대해 티롤(Tirole, 2017: 57)은 "일반 시민으로서는 어떨지 모르지만, 경제학자로서는 말할 것이 거의 없다."라고 말했다.

그러나 외부성은 중요한데, 왜냐하면 디지털 플랫폼은 급진적 혁신으로 불안정해진 공급과 수요의 거품 속에서 작동하지 않기 때문이다. 플랫폼에 사용되는 디지털 기술들과 사용자 데이터에 대한 의존을 확장하거나 손상할 수 있는 공적 가치들은 단순히 개인적 선호들의 통합이 아니다. 불평등과 정의 또는 공통의 사회적 관심들에 대한 고려들은 신고전파 경제분석의 부분이 아닌 외부성들의 일부이고, 그러한 고려들이 시장 공급자들의 사적 이익에 상당히 치우쳐 있다. 그러나 플랫폼들이 사적 기업보다는 예를 들어 자원봉사자들의 공동체 또는 공적 자금을 받은 집단(제5장에서 논의될 것이다) 등의 집단적 활동의 형태로 나타날 수 있으며, 이들이 상업적 플랫폼들과 사용자의 관심과 참여를 위해 경쟁할 수 있다는 점이 인식되고 있다. 플랫폼 소유자들은 플랫폼의 접속과 사용 조건, 플랫폼이 생성하는 데이터에 대한 소유자의 사용 조건 등을 결정할 수 있다. 이론적으로 플랫폼의 소유자들은 플랫폼에서 대규모 탈퇴가 일어날 수 있는 방식들을 선택하지 않겠지만, 일단 지배적인 지위가 확보되면 개별 에이전트(광고주 또는 사용자)를 임의로 처리할 수 있다.

분석의 초점이 변화의 "동인"으로서의 기술혁신에 놓일 때, 힘의 비대칭성을 유발하는 광범위한 조건들은 무시된다. 그래서 급진적 혁신으로서 플랫폼들의 이해에 필요한 것은 힘의 불균형을 일으키는 것이 무엇이고, 왜 플랫폼들이 사용자의 온라인 선택들에 대한 데이터 수집과 분석을 촉진하는 비즈니스 모델을 선호하는지에 대한 깊은 이해이다. 비대칭 힘의 작용들은 시장이 경쟁적이라는 근본적인 가정 때문에 신고전파 경제분석에서 대체로 배제된다. 이러한 관점에서, 자연 독점 또는 담합 또는 다른 형태의 반경쟁적 행위의 사례와 같이 경쟁이 무너지거나 시장 실패가 존재할 때 개인 또는 기업에 의해 불균형적 힘이 행사된다. 방법론적 개인주의에 일관되게 (적용되는) 분석의 단위는 개인이다. 어떤 외부성들은 무시되므로 공적 가치는 개인 선택의 총계로 이해된다. 데이터화에 의해서 제공되는 기회를 활용하는 최고의 수단은 사적 소유권으로 이를 통해 데이터가 경제적 가치를 위해서 '채굴'될 수 있다. 플랫폼의 소유자들은 경제적 가치를 극대화하는 규범과 규칙을 만들 권리를 가진다고 가정한다. 책무성은 데이터와 데이터에서 추출된 정보의 사적 소유자에 의해 달려있다. 왜냐하면 주요 관심은 사용자들에게 플랫폼의 가치를 높이고 그렇게 해서 경쟁 대안 플랫폼들보다 우위에 서는 것이기 때문이다. 국가의 역할은 시장에서 마찰을 일으키는 규범과 규칙을 개혁하는 것이다. 개별 기관은 소비자와 시민들이 발견한 편익을 극대화할 수 있는 방식들로 플랫폼들과 상호작용하게 한다.

앞서 말한 힘을 제한하는 경쟁의 능력에 관한 신고전파 경제학의 가정들은 우리가 이 책에서 다루는 다른 경제분석 접근법들에서는 근본적인 가정들이 아니다. 다른 두 가지 접근법들은 힘과 결과에 대한 더 미묘한 이해를 보인다. 실행 가능한 형태의 급진적 기술혁신의 도래는 대부분 예상치 못한 일이며, 일부 결과들은 신고전파의 경제적 렌즈를 사용하여 분석할 수 있지만, 이러한 기술혁신은 상당한 구조조정, 새로운 규범과 규칙, 그리고 새로운 사회, 정치, 경제적 관계를 포함한다. 우리가 지적한 바와 같이, 이러한 변화는 신고전파의 렌즈 밖에 있다. 그러한 것들은 제도학파 경제학 및 비판적 정치경제학 분석의 핵심 대상이다. 우리는 제도학파 경제분석부터 시작한다.

3.3 제도학파 경제분석

제도학파 경제분석은 규범과 규칙으로 구성된 제도로서의 시장에 대한 것이다(Hodgson, 1989; North, 1977; Rutherford, 1994; Spithoven, 2019). 제도는 공유된 기대를 포함하는 것으로 사회적으로 내재된 규범과 규칙들의 시스템으로 취급된다. 이러한 것들이 널리 공유되지 않을 때, 다양한 형태의 혼란이 발생할 가능성이 있다. 그러한 규범과 규칙들이 상대적으로 지속 가능하다고 일반적으로 가정될 때는 제도들이 사회 내에 지배적인 힘의 분배와 일치할 때이다. 제도가 변화의 대상이 될 때는 사회 내의 지배적인 힘의 분배와 일치하지 않는 경우이다. 제도가 바뀔 때, 변화가 필수적으로 포괄적이거나 일관적이지는 않는다. 그러한 이유는 규범과 규칙들은 계층화되어 있어서, 관할권, 조직, 심지어 사회 내의 집단들과 사회들 간에도 다르기 때문이다(Groenewegen et al., 2010). 한 계층 또는 한 관할권에서 발생하는 변화는 종종 추가적 변화의 출발점을 제공하는 다른 계층 또는 관할권에서의 부조화 또는 불안정성을 발생시킨다. 제도학파 경제분석은 신고전파 경제학의 관점보다 공공 선택과 공적 가치에 더 큰 역할을 부여하며, 전형적으로 공적 책임과 사적 책임의 경계를 다룬다. 사적 소유권에 대한 역할이 부여되며, 특히 사적 소유권이 특정 개인이나 집단에 불리하게 작용하는 경우, 대안이 고려될 수 있다는 조건이 수반된다. 부가적으로 시장의 마찰을 최소화하는 규범과 규칙들에 더해, 국가는 권리를 보호하고 민간 기업들이 유지될 수 있는 역할을 해야 하는 것으로 이해되지만, 국가는 시장 상황이 변영과 혁신을 선호하도록 해야 한다.

제도학파 경제분석은 제도설계, 과정 및 실행을 다룬다(Williamson, 1975, 2000). 분석의 목표는 실증적 통찰을 이용하여 불평등을 교정하고 기존 권력관계에서 나오는 결과보다 더욱 공평한 결과를 추구하는 것이다(Winseck, 2016). 문제는 어떻게 하면 시장 운영자들이 사회적, 정치적, 경제적 결과들에 책무성을 가지게 할 수 있을까이다.

신제도학파 경제학의 전통에서 디지털 플랫폼 분석은 시장에서 기업들의 경쟁적 행동에 초점을 둔다는 점에서는 신고전파 경제학과 같다. 동질적 개인 또는 대리인의 선호에 관한 전통적인 신고전파 경제이론의 강력한 가정은 버려지고, "아이디어, 이념, 신화, 독단과 편견이 문제(모두 개인뿐만 아니라 집단의 속성이며 따라서 집단적 성격에 의해 그 영향이 증폭된다)"라는 것이 인정된다(North, 1990: 362). 여전히 경쟁 시장에 협소한 초점을 두고, 디지털 플랫폼 경쟁에 대한 승자독식 또는 자연 독점을 회피 또는 약화하는 새로운 규범과 규칙들을 제정하려는 제안들이 만들어질 수 있다. 목표는 혁신을 억제하거나 경쟁 디지털 플랫폼에 불공정한 우위를 주지 않으면서 지배적 플랫폼 앞에서 시장 진입에 더 나은 조건들을 만드는 것이다. 예를 들어, 디지털 플랫폼이 창조산업에 미치는 영향에 대한 조사는 온라인 서비스를 조정하고 배포하는 가장 효율적인 방법으로 상업 시장에 의존할 것인지에 대한 결정을 지배하는 규범과 규칙을 고려함으로써 이루어질 수 있다. 이러한 결정은 다수의 디지털 콘텐츠 생산자들 사이의 거래비용에 초점을 둠으로써 이루어진다. 신고전파 경제학의 전통에서와 같이 분석의 시작점은 급진적 혁신이 만들어내는 충격과 어떻게 급진적 혁신이 생산자와 구매자로 소비자들에게 영향을 미치는지에 관한 것이다.

제도학파 경제분석의 다른 전통들에서는 어떻게 디지털 전환이 발생하고, 왜 문제가 되는지에 관한 질문들이 제기된다. 질문들은 경제적 경쟁력뿐만 아니라 사회 내의 사적 및 공적 가치를 떠받치는 규범과 규칙들과 사회 내의 참여자들 간의 변화하는 권력관계들에 관한 것이다. 규범과 규칙은 사회 내의 제도(시장 및 기타 조직)에 내재된 것으로 취급된다. 제도 분석은 문화적, 사회적, 정치적, 경제적 기대의 복잡한 세계와 씨름하며, 그것들이 경제적 가치의 창출과 분배와 공적 가치에 어떻게 영향을 미치는지 조사한다. 신고전파 경제학자들이 상상하는 경쟁적 시장의 이상은 이러한 분석적 전통에서 경제생활의 보편적인 상황이라기보다는 예외로 취급된다. 제도학파 경제분석은 굉장히 다양한 사회과학 분야에서 나왔기 때문에 디지털 플랫폼의 중요성(materiality), 즉 플랫폼의 유도성(afffordances) − 디지털 플랫폼이 할 수 있는 것들 − 과 이러한 것들이 어떻게 사회 변화와 개인 및 집단들에 대한 데이터나 정보의 의미와 관련이 있는지에 주목한다. 따라서 디지털 플랫폼 발전에 영향을 주는 비대칭 권력관계들은 단순히 신기술의 "충격"에서 발생하는 것이 아니라 여러 원천에서 발생하는 것으로 취급된다. 급진적 혁신으로서 디지털 플랫폼이 다른 그룹과 개인들에 대한 긍정적·부정적인 결과와 어떻게 연관되는지를 결정하기 위하여 개인과 집단의 이해에 관한 조사가 이루어진다.

중심 질문은 디지털 플랫폼 시장들이 소비자와 시민들에 대한 해악과 공적 가치를 가진 플랫폼 운영의 불일치를 가져오는지 여부이다. 만약 확인이 된다면, 제도학파 경제분석은 플랫폼 운영자들이 할 수 없게

나, 하지 말아야 하거나, 수익을 만드는 활동을 포함한 규범과 규칙의 변화 잠재력을 평가할 수 있다. 지배적 규범과 규칙들에 대응하고자 만들어지고 제안된 시장 개입이 현실에서는 특권적 시장 지위를 만들 수 있으므로 의도되거나 의도되지 않은 결과에 대한 실증 분석이 요구된다(Bauer, 2014). 규범과 규칙에 대한 이해로 인해, 이 분석적 전통은 외부에서 고안된 규칙과 규범은 항상 어떤 형태로든 존재하며 행동과 기대의 형성에 근본적인 역할을 한다는 것을 인정한다.

플랫폼이 경쟁을 제한하거나 막는 행동에 관여하는 것으로 밝혀지고, 그러한 행동들이 노골적인 권력 행사나 은밀한 강요를 통해 플랫폼들의 특권적 위치를 만들고 유지하게 되면, 정책이나 규제 대응이 정당화될 수 있다. 예를 들어 플랫폼 공급자가 플랫폼과 독점 계약을 체결해야 하는 경우를 고려한다. 이는 신고전파 경제분석에서는 무해한 행동일 수 있다. 왜냐하면 다른 플랫폼들이 공급자들의 서비스들을 기꺼이 구매할 것이라고 가정하기 때문이다. 다른 플랫폼이 존재하지 않는 경우, 잠재적 플랫폼들에게 서비스를 제공하는 공급업체의 의지는 새로운 플랫폼의 진입을 촉진시킬 수 있다. 잠재적 시장 진입은 플랫폼 운영업자가 가치 있는 서비스를 제공할 수 있는 공급자들을 배제하는 것을 막기에 충분하다고 주장할 수 있다. 제도적 관점에서 보면, 실증적 질문은 그러한 진입이 가능할지 여부이다.

플랫폼에 대한 제도학파 경제분석에서 디지털 콘텐츠 및 다른 종류의 데이터로의 관문을 통제할 수 있는 지배적 디지털 플랫폼들의 잠재력에 대한 초점은 비대칭 권력관계들에 대한 분석을 요구한다. 비대칭적 권력관계들은 플랫폼들이 콘텐츠를 조직화거나 사람들의 정보 환경에 과도한 영향을 미치게 할 수 있다. 이러한 분석은 공적 논쟁의 기회를 왜곡할 수 있는 필터 버블(filter bubbles) 또는 에코 챔버(echo chambers)의 형태로 권력이 존재할 수 있는지에 관한 법률과 다른 분야의 연구들과 겹친다(Pariser, 2011; Sunstein, 2009).11) 권력 비대칭성에 대한 분석은 어떻게 디지털 플랫폼에 의한 데이터 기반 비즈니스 전략과 운영의 사용이 보편적으로 수용된 (근본적으로 인권을 지키려는 목적을 가진) 규범과 규칙들을 불안전하게 하는지 식별하기 위한 기초를 제공한다. 투명하지 않은 데이터의 수집과 처리를 통해서 운영하는 그들의 역량은 데이터화에 대한 대안적 접근들을 멀고 상상의 것으로 보이게 만드는 현실의 강력한 건설자이다. 이러한 분석 렌즈는 데이터화와 그것의 함의에 대한 조사를 유도하고, 사람들이 온라인 경험에서 즐거움이나 다른 보상을 얻는 것처럼 보일 수 있다는 것을 인정한다. 그러나 권력의 불균형이 만들어낸 편견과 왜곡들은 플랫폼 운영을 지배하는 규범과 규칙들을 수정하거나 강화함으로써 교정되어야 할 부정적 사회 변화에 디지털 플랫폼들이 연루된다는 것을 의미한다.

3.4 비판적 정치경제학 분석

디지털 플랫폼에 대한 비판적 정치경제학 분석에서, 다양한 유형의 현대 자본주의가 자본을 통제하는 계층과 나머지 계층들 간의 권력의 불균형에 근거한 착취적 계급 기반 특성을 공유한다고 가정하였다. 이러한 전통은 플랫폼의 기원과 관행에 대한 주요 설명의 근거를 자본주의 역사에 둔다(McGuigan and Manzerolle, 2014). 이러한 역사가 만들어온 규범과 규칙들은 사회 내의 불평등을 재현하거나 증가시킨다. 분석들은 어떻게 플랫폼 소유권과 통제에 대한 투쟁이 '플랫폼 자본주의'

---

11) 개인화 전술이 디지털 플랫폼 사용자들이 다양한 의견들에 도출되는지 여부에 약간의 영향을 미친다는 증거가 있다(Flaxman et al., 2016). 다양성을 평가하는 사람들은 뉴스 소스들의 다양성을 확장하는 플랫폼 추천 시스템들의 도움을 받을 수 있다(Bodó et al., 2019).

를 만드는지에 초점을 둔다(Srnicek, 2017). 실증적 연구는 어떻게 지배 계급과 피착취 계급이 디지털 플랫폼에 대해 다른 경험을 하는지와 어떻게 권력의 불균형이 억압의 구조와 과정들에 영향을 주는가에 초점을 맞춘다. 실증적 연구는 자본주의 시장의 모든 운영이 강압적이고 폭력적인 방식으로 드러나는 착취적 권력관계를 구체화한다고 가정한다(Couldry and Mejias, 2019; Ricaurte, 2019). 사적 소유권, 광고주기반 비즈니스 모델, 착취적 노동과정 및 불투명한 알고리즘의 우세함은 비착취적 방식으로 상업적 데이터화 프로세스를 운영할 기회를 제한하거나 배제하는 것으로 이해된다.

이러한 분석 렌즈에서는 디지털 플랫폼들의 사용자들은 광고주들에게 상품으로 판매되는 콘텐츠를 생산함으로써 플랫폼 소유자들을 위한 경제적 가치를 창출한다. 사용자들(소비자들과 시민들)로 구성된 대중은 광고주들과 플랫폼 소유자들을 대신한 노동으로 경제적 교환 가치와 잉여 가치를 창출한다. 그리고 이러한 메커니즘이 어떻게 작동하는지에 대한 다양한 설명들이 있다(Fuchs, 2015; Hesmondhalgh, 2019a). 데이터를 상품화하는 과정에서 플랫폼 운영자들은 믿음과 활동에 영향을 미치는데, 이 믿음과 활동은 이익에 대한 그들의 관심과 일치하고 믿음(과 선호)들이 경제 체제에서 독립적이라는 신고전파 가정에서 상당히 벗어나 있다. 이러한 것이 설명하는 강화된 노력들은 알고리즘과 데이터의 조합으로 시장의 효율성을 강화하고, 이러한 방식들은 개별 플랫폼 사용자와 사용자 계층을 활용한다(McGuigan, 2019). 플랫폼의 목표는 온라인 참여자들을 측정 도구들에 반영될 수 있도록 해서 데이터가 구매, 판매되거나 또는 플랫폼과 국가들에 의해서 사용될 수 있게 하는 것이다. 이러한 이유로, 플랫폼 소유자들이 새로운 방식을 지속적으로 찾는 것은 플랫폼에 매력을 느끼는 사람들의 활동으로부터 잉여 가치를 추출하기 위해서다.

플랫폼 소유자(또는 관리자들)들은 시장을 착취하는 것으로 가정되는데, 여기에서 플랫폼 소유자들은 데이터 통제와 노동관계 관리에 의해 강화된 수많은 종속 전술을 활용하여 비소유자들을 희생시킴으로써 부당한 이익을 얻는다. 또한 플랫폼 소유자에게 금융자본의 강압적 힘이 유리한 규범과 규칙(신자유주의와 부합되는)들을 통해 적용된다. 일부 비판적 정치경제학의 적용에서, 자본주의에서의 데이터화와 플랫폼 운영의 역동성은 매우 모순되는 규범, 규칙과 실제의 결과로 인식된다(Freedman, 2015). 상업적 데이터화의 신고전파 경제분석은 플랫폼 권력을 고객들에게 더 나은 서비스를 제공하기 위한 기회로 취급한다. 비판적 정치경제 분석에서 이런 권력은 상품화 과정의 결과로 인식되며, 상품화 과정을 공적 가치보다 우선하고, 시민의 권리를 부정하고, 시민들의 활동 역량을 약화시킨다. 플랫폼 사용자들이 본의 아니게 경제적 가치에 기여하는 것은 자신들의 행동과 선택에 대한 일련의 관측 가능한 데이터를 생성하기 때문이다. 플랫폼 매개 환경에서 구조와 개인적/집단적 대리인 모순 또는 변증법은 착취의 물질적 및 이념적 결정요인에 대한 저항을 야기할 수 있다. 이 경우, 연구에서 핵심적으로 다루어야 하는 것은 저항이 플랫폼에 의해서 고취된 자본주의 대안을 제시할 수 있는지 여부이며, 대안들은 디지털 플랫폼들의 착취적 관행으로부터 해방을 이끌어낼 수 있어야 한다. 예를 들어서, 플랫폼의 감시에서 얻어진 데이터가 기업 소유권의 권리로 주장되어야 할 자원이 아니라면, 데이터 행동주의와 데이터 정의 운동은 플랫폼 책무성을 위한 새로운 규범과 규칙들을 만들 수 있고, 개인과 집단 자율성을 회복할 수 있을 것으로 기대된다(Ananny and Crawford, 2018; Hintz et al., 2019).

3.5 결론

신고전파 경제학, 신·구 제도학파 경제학, 비판적 정치경제학의 경제 분석에서 각각의 전통들에 포함된 작업 가정들은 정책과 규제과정에서 경제적 및 공적 가치들의 우선순위에 관한 것이다. 신고전파 경제학을 지배하는 기본 가정은 분산되고 개별화된 의사결정을 통해 운영되는 경쟁 시장이 모든 이해와 가치에 반응하는 방식으로 사회의 자원들의 효율성과 최적의 분배를 달성할 수 있는 최상의 장소라는 것이다. 시장 실패의 증거는 플랫폼 시장을 지배하는 규범과 규칙들의 변화가 필요한지가 핵심 결정요소이다. 이는 신고전파의 경제적 개인주의에 대한 강조와 부합한다. 공적 가치들이 이러한 틀에서 고려될 때도, 공적인 것들의 사적 가치들이 공익을 구성한다고 가정된다(Bozeman, 2002: 164).

다른 두 경제학의 전통들은 공익이 복수(plural)이거나(제도학파 경제학) 계층적 이익에 따라 분열(비판적 정치경제학)된 것으로 이해될 수 있는 집단적 이익을 포함한다고 인정한다. 쟁점은 정책결정자가 이러한 이익을 어떻게 고려하는가이다. 마지막 장(제8장)에서 논의하는 것과 같이, 플랫폼 활동에 관한 대응 사례들 속에서 필요한 규범적 입장은 서로 경합하는 사적 가치와 공적 가치들의 우선순위를 매기는 방식을 결정하는 것이다. 이는 절차적 규범, 규칙과 표준들이 디지털 플랫폼 시장을 준비하기 위하여 사용될 원칙과 기준들을 수립하는 데 필수적이라는 것을 의미한다. 여기에는 선택이 수반된다(Cammerts and Mansell, 2020). 바로 이러한 이유로, 하나의 공익에 대한 입장이 개인과 집단의 이익을 보호한다거나 정책·규제 과정에서 공공의 이해가 다툼 없이 부상할 것으로 가정할 수 없다.[12]

공공 – 민간 경계들이 성장과 이익에서 디지털 플랫폼의 이해로 기울어지는 현실은 신고전파 분석에서 긍정적인 결과로 간주된다. 신고전파 경제분석의 단점은 플랫폼이 경제적 가치를 창출하고 분배하는 방식에 있어서 권력 불균형의 중추적 중요성을 매우 제한적으로 다룬다는 것이다. 신고전파 경제학은 플랫폼 운영으로 가능해진 개별 행동들에 대한 관찰들의 통합으로부터 일어나는 외부성의 가능성을 인정하지 않는다. 그것은 대안적 경제 선택에서 가능한 결과를 평가하는 데 도움이 될 수 있지만, 공적 가치와 관련하여 디지털 플랫폼이 다르게 운영되도록 권장하는 방법에 대한 지침을 제공하려고 의도하지 않는다.

제도학파 경제학과 비판적 정치경제학 분석의 전통들은 경제적 선택의 개인적, 집단적 결과들 모두를 고려한다. 그들은 소수에만 집중된 권한 부여와 공적 가치를 훼손하는 데이터화 과정을 초래하는 플랫폼 경제 관련 권력 불균형의 증거 개발에 관심을 둔다. 이러한 두 가지 분석의 전통들에서, 만일 정책과 규제가 필수적인 것으로 평가되고, 대안적 소유 구조(공유재산 포함)가 바람직하다면, 과제는 어떻게, 개인 또는 공공집단 대표로서, 시민들과 노동자들에 대한 책무성을 확보할 수 있는가이다. 자율 규제 수단들, 대안적 비즈니스 모델, 외부 플랫폼 정책과 규제들의 기여는 제5장과 제6장에서 다룬다.

제4장으로 넘어가서 논의할 것들은 혁신적 기술들과 관행들의 역할, 특히, 상업적 데이터화 과정에서 인공지능의 개발과 사용, 고용과 노동

---

12) 우리는 그런 선택을 하는 절차적 수단들에 대한 논의를 발전시키지 않는다. 공적 가치 실패들이 어떻게 고려될 수 있는지에 관한 논의는 Bozeman(2007)을 보라. 미디어와 의사소통 산업들의 경우, Couldry(2019), Garnham(1997), Hesmondhalgh(2017), Mansell(2002)을 참조하면 선택 결정의 절차적 접근법들에 대한 논의가 나온다. 이들은 잘 기능하는 민주주의에 필수적인 역량과 권한(부여)에 관한 Amartya Sen의 개념에 토대를 둔다.

시장에 대한 함의, 기존 지배적 플랫폼 비즈니스 모델들의 대안들에 대한 환경에 관한 것이다.

CHAPTER

04

기술과
데이터화 실행

기술과
데이터화 실행

4.1 도입

경제적 행위자로서 디지털 플랫폼의 본성은 처음 세 장에서 설명했다. 우리는 어떻게 이 조직들이 기존의 상업적 비즈니스 모델을 변형하고, 소셜미디어를 위한 새로운 모델을 창조하였는지 설명했다. 또한 플랫폼의 확장에 수반되는 몇몇 논란과 갈등을 강조했다. 그리고 플랫폼의 발전 및 데이터화 실행으로 드러난 이슈들에 대한 우리의 생각을 확장함으로서, 플랫폼의 확장에 수반되는 몇몇 논란과 갈등들을 강조했다. 이 장에서는 사용자의 관심 시장을 정의하는데 사용될 수 있는 사용자가 생성한 데이터나 플랫폼 소유자가 포착한 데이터의 활용에 대한 비즈니스 실행을 다룬다. 이러한 설명의 중심에는 인공지능, 예측적 알고리즘, 빅데이터 분석 등 다양한 이름표가 붙는 기술 혁신이 있다. 플랫폼에 대한 인공지능 적용의 확대는 인공지능이 가능하게 할 서비스가 어떻게 미래에 제공될 것이냐는 더 나아간 이슈를 제기한다. 이러한 이슈 중 가장 중요한 것은 이들 서비스가 플랫폼 성장과 집중을 지지하는 비즈니스 모델인 광고 및 전자상거래 시장을 능가할 것인가이다. 인공지능 기술들은 데이터의 수동적 포착을 넘어 플랫폼 사용자의 참여를 심화·강화하는 방법을 포함하기 위한 실행에 의존한다. 이러한 이슈는 이 장의 후반에서 설명할 언론 콘텐츠의 창조 및 배포와 관련된 경합하는 비즈니스 모델들에 대한 직접적인 함의를 갖고 있다.

4.2 왜 인공지능은 플랫폼과 관련되는가?

플랫폼은 사용자를 플랫폼 소유자들의 수익을 창출하는 광고에 노출시킴으로써 무료 서비스를 제공하는 다측 비즈니스 모델을 운영한다(제3장을 참조하라). 유사하게, 사용자에게 재화와 서비스를 판매하는 플랫폼은 상품 제공 능력과 소비자 구매 습관에 영향력을 제고하기 위하여 사용자 선호와 습관에 대한 데이터를 포착할 수 있다. 언뜻 보기에, 판매 광고를 위한 청중의 주의 끌기 또는 소비자나 시민의 선호와 행위에 대한 더 나은 이해를 돕기 위한 노력은 마케팅과 고객관계관리의 전통적 활동의 확장으로 보일 수 있다. 디지털 플랫폼에서 이러한 과정이 작동되는 방식을 구분하는 것은 인공지능과 기계학습 활용에 따른 진보의 결과이다. 인공지능과 기계학습 기술을 활용한 데이터 처리는 그 플랫폼이 작동하는 더 넓은 "디지털 경제"의 중심 요소이다.[1] 이 책에서 정의한 플랫폼들은(제2장을 참조하라) 사용자의 기여 및 사용자와의 상

---

1) '디지털 경제' 규모는 세계 GDP의 4.5－15.5% 수준으로 추정된다. 플랫폼과 기타 디지털 경제의 구성요소에 의해 수집·분석되는 글로벌 인터넷 프로토콜 트래픽을 활용하면 2017년 45,000GB에서 2022년에는 초당 150,700GB로 성장할 것으로 추산된다. UNCTAD의 플랫폼 정의를 사용하면 1억 달러 이상의 플랫폼의 시가총액은 2017년에 7조 달러로 추정되었다 (UNCTAD, 2019).

호작용을 통해 막대한 양의 자료를 생성하고 있다. 이 데이터는 경제적 가치를 산출하기 위해 다른 공공(정부) 및 민간(보험 등) 데이터세트와 결합된다. 여기에 참여하는 회사들은 플랫폼 자체뿐만 아니라 다른 기업의 데이터분석, 인공지능, 블록체인, 사물인터넷, 클라우드 컴퓨팅, 기타 인터넷 서비스 기반 부문들을 포함한다. 이 장에서는, 경제적 가치 축적과 공적 가치의 유지의 중요성이라는 관점에서 이러한 혁신을 고려하는 것이 왜 핵심적인지에 집중한다.

인공지능은 초기 디지털 컴퓨터 선구자들이 달성하고자 한 목표였다. 1950년대, 인공지능에 대한 연구의 열망은 컴퓨터 하드웨어와 소프트웨어를 활용함으로써 설득력 있게 모방할 수 있는 학습, 문제해결, 의미형성과 같이 인간 지성의 특성을 발견하는 것이었다.[2] 설득력 있는 시뮬레이션의 정의 중 하나는 튜링 테스트(Turning Test) 또는 "모방 게임"으로, 인간이 보이지 않는 대화자와 의사소통을 하면서 상대방이 인간인지 인공지능인지를 구별하는 시도를 하는 것이다. 이는 일반적인 인공지능의 목표로 정의되었으며, 여기에는 인공지능에 대한 광범위한 이해와 관련된 수많은 인공지능 미래주의(AI Futurism)의 묘사들이 있었다. 휴리스틱과 연상 패턴 등 인간 전문가의 광범위한 조사에 기반을 둔 복잡한 전문지식 관리와 같이 일부 예외적인 것들을 제외하고는, 반세기 이상의 연구 노력에도 불구하고 일반 인공지능에 대한 기대는 인상적이지 않은 결과만 낳았다. 일부 연구자들은 적응형 학습, 감각적 상호작용, 논리적인 계획, 창조성 등의 응용을 통해 종합적인 모방 또는 인간의 인지적·합리적 역량 또는 "지성"의 재생산을 달성하려는 목표에 동조하고 있다.

---

2) McCarthy, Minsky, Rochester, Shannon을 언급하는 Solomonoff(1956: 1)을 참조하라.

"빅데이터"라는 매우 큰 데이터세트의 진보는 종종 협의의 인공지능이라 불리는 다른 접근법을 가능하게 했다. 그 목적은 데이터를 활용하여 데이터세트에 담겨있는 관찰된 행동을 재생산 또는 모방할 수 있는 시스템을 만드는 것이었다. 이 접근법의 기초가 되는 것은 컴퓨터 시스템에서 어떻게 알고리즘이 작동되는지에 대한 기존의 이해에서 크게 벗어난 것이다. 전통적으로, 알고리즘은 규칙 기반으로 투입을 산출로 변환하는 유한하고, 결정론적이고, 효과적인 규칙 또는 단계의 집합으로 이루어졌다(Sedgewick and Wayne, 2011). 대조적으로, 인공지능에 대한 데이터 주도 접근법은 데이터에서 알고리즘의 규칙을 발견한다.

가장 간단한 예로, 2＋2는 무엇인가라는 문제해결을 위한 규칙 기반 접근법은 두 숫자 사이에서 덧셈이 어떻게 작동하는지에 대한 규칙을 세우는 것을 의미한다. 데이터 주도 접근법에서는 4라는 답을 신뢰성 있게 보고할 시스템을 형성하기 위하여 다수의 2＋2의 사례들을 포함하는 큰 데이터세트를 처리한다. 이는 "진실에 투표하기"처럼 보일 수 있으며, 함의에 대한 잘못된 요약은 아니다. 예를 들어, 2＋2의 사례를 포함하는 데이터세트가 많은 수의 5라는 답을 포함한다면, 인공지능 시스템은 2＋2는 5라고 보고할 수 있다. 이 경우에, 그 인공지능 시스템은 인간 또는 규칙 기반 시스템이 만들어 내는 것과 같지 않다.

더욱 흥미로운 예시는 문장 구성의 문제이다. 연구자들은 원어민 화자가 만든 수백만 문장이 있는 데이터세트를 활용하여, 그 데이터세트에 있는 사례들과 "같이(like)" 단어들을 조합하는 방법을 선택할 수 있다. "같이(like)"가 무엇을 의미하는지는 사용하는 기술에 달려있다. 인간의 피드백 또는 감독 없이, 이러한 인공지능과 알고리즘에 대한 접근법은 인간 언어 행위를 가장 잘 모방하는 것들을 발견함으로써 거대한 데이터세트의 구조를 찾을 수 있으며 연구자는 그 기초가 되는 알고리즘에서 선택할 수 있다. 인간의 개입 없이 인공지능이 구조를 발견하거나 학습할 때, 이를 비지도(unsupervised)라고 부른다. 반대로 인공지능 시스템이 다양한 단어 조합을 시도할 때 인간이 개입하거나 피드백을 제공하는 것을 지도학습(supervised learning)이라고 부른다.

비지도 학습과 지도학습을 포함하는 하이브리드 방법들은 현실 세계 문제의 복잡성을 분해하는 수단이다. 운영 또는 인공지능 하위시스템의 위계를 포함하는 복잡한 문제의 분해는 딥러닝 방법을 만들어 왔다. 문장 형성, 언어 번역 등의 인간 행동 재생산을 위한 데이터 주도 접근법은 초기의 성공적이지 않은 규칙 기반 인공지능 연구 아젠다가 추구하던 목적의 일부를 달성하는 데 효과적임을 증명하고 있다. 데이터 주도 알고리즘들의 성공적인 애플리케이션들은 시지각, 음성인식, 언어 번역이 있다. 실제 애플리케이션들에는 추천 시스템(아마존, 넷플릭스), 정보 검색(구글), 금융 사기 탐지에서 사용되는 스팸 탐지, 행동 패턴 탐지가 있다. 또한 재난 구조 활동을 위한 로봇공학 업무 또는 인공지능으로 작동되는 드론도 이러한 기술에 의존한다. 의료 진단, 라이드셰어링 차량(ride-sharing fleets), 개인화된 금융 계획 패키지, 비영업부서 및 고객대면 서비스 자동화, 사물인터넷 애플리케이션 등의 부문별 애플리케이션도 포함된다. 넓은 범위의 애플리케이션은 협의의 인공지능이 미래의 급진적 혁신으로 간주될 수 있음을 시사한다. 이러한 잠재성 때문에, 미래에 인공지능 서비스를 제공할 플랫폼 회사가 가질 선점자의 우위를 고려하는 것이 중요하다.

데이터 주도 인공지능 기술의 혁신은 이 책의 주요한 관심인 플랫폼들에 의해 검색에서부터 뉴스 취합, 모니터링, 방송, 필터링, 평점까지 다양한 맥락 속에서 사용된다.[3] 그러나 인공지능 시스템 구축을 위한 데

---

3) 미디어는 산업 제품, 이니셔티브, 발표가 주를 이루는 뉴스기사와 함께 인공지능에 대한 관심 증가에 중요한 역할을 한다. Brenen et al.(2019)를 참조

이터 주도 접근법은 규칙기반 알고리즘들의 체계적인 규칙 확인을 결여하고 있다. 데이터에서 한 인공지능 시스템이 만들어졌을 때, 만약 다른 데이터세트를 사용했다면 다른 결과물이 만들어졌을지는 일반적으로 명확하지 않다. 그것이 만드는 산출물 또는 답들은 인간의 역량을 능가하거나 그에 미치지 못할 수도 있다. 그렇지만 데이터 주도 인공지능 시스템들은 사용자의 검색 행위와 상품 유형 또는 경험 추구 간의 연결이 무엇인지와 같은 매우 실천적 질문에 답하기 위해 사용되고 있다. 사용자의 온라인 행위가 그들이 광고 A나 B 중 무엇에 더 관심을 가질지 예측할 수 있는가?

플랫폼 회사는 인공지능과 그 실천적 응용의 기초가 되는 과학적 지식의 얼리어답터이자 대규모의 투자자이다. 그들은 주장된 인공지능 기술의 예측적 가치에서 이익을 얻고 있다. 또한 그들은 현재 운영 중인 제도적 규칙의 결과로서 그들에게 무료로 흘러가는 빅데이터의 이용가능성에서도 지속적으로 이익을 얻고 있다. 이는 사용자 생성 데이터와 플랫폼들이 오픈 데이터 정부 이니셔티브하에서 저비용 또는 비용 없이 이용 가능하게 된 다양한 "공개 데이터" 저장소 모두에 적용된다. 이는 플랫폼 운영자들에게 인공지능 애플리케이션 개발에 대한 중요한 선점자의 이점을 주며, 결국, 데이터의 취득에 기인한 규모의 경제에서 파생된 시장 지배력의 다른 근원을 강화하게 된다(제3장을 참조하라). 플랫폼들의 인공지능 애플리케이션 활용은 광고시장을 넘어 이익을 위해 자기 조직을 재구조화하려는 노력과 사회 전체에 인공지능 애플리케이션을 위한 도구와 자원을 제공하려는 노력으로 확장된다.

하라.

4.2.1 인공지능 예측은 믿을 만한가?

이러한 모든 발전들은 인공지능 애플리케이션의 신뢰성에 대한 함의를 갖고 있다. 인공지능 예측을 신뢰할 수 있을지는 인공지능 탑재 시스템에 대하여 인간이 부여하는 재량권 또는 결정권에 달려 있다. 인공지능 시스템이 인간사의 의사결정에 대한 주요한 또는 단독의 책임을 부여받을 때에는, 이러한 시스템들이 믿음직하고 책임감이 있으며, 투명한 절차 및 무차별과 관련된 인권을 무시하지 않는다는 보장이 필요하다. 요컨대 인공지능 시스템 예측들은 예를 들어 인공지능 시스템이 정보를 필터링할 때 정보를 선택하는 방식이 인간과 같다고 신뢰할 수 있어야 한다고 기대한다는 것이다. 이 기대는 그러한 정보 필터링이 인간 행위성(human agency)과 복지를 개선해야지, 쇠퇴시키지 않아야 한다는 것이다. 하지만 온라인 검색 기능을 제공하는 데 사용되는 인공지능 시스템들은 신고전파 경제분석에서 단순히 "양측 매칭" 연산모델들로 취급된다(Varian, 2016). 종종 예측 엔진이라 불리는 이러한 시스템들의 대부분이 오류 확률과 범위를 추정할 수 있게 하는 통계 법칙에 기초하지 않음에도 불구하고, 그 목적은 믿음직한 예측을 산출하기 위해 데이터를 처리하는 것이다. 따라서 인공지능 시스템의 신뢰가능성의 중심 문제는 예측 과정을 지배하는 불확정성의 범위이다.[4]

데이터 주도 알고리즘의 산출에 바탕을 둔 결정은 개인들을 분류하는데, 인공지능 시스템이 채용지원서를 필터링하는 경우가 그 예시이다. 이러한 분류에 기초하여 결정이 이루어질 때, 이는 사람들의 삶의 기회에 영향을 미친다. 만약 불확정성이 높으면 산출이 의사결정에 영

---

4) 기계학습 및 인공지능 기반 컴퓨팅 시스템 개발의 도전은 Ghahramani(2015)를 참조하라.

향을 미칠 수 있다. 전형적인 예측 엔진의 활용 목적은 믿을 수 있고 공정한, 즉 "편향 없이(without bias)" 결과를 산출하는 것이다.5) 그러나 편향(bias)은 어떠한 사회 구조 내부에서 발생한다(그리고 내재되어 있다). 편향은 데이터 주도 인공지능 시스템을 구축하는 데 사용되는 데이터에 반영되어 있다. 지도 학습에 기반을 둔 인공지능 시스템은 불완전하고 "대표성 없는" 훈련 데이터에서 패턴을 "학습"한다. 인간의 감독도 편의, 편견, 무시를 끌어들인다. 예측 엔진에 기초한 의사결정은 불평등을 강화하거나 소비자 및 시민의 권리를 침해할 수 있다. 예를 들어, 채용 과정에서의 인종차별 또는 성차별로 이끌 수 있으며, 근로자나 그들의 임금에 부정적인 영향을 줄 수 있고, 취약집단에 대한 불공평한 사회서비스를 제공할 수 있다. 다양한 중개자들이 이러한 시스템들에 데이터를 투입할 수도 있으며, 결과를 해석해야 하는 사람들은 부정확한 추론을 피하기 위하여 편향을 수정할 역량이 거의 또는 전혀 없다(Barocas, 2014).

인공지능 시스템과 예측 모델의 혁신은 선택된 목표를 달성하고 바람직한 결과에 대한 판단에 계몽된 성과 척도를 충족하기 위해 설계되었다. 바람직함(desirability)은 시스템 위임 또는 구축에 따라 결정된다 (Selbst et al., 2019). 인공지능 애플리케이션 발전은 인간의 가치를 계산 가능한 결과로의 번역을 목적으로 한다. 예를 들어 법적 판단의 경우에는 많은 판단들이 확립된 기존사례의 일상적인 적용이지만 비일상적인 판단들이 포함되어 있다. 그것을 구축하는 데 사용된 데이터의 우월성은 일상적 판단에서 오기 때문에, 이를 구분하는 것이 데이터 주도 인공지능 시스템의 도전 과제가 된다(Pasquale, 2019). 이러한 시스템과 관련된 불확정성은 공공서비스의 접근, 보안 데이터의 해석, 온라인 서

---

5) UK(2018b: 18)를 참조하라.

비스의 고객맞춤 또는 "개인화"에 대한 결정을 지원하는 데이터 주도 인공지능 시스템의 활용에 대한 염려를 제기한다. 계산 및 분류 방법으로서 인공지능 시스템에서 발생하는 편의들은 새로운 것이 아니지만 (Bowker and Star, 1999), 사회적 지원 시스템에서 치안 유지까지 증가하는 다수의 맥락에서 특정 계급 및 집단에 대한 차별적인 결과와 연결되고 있다(O'Neil, 2016). 일부 맥락에서 증가하는 "신뢰성"에도 불구하고, 인공지능 시스템이 제공하는 예측의 규칙성은 평등 또는 공정성의 관점에서의 신뢰할 만한 결과를 주장하는 것과는 다르다(Helberger et al., 2015).

플랫폼 서비스를 지원하는 데이터 주도 인공지능은 비교와 선택을 촉진한다. 이들은 플랫폼 운영자와 그 시스템을 활용함으로써 이익을 얻는 다른 권위적 행위자의 규칙과 규범을 따를 수도 있다. 그러나 인공지능 애플리케이션이 모든 삶의 측면과 얽혀서 만들어질 때, 이러한 시스템의 투명성 부족은 문제가 된다. 한편, 인공지능과 기계학습의 혁신은 인간의 편견으로부터 자유의 신호이자 포용적이고 평등한 사회를 약속하는 신호로 간주된다. 다른 한편으로, 이와 같은 기술의 혁신은 다수의 배제와 불평등을 키우는 복잡한 사회적·정치적·경제적 환경의 위험을 높이고 있다.

4.2.2 인공지능 "무기 경쟁"이 존재하는가?

인공지능이 감당하는 역량은 사이버 공격의 행위자 수와 잠재적 목표의 범위의 팽창으로 이어지고 있다. 무기 경쟁은 눈에 잘 띄어 자주 공격 목표가 되는 거대 플랫폼을 포함한 공격을 방어하려는 측과 공격하려는 측에서 발전하고 있다. 이러한 경쟁은 기계학습과 그 응용에 대한 투자에 박차를 가하고 있다.[6] 인간에게 비실용적이어야 할 사기와 악의적인 업무를 위한 인공지능의 활용은 이러한 새로운 위협 중 하나이다(Taddeo and Floridi, 2018). 그 일례로, 목표 컴퓨터 또는 네트워크의 데이터 절도 또는 멀웨어(malware) 설치를 위하여 특정한 개별 조직 또는 비즈니스에 맞춰 메일을 보내는 인공지능 작동 사이버 공격인 "스피어 피싱(spear phishing)"이 있다.

비슷한 접근법들은 인공지능 탑재 행위자가 온라인에서 인간의 상호작용을 모방할 때 소셜 네트워크 내의 오보(misinformation), 허위정보(disinformation), 유해정보(malinformation)를 활성화시키는 데에도 사용된다. 인공지능 시스템들은 또한 데이터 오염 공격(data-poisoning attacks)(학습 시스템이 실수를 일으키도록 훈련 데이터를 삽입), 적대적 선전(adversarial initiatives)(기계학습 시스템이 잘못 분류하도록 설계된 투입), 또는 자율 시스템의 설계 하자의 악용에도 취약하다. 예를 들어, 사물인터넷 애플리케이션들의 연결성이 사람 대 기계(person-to-machine)뿐만 아니라 기계 대 기계(machine-to-machine) 간의 사소통을 높은 수준으로 발전시키면서 사이버 보안에 대한 염려가 증가하고 있다(IoT Security Foundation, 2018; The Royal Society, 2018). 큰 규모의 사이버 공격 위험의 증가와 함께, 개인의 정보 및 보안에 대한 위험도 증가하고 있다. 보건의료, 소셜미디어 활용, 빅데이터에 대한 정부 신뢰와 같은 부문과 데이터 주도 인공지능 시스템이 사용되는 정치 영역에서 인권과 독립에 대한 위험이 상당하다.

현장에서 더욱더 인공지능 시스템의 규모가 커지고 인간의 역량을 능가하면서 사이버 공격이 더욱 만연하고 예방적 대응들을 요구할 가능성이 있다. 인공지능 시스템이 어디에나 존재하게 되는 것은 시민 사회와 군사 모두의 문제이다. "무기 경쟁"의 결과에 대하여 다음과 같은

---

6) 기술 군비 경쟁 논쟁에 대한 개요는 MacKenzie(1989)를 참조하라. "군비 경쟁"이라는 용어는 혁신과 경쟁에 대한 신고전파 경제학의 취급(Baumol, 2004)과 디지털 서비스 혁신에 대한 논의(Noam, 2019)에서 사용되었다.

낙관주의가 있다. 예를 들어, 페이스북의 최고기술경영자는 인공지능 시스템이 플랫폼 서비스의 이익을 취하는 "나쁜 행위자"를 예방하는 최선의 수단이라고 말한다. 그는 이것들이 다음 몇 년 안에 보안 침해와 불법 또는 유해한 콘텐츠가 더 이상 "세계에 큰 영향"을 주지 않는 것으로 볼 만큼 매우 효과적이게 될 가능성이 있다고 주장한다.[7] 그러나 자율주행차량 및 무인항공기, 오보 대응시스템, 갈등 저지 및 완화 시스템, 지휘결정 보조 시스템과 같은 방위 부문의 애플리케이션은 개인과 집단에 대한 잠재적 유해성을 높인다. "위험한" 개인 및 행위를 식별하여 시민의 안전을 보호하고자 하는 애플리케이션은 불법적인 편의, 차별, 인권에 대한 타협 등에 대한 가능성을 만들어낸다(Gangadharan and Jedrzej, 2019).

4.3 플랫폼 기반 인공지능은 인간을 밀어낼 것인가?

정책결정자와 언론은 이 새로운 기술이 막대한 규모의 일자리를 대체할 것이냐는 지속적인 질문으로 인해 인공지능에 대하여 상당한 관심을 가지게 되었다. 기술적 실업상태(인간 노동자를 기계 또는 기타 기술로 대체함)에 대한 관심은 인간의 역사 전체에서 계속되었다. 노동절약의 가능성을 가진 신기술의 도입은 이러한 관심의 도화선이 되었다. 이러한 시기에 대한 정밀 검토는 기술과 고용의 관계가 논의되는 방식을 알려주었다. 고용 수준, 일자리의 위치, 일자리의 질이라는 세 가지 유형의 문제가 특히 중요하다.

미래 고용 수준의 예측은 업무의 변화하는 성질과 새로운 스킬과 역량에 숙달하는 인간의 유연성 때문에 거의 항상 신뢰할 수 없었다. 어

---

7) Mike Schroepfer를 인용한 Simonite(2018)를 참조하라.

떤 직업(또는 직업군)은 목표가 고정되어 있지 않고 시간에 따라 변화하며, 마찬가지로 직업 또는 직업 유형을 찾는 사람들의 풀도 그러하다.[8] 고용 예측을 더 복잡하게 만드는 것은 인공지능 애플리케이션의 채택 속도와 서비스로서 이러한 애플리케이션을 전달하는 플랫폼 회사의 역할을 둘러싼 불확정성이다. 고용 예측은 전형적인 "1차" 대체 효과다. 일자리의 주된 특징을 고려할 때 문제는 이 직업 특성에 대한 미래 수요가 증가할 것인지 감소할 것인가이다.[9] 많은 직업들은 지배적이고 일상적인 특징이 있으며, 이러한 직업들은 (로봇을 포함한) 인공지능 시스템으로 대체될 수 있기에 고용 수준이 떨어질 것이라고 상상할 수 있다. 이러한 유형의 접근법은 직업과 기술의 성질을 지나치게 단순화한다. 인공지능 또는 자동화 시스템의 일상적인 업무를 대체하는 것은 한 조직 내의 여러 일자리를 재구조화하고 보완 효과와 대체 효과를 만들어 낼 수 있다. 일자리는 재정의될 뿐만 아니라 제거된다. 또한 일상적인 업무의 대체는 생산비용을 줄일 수 있어 생산성을 높인다. 낮은 생산비용은 가격을 낮추거나 품질을 높일 수 있어, 판매량 및 생산량을 더 늘릴 가능성이 있어서 일자리에 대한 반동효과를 만들어 낸다. 이러한 영향들은 일상적 업무 대체의 영향력을 완화한다. 그럼에도 불구하고, 2018년 세계경제포럼(WEF)에서 OECD 지역 기업의 50%는 자동화가 2022년까지 상근직 인력을 줄일 것이라 기대하는 반면, 비즈니스의 38%가 생산성 향상을 위한 신규 인력을 확대할 것이라 기대했으며,

---

8) 물론 여기에는 예외가 있다. 예를 들어 이는 신경외과의가 되는 빠른 과정이 아니다.

9) 예컨대, 다양한 직무 및 업무에 미치는 영향을 검토하는 Berger and Frey (2016), Brynjolfsson and McAfee(2014), Davies and Eynon(2018), Frey(2019), Frey and Osborne(2017), LaGrandeur and Hughes(2017), Marcolin et al.(2016)를 참조하라.

25% 이상이 자동화가 자신의 기업에서 새로운 역할을 만들어 낼 것이라 기대했다.[10]

이러한 자동화 효과를 예상하는 이유는 정보시스템으로 모니터링할 수 있는 반복 업무를 단순화 및 해체하여 업무를 재조직화할 수 있기 때문이다. 초기 연구에서, 주보프(Zuboff, 1988)는 오늘날 전자 시스템이 수행할 수 있게 된 낡은 형태의 업무 감독을 의미하는 "정보 판옵티콘(Information panopticon)"하에서 이러한 문제를 제기했다. 인공지능 시스템의 팽창의 결과로서 노동시장의 붕괴를 예측한 사람들은 때때로 구조적 실업에 대처하기 위한 중·단기적 완화 수단들을 요청한다 (Pupillo et al., 2018).

컨테이너 선적을 포함한 배송과 인터넷을 활용한 세계적인 데이터 커뮤니케이션의 향상은 일자리의 재배치를 가능하게 하는 세계적인 분업의 틀을 제공한다. 저숙련 기술 일자리는 저임금 국가로(또는 저임금 국가를 포함한 지역으로) 이전한다. 유사하게 런던, 싱가포르, 상하이, 뭄바이 등 어디든 상관없이 고숙련 일자리는 많은 고급 노동자가 있는 도시 지역으로 이동한다. 최근의 역전에도 불구하고, 규칙 기반 국제 무역 시스템은 무관세 또는 상대적으로 낮은 관세의 재화 및 서비스의 이동을 지원하며, 데이터 및 정보의 흐름은 대체로 국경의 방해를 받지 않고 있다. 일부 저숙련 일자리는 본질상 일상적이며, 인공지능 시스템이 대체할 가능성을 제공한다. 그러나 이러한 시스템은 주요한 투자를 요구하며, (지금까지는) 인간 노동자만큼, 심지어 낮은 기술 수준의 노동자보다도 유연하지 않다. 게다가 저임금 국가는 인공지능 시스템 개발의 대안이 되는 노동력이 충분하다. 따라서 국제 수준에서 인공지능 시스템이 고용 수준에 미치는 영향은 그 이용가능성과 다양한 업무를

---

10) WEF(2018)를 참조하라.

담당하는 인간 노동자의 저임금 및 유연성으로 완화될지도 모른다.

4.4 변화 협상하기

디지털 경제 전체에서 새로운 일자리 기회의 이점을 취하기 위해서는 반드시 새로운 기술개발과 특정 교육영역이 강조되어야 한다. 2022년에는 모든 피고용인 중 약 54%가 상당한 전문성의 재확보 또는 업그레이드가 요구된다고 예측되었다. 또한 상대적으로 적은 수의 "슈퍼스타 기업"은 강력해지고, 노동자들은 더 작은 경제적 보상만 가지게 되면서, 소득 불평등이 심화된다는 주장이 있다(Autor et al., 2019). 부자와 빈자 간의 양극화 심화는 고급 디지털 애플리케이션의 확산에 기인한다.[11]

자료를 이해, 분석, 비판하는 역량이 경제와 민주주의의 기능에 통합되면서, 새로운 기술에 대한 필요성이 업무 활동의 모든 영역으로 확장되고 있다. 이는 종종 모든 교육 수준에서 STEM(과학, 기술, 공학, 수학) 과목을 장려하는 정책으로 구체화된다. 그러나 사용자들이 가치를 부여하는 서비스의 향상 및 혁신은 또한 인문, 예술 과목에서 배우는 것을 STEM 과목에 배운 것과 조합하는 스킬을 요구하며, 이에 이 과목들을 STEAM(과학, 기술, 공학, 예술, 수학)이라 말하기도 한다.[12] 복잡한 문제해결, 창의성, 비판적 사고, 대인관리, 인지적 유연성과 관련된 더 넓은 기술들이 필수적일 수도 있다. 이러한 종류의 훈련을 조합하는 도전이 고려될 만하다.

또한 훈련받는 인력의 구성에는 성별 및 인종 불평등이 있다. 예를 들어, OECD 국가들에서 ICT 전문가는 남성이 여성의 4배 이상이고, 인종

---

11) Keen(2015)를 참조하라.
12) NESTA report, Siepel et al.(2016)를 참조하라.

및 민족 집단은 과소대표 양상을 보인다.[13] 수요가 가장 강하며 이주 장벽(주택 가격 및 텃세)이 수반되는 핵심 장소의 인재 부족은 공급원과 타이밍에 따라 급격한 변화가 예측됨에도 일부 국가에서 이러한 기술을 지닌 노동자에 대한 수요가 공급을 웃돌고 있는 것을 의미한다.[14]

궁극적으로, 업무 성질의 방향 변화는 업무 책임성을 정의하고 성과 표준을 설정하는 관리자의 노동자에 대한 힘을 반영한다. 인공지능 시스템으로 업무를 더 의미 있고 충실하도록 보강 또는 개선하는 것과 산출 목표 충족을 위해 감시 및 통제를 할 수 있도록 업무를 좁게 정의하는 것 사이의 선택이 주어지면 많은 조직들이 후자를 선택한다. 기능 및 산출의 관점에서 치밀하게 정의된 일자리의 결과는 "수요에 따르는" 또는 "필요에 따르는" 것이 될 수 있으며, 이는 제로 아워 계약이나 "임시직 경제(gig economy)"와 같은 실행을 부상시킨다. 이러한 발전이 노동자에게 항상 문제인 것은 아니다. 다양한 이유로 개인들은 더 유연하거나 일주일에 많은 시간 또는 많은 날을 일하지 않는 일자리를 원할 수 있다. 만약 이것이 그러한 사례이고 독립적인 업무에 대한 점진적인 변화가 있다 하더라도, 더 어려운 문제는 모든 것을 감안할 때 독립적인 일자리에 합리적인 임금을 지불하느냐 또는 더 정규적인 직업에 비견되는 편익을 제공하느냐는 것이다.

"주문형(on demand)" 노동을 조직하는 산출물 또는 "품팔이(piecework)" 스타일은 (특히 저임금 노동자에 대한) 기존의 노동 착취 양식을 특징짓는 지배 계급, 인종, 성별 불평등과 일관된다(Van Doorn, 2017). 플랫폼에 의해 조직 및 관리되는 유연한 노동시장 최적화는 고용주에게 매력적일

---

13) OECD(2018)와 National Science and Technology Council(US, 2018b)를 참조하라.
14) 예컨대, EC(2019b), Manyika et al.(2017), Schwab(2019)를 참조하라.

수 있으나, 그러한 유연성은 종종 고용 복지의 감소 및 부재와 불확실한 소득을 초래한다(Graham and Anwar, 2019). 예를 들어, 크라우드 워킹 (crowd-working) 연구들은 그것이 노동자와 소유주 또는 (인공지능 알고리즘으로 유지되는 것이 늘고 있는) 플랫폼 접근가능 작업의 통제자 간의 권력 비대칭을 유지하는 방식인 메커니컬 터크(Mechanical Turk) 또는 이노센티브(InnoCentive) 등과 같이 상업적 맥락에서 조직됨을 보여준다 (Al-Ani and Stumpp, 2016).

기계 학습과 알고리즘이 사회 전체로 뻗어나가면서, 거버넌스에 대한 새로운 접근법이 잠재적인 문제 일부를 완화할 수도 있다. 하지만 "데이터와 데이터 주도 시스템은 정의롭지 않은 사회의 구조적 불평등에 대한 모든 공적을 주장할 수 없다"는 것을 인정하는 것이 결정적이다(Gangadharan and Jedrzej, 2019: 896). 미래의 일과 일자리와 관련하여, 인공지능의 발전이 직면한 도전은 새로운 고용 기회 창출만이 아니라 노동자들에게 "좋은 일자리"를 창출하는 것이다. 새로운 일자리로 이전하거나 실업에 직면해야 하는 사람들을 돕는 정책이 필요할 것이다. 만약 공적 가치가 존중된다면, 인공지능 애플리케이션의 신뢰성과 일자리의 미래에 대한 분석은 평등과 포용, 인간 자율성과 빈곤 감소를 다루기 위한 신고전파 경제학의 좁은 틀에서 넘어서야 할 것이며, 일 (work)은 "현대 도덕 경제의 기반"으로서 다뤄질 필요가 있을 것이다 (Pissarides and Thomas, 2019: 7).

디지털 콘텐츠는 디지털 플랫폼이 수익을 창출하는 핵심적인 방식이다. 콘텐츠는 다측 비즈니스 모델의 중심인데, 바람직한 콘텐츠는 광고업체가 접근하고자 비용을 지불하는 플랫폼 사용자의 주의를 끌기 때문이다. 우리는 이미 인공지능을 통해 플랫폼 회사가 사용자들의 행동을 관찰하고 사용자들의 데이터를 활용함으로써 특정 사용자에 대한 광고를 타겟팅 및 감독할 수 있게 된 것을 보았다. 플랫폼 소유자의 입장에서 논리상 다음 단계는 광고만이 아니라 콘텐츠도 특정한 사용자들에게 맞추는 것이다. 우리는 여기서 전통적으로 출판사와 방송사가 독자 및 시청자에게 사건과 인물에 대하여 알리거나(뉴스), 정치적·사회적·문화적 선택(여론)과 관련된 설명을 제공하기 위해 공급해 온 콘텐츠, 즉 전통적인 저널리즘의 영역에 집중한다. 이미 플랫폼들이 주요한 영향력을 갖고 있는 콘텐츠이기 때문에 우리는 이러한 유형의 콘텐츠에 집중한다. 언론 콘텐츠를 플랫폼 발전의 다음 단계로 고려하는 것은 단지 사용자 맞춤형·목표형 정보에 대한 인공지능의 역량에서 논리적으로 나아간 여러 가지 다음 단계 중 하나일 뿐이다. 보건, 의료, 사회서비스, 기타 등등에 대한 정보 맞춤화를 포함하여 다음 단계들을 상상할 수 있다. 이러한 영역들의 분석은 각각 서로 다른 행위자, 콘텐츠 취득 및 활용, 결과를 포함할 수 있다. 이러한 다른 영역에도 비슷한 인센티브와 고찰을 적용할 수 있다. 아래부터는 어떻게 언론 콘텐츠가 형성, 취득, 활용되는지 고려하여 이 영역에서 플랫폼 운영의 이슈와 결과를 설명할 것이다.

4.5 콘텐츠의 형성, 취득, 활용

2000년대 초, 공중파 방송 및 인쇄 매체가 공급하던 언론 콘텐츠가 플랫폼 생산으로 변화하였다. 전통적인 기사와 사설 수단과 비교하면, 핵심적인 변화는 개인들이 소셜미디어 웹사이트에 뉴스 및 의견을 게시함으로써 확산된 사용자 생산 콘텐츠이다. 이 현상은 출판사 및 방송사와 협력하거나 고용되지 않은 개인들이 언론 콘텐츠에 기고하던 기존 수단을 아득히 능가한다. 일부 평론가들은 언론 공동체의 구성원으로 수용되지 않은 개인들의 기고이기 때문에 이러한 기고의 질에 대한 질문을 제기하는 반면, 다른 이들은 대중에 의한 기고를 개방하는 방식으로 보기도 한다(Beckett and Mansell, 2008). 하지만 증가 중인 자기출판 뉴스 및 사설은 온라인 환경의 일부로 대중적으로 받아들여졌다. 이 기간 동안, 전통적인 뉴스 출판사와 방송사는 언론을 위한 온라인 아웃렛의 형성에 참여하고 있다. 그들은 광고 지원 사업 모델과 일부의 경우에서는 구독자 지원 사업 모델을 온라인 환경 속으로 옮기려 시도하고 있다.

이러한 발전은 플랫폼 소유주가 콘텐츠 획득 수단으로서 "취합모델(aggregation model)"을 채택하는 단계를 설정한다. 구글의 검색 엔진 플랫폼 형성 방식과 유사하게, 플랫폼 소유자는 국내·국제 뉴스, 스포츠, 연예, 과학 등의 부문별 링크를 정리함으로써 사용자·출판사·방송사의 생산 콘텐츠와 연결을 만들 수 있다. 플랫폼 소유자들은 "모든 미디어들이 서로 변환될 수 있으며(컴퓨터 정보는 즐겁게 이동한다), 전통적인 전송 수단에서 탈출한다 … 만약 혁명이 충분하지 않다면 디지털화와 함께 콘텐츠는 전적으로 가소적인(plastic) 것이 된다. 즉, 어떤 메시지, 소리, 이미지는 어떤 것에서 다른 어떤 것으로 편집될 수 있다."[15]

제2장에서 논의한 바와 같이, 플랫폼 회사들은 상대적으로 발전 초창기에 온라인에서 소비자와 시민 상호작용을 형성할 기회를 맞이했다. 사용자들을 이끄는 콘텐츠를 가진 플랫폼의 구축은 콘텐츠의 고객맞춤화와 결합된다. 이는 고유한 사용자 경험을 형성하고, 인공지능 시스템을 활용하여 점점 더 많이 콘텐츠와 관찰된 사용자 행태를 필터 및 매칭하여 다양한 성공 수준에서 청중들이 계속 참여하도록 하는 "고착성(stickness)"을 강화하는 데 일조한다. 언론 콘텐츠는 전문화된 구글 뉴스와 같은 뉴스 취합 사이트, 이익집단이 만연한 페이스북과 같

---

15) Stuart Brand를 인용한 US(1990: 4), 그리고 Ibrus(2019)의 on cross-media developments를 참조하라.

은 소셜 네트워크 애플리케이션 또는 부모를 대상으로 하는 영국의 멈스넷(Mumsnet)과 같이 더욱 전문화된 흥미 사이트를 도입할 수 있었다.[16] 이러한 흥미 커뮤니티는 추가적인 광고 타겟팅 기회를 제공했으며, 패션, 정치적 신념, 또는 사회적 정체성의 트렌드에 영향을 미칠 수 있는 기회를 제공했다.

전통적인 광고자−지원 사업 모델은 광고에 관심을 끌기 위한 콘텐츠를 사용했던 상업적 매체에 선호되었다. 이에 기반을 두고, 플랫폼 전략은 어떤 콘텐츠가 관심을 강화하는지 예측하는 수단을 개발하는 것과 "관심 유도자"가 우선권을 받도록 보장하는 실행을 채택하는 것이다. 플랫폼들은 "눈길 끌기(catch eyeballs)" 또는 관심을 위하여 콘텐츠를 사용하며, 이러한 관심을 상업 제품 및 서비스 또는 정치적 관심의 광고자들에게 재판매한다. 전략적으로, 플랫폼은 "관심 중개" 시장에서 운영되며(Wu, 2016),[17] 언론 콘텐츠를 전달하는 플랫폼 접근법은 일반적으로 사용자에게 수용된다. 이러한 수용의 이유는 복잡하다. 부분적으로 사용자의 흥미에 대한 콘텐츠의 고객맞춤화는 사용자가 선호하는 콘텐츠의 검색 시간이 감소할 수 있음을 의미했다. 더 논란이 있지만, 취합과 표현을 위하여 이용 가능한 콘텐츠의 범위는 저널리즘의 가치 및 윤리의 관점에서 더욱 다양해지고 "덜 진지"해지고 있다. 타블로이드 신문에서 볼 수 있을 법한 감정적인 이야기들, (유명인사에 대한) 흥미로운 인간사, 정당 정치적 논설은 플랫폼들이 사용자들의 관심을 끌기 위한 것이기에 더욱 만연하고 있다. 신고전파 경제학 관점에서, 이러한 발전은 단순히 전통적 출판 및 방송의 판로들이 덜 바람직한 콘텐츠를 제공하고, 플랫폼들이 사용자의 흥미에 더 맞춰져 있고, 더

---

16) https://www.mumsnet.com/(accessed 2 January 2020)를 참조하라.
17) 다양한 방식의 시장 해석 방식이 있다. Feld(2019)를 참조하라.

관심을 잘 파악해 내는 콘텐츠를 제공함으로써 그들을 계승하고 있음을 지시한다. 그러나 이러한 과정의 방법과 결과 모두 언론 환경에 대한 결과들을 낳고 있다.

4.6 결과들

콘텐츠 취합은 다양한 소스의 링크를 모으고, 그들을 형식, 질서, 그리고 명시적인 사용자 선택 또는 과거 사용자 접속 행태의 대응한 다양성에 따라 나타내는 것이다.[18] 신문사와 방송사는 개별 기사에 대한 링크가 자신들이 독자 및 시청자를 모으거나 유지하기 위해 결정한 콘텐츠의 구성을 우회(또는 제거)한다고 주장한다. 플랫폼 소유자들의 콘텐츠 "재출판" 또는 "복제"가 신문 또는 기타 매체 출판사의 저작권 침해가 아니라고 주장할 수 있기 때문에, 플랫폼 실행을 "취합"으로 부르는 것은 전략적이다. 대신 그들은 오직 사용자들에게 더욱 직접적으로 선호(그들이 무엇을 읽고 싶은지)를 반영하는 정보 접근 방법을 제공하는 것이며, 신문은 링크된 페이지에서 독자들에게 계속 광고할 수 있다고 주장한다.

플랫폼 소유자들의 주장에도 불구하고, 신문사 및 방송사는 취합 실행에 대한 삭감 또는 보상을 추구한다. 그들은 플랫폼들이 불공정하게 자신들의 뉴스 제작 투자에서 편익을 얻고 있으며, 언론의 품질 유지(특히 조사) 비용에 대한 너무 적은 경제적 보수를 얻고 있다고 주장한다. 출판사들은 이러한 방법을 사용할 수 있는 반면 플랫폼 통제하의 사용자에 대한 다른 데이터에 접근할 수 없어 불리한 위치에 있다. 자율 규제의 일환으로서, 뉴스 취합자들이 신문사 콘텐츠에 대하여 지불하기 시작했음에도 불구하고, 취합 실행에 대한 법적 논쟁은 일반적으로 플랫폼 실

---

18) Steinmueller(2003)를 참조하라.

행에 유리하다. 게다가 2019년 유럽에서 플랫폼의 뉴스 기사의 "토막(snippets)" 활용과 연관된 저작권 침해 주장을 다루는 법안이 수정되었다.[19] 미국에서, 플랫폼들은 1998년에 제정된 디지털 밀레니엄 저작권법[20]의 "공정한 이용" 조항으로부터 편익을 얻고 있는데, 이는 예컨대 구글은 출판사의 동의 없이 저작권으로 보호받는 "썸네일(thumbnail)" 이미지를 보여줌에도 저작권 침해에 대한 책임이 없다는 의미로 해석되고 있다. 디지털 부문의 저작권 관련 규칙이 수정될 때, 부분적으로 컨텐츠 생산의 경제적 보수와 배포의 보수 재조정이 있을 것이다.

취합 실행은 디지털 콘텐츠 부문에 영향을 주고 있다. 이러한 압박은 저널리스트가 청중들을 유지하고자 분투할 때의 저널리즘의 전문적 가치, 윤리, 실행에 대한 도전을 포함한다.[21] 취합과 블로그 또는 트위터 방송과 같은 기타 온라인 언론 콘텐츠 자원은 독자와 출판사와의 연결을 약화시키고 있다(Newman and Fletcher, 2018). 동시에, 디지털 플랫폼은 독자들(특히 젊은 독자들)에게 점점 더 뉴스의 근원이 되고 있다.

미디어 콘텐츠(특히 뉴스 및 사설 콘텐츠를 포함할 때)를 공적 가치들에 연결하는 데에는 강한 기반이 있다. 미디어 다양성과 다원주의를 보호하는 목적은 다양한 관점을 담은 미디어 콘텐츠를 생산하고 플랫폼 사용자가 온라인으로 이들을 찾을 수 있도록 규제하는 것이다(Helberger, 2018; Hesmondhalgh, 2019b). 유럽 의회가 언급했듯, 매체의 자유 및 다원주의는 "개인들이 자신의 의견을 형성 및 표현하고, 정보와 생각을 교환하는 데 기초가 되는 다양한 정보와 관점의 이용 가능성과 접근성을 보장하는 데 일조하기에 민주사회 기능의 핵심이다."[22]

---

19) European Parliament(2019)를 참조하라.
20) US(1998a)를 참조하라.
21) Eide et al.(2016), Fenton(2019), Zelizer(2017)를 참조하라.
22) Council of Europe(2018: 1).

이러한 발전은 세 가지 경제학적 전통에 따라 다르게 볼 수 있다. 신고전파 경제분석은 이러한 발전을 사실상 무제한의 다양성과 제약 없는 선택을 제공하는 것으로 본다. 그러나 신고전파 분석은 아직도 사회적으로 정당화될 수 있는 수요이지만 그것을 생산할 사업계획의 부재라는, "가치재(merit goods)"에 대한 "공공재" 주장을 인식하고 있을 수 있다.[23] 신고전파의 틀은 명백하게 언론적 표현의 희소성이 결여된 세계에서 가치재로서의 언론적 표현에 대한 선험적 정당화를 감소시키고 있다. 이는 다양한 종류의 시장 개입에 기초한 공급을 주장하려면 시장에서 얻을 수 있는 제공물의 다원성과 다양성이 부족하다고 증명해야 한다는 것을 시사한다. 그것의 가장 거친 형태에서, 질문은 소비가 미디어 콘텐츠에 대한 개별 선택으로 가장 잘 반영될 때, 왜 사회가 특정한 집단 또는 집단들에게 공익을 대표할 수 있게 해야 하는가이다. 이에 대한 한 가지 추론은 가치 있는 콘텐츠는 충분한 광고자의 지지를 받기 위한 충분한 대중을 이끌 수 있다는 것이다.

제도학파 경제학 틀에서, 이러한 일련의 분석은 공공의 목적에 종사하기로 집합적 또는 민주적으로 합의된 조정들의 정당성을 부정한다는 점에서 환원주의로 간주된다. 시장 주도의 콘텐츠 생산의 다양성(다양성이 선택에 승인된 것일지라도)이 공익을 견지할 것이라는 보장은 없다. 제도학파들에게, 주목 경제(attention economy)로 창조된 구조는 대의민주주의(일반 국민투표와 반대되는 것으로서) 또는 자유로운 표현(소수의 개별 표현의 보호 수단)을 낳은 추론과 서로 정반대되는 것으로 묘사된다. 제도학파 경제학 접근법에서, 공익의 발견과 공익의 구체화를 추구

---

23) 공공재 논란에 대해서는 Samuelson(1954: 387), 가치재 개념에 대해서는 Musgrave(1959), 미디어의 특수 사례에 대해서는 Freedman(2008)를 참조하라.

하는 조직의 구성은 어려운 과정으로 인식된다. 이는 특수이익에 포획 대상이며, 선동적인 결과의 위험이 있다. 그러나 이러한 접근법은 공공의 이익과 목적에 대응하는 미디어 서비스 임무의 정당성을 강조한다.

이러한 관점을 뒷받침하는 것은 전 세계의 여러 국가에서 보호할 자원이 거의 없는 사람들을 대상으로 고통을 주고 어떤 경우에는 신체적 피해까지 일으키는 방대한 양의 온라인 표현이다. 신고전파 경제학은 대체로 (이러한 메시지를 받는 사람은 간단히 이를 무시할 수 있다는 것을 의미하는) "자유 처분"을 가정하는데, 이는 예컨대 청소년의 소셜미디어 사용과 같이 많은 맥락에서는 성립하기 어려운 가정이다. 플랫폼이 콘텐츠에 접근하는 데 기여할 기회를 형성했더라도, 엘리트 미디어 생산자가 설정한 아젠다와 차별화되는 콘텐츠를 기고하거나 접근할 기회를 형성했더라도, 그들은 발견가능성, 검색가능성, 가시성을 통제하기 때문에 문지기 권력(gatekeeping power)을 행사할 수 있다(Schlosberg, 2018).

비판적 정치경제학 분석은 이러한 역사를 입증하는 데 도움이 된다. 이 관점에서, 미디어 산업은 사회와 경제의 힘의 불균형을 악화시켜 자본가의 이익이 우세를 차지하게 한다. 초기 콘텐츠의 디지털화의 혁신은 "희망보다는 위협"을 가져오는 것으로 소개됐다(Schiller and Miège, 1990: 166). 광고자-지원 콘텐츠 생산과 주목 경제 장치는 상품 자본주의에 참여하도록 청중들에게 영향을 미치고자 하는 엘리트에 의한 권력의 통합 과정의 일부로 설명되었다. 디지털 열광자, 자가 출판과 온라인 소셜 커뮤니티의 기회를 맞이하면서, 이러한 전통에선 어떻게 미디어 산업의 변화가 "교환의 불평등으로 기록되었는지"를 강조했다 (Mattelart, 2000: lO7). 대중의 관심을 광고자에게 판매하려는 플랫폼의 노력은 자본주의적 콘텐츠를 생산하는 소유자의 이익을 위해 궁극적으로 계산할 수 없고, 알고리즘을 활용하여 예측할 수 없는 인간 행위의 근절에 목적을 두는 것으로 보였다(McGuigan, 2019).

현대 콘텐츠 생산과 이용의 비판적 정치경제학 분석은 지배 계급의 이익을 체현하고 있다고 강조하고, 보다 근본적으로 누구의 이익이 "공익"으로 처리되어야 하는가라는 중요한 질문을 제기한다. 이 관점에서, 디지털 콘텐츠는 불가피하게 상업적 플랫폼을 소유 및 통제하는 자들에 의해 형성 및 지배된다. 플랫폼들이 개인행동을 통하여 지배적인 위치에 올랐음에도, 콘텐츠 제작 수단을 통제하는 사람들은 사익의 강력한 영향을 받고 있다. 사익에 지배받는 시스템의 필연성을 인정하는 것보다, 공적 소유와 통제 또는 (최소한) 강력한 공적 거버넌스의 필요성이 제기된다.

제도학파 경제학과 비판적 정치경제학 틀은 "사회적 문화적 실행"으로서 미디어 콘텐츠의 복잡성으로 관심을 이끌며(Freedman, 2008: 157), 이는 신고전파의 개인 "선택"과 대조된다. 복잡한 미디어 콘텐츠 산업과 (특히 뉴스 생산의) 공적 가치 및 목적의 관계에 관한 주장들은 지속될 것이다. 그들은 과거의 투쟁과 이러한 투쟁이 조정과 타협으로 만들어 낸 제도적 규범과 규칙의 영향을 받는다. 제도학파 그리고 비판적 정치경제학 전통의 분석가들에게, 신고전학파 경제학은 디지털 기술의 잠재력과 민주적 자유를 촉진하기 위한 자기 출판 능력에 초점을 맞추고 있으며, 권력의 구조적 비대칭성과 그것이 미디어 시장의 공급 측면에 미치는 영향과 "사용자/대중"의 다양성의 중요성을 경시한다 (Benkler et al., 2018).

4.7 결론

인공지능 시스템 애플리케이션들이 낳은 결과들의 범위와 특성은 불확실하지만, 그 경향은 디지털 혁신의 모든 형태를 다루는 데 있어 "역사상 가장 큰 기술의 거대한 힘"으로 남아있다(Freeman and Soete, 1994: 39).

이 관점은 급진적 플랫폼 혁신을 가능하게 하는 것이자 인공지능 애플리케이션이 전달하는 플랫폼의 사상 최대의 역할을 개방하는 것으로서 플랫폼의 인공지능 시스템 사용의 충격에 소비자와 시민들이 "적응"할 것을 요청한다. 인공지능 투자와 디지털 플랫폼의 이러한 시스템 사용 및 공급이 경제와 공적 가치들을 지지하는 역량에 미치는 결과는 애플리케이션들을 더 좋게 또는 나쁘게 활용하느냐에 달려있다. 인공지능의 발전은 윤리에 대한 의문을 제기하며(제5장에서 다룸) 인공지능의 활용은 경제성장과 생산성 또는 불이익과 불평등에 대한 기여에 대한 광범위한 의문에서 벗어날 수 없다.

서구 사회에서, 상업적 데이터화 실행이 계속 디지털 콘텐츠 산업을 형성하면서, 플랫폼이 주목 경제를 관리하는 인센티브로 작동될 때 공적 가치에 대한 함의는 무엇인가라는 문제가 있다. 표현을 추구하는 자들은 메시지를 소통하기 위해 온라인 장에 진입하고, 여론을 동원하며, 시민 담화에 참여한다. 공적 가치에 거의 공감하지 않는 자들은 사용자의 관심을 추구할 무제한의 자유를 갖고 있다. 자기 이익과 두려움, 혐오, 부패의 조장에 호소하는 것은 사용자 관심을 추구하는 공익 또는 합리적 담화에 대한 호소와 동등한 지위를 가진다.

이러한 경합의 결과는 인간 행태에 대한 관점에 의존한다. 감정적이고 근거 없는 주장을 가장 크게 소리치면서 선동의 도구로 활용하는 사람에게 더욱 많은 관심이 주어질 수 있다는 위험이 있다. 만약 문화, 교육, 종교, 정치적 목적 추구를 위한 사회적 교환 또는 "공유"가 상업적 데이터화만큼이나 장려된다면, 언론 콘텐츠 발전 양상은 아마 달라질 것이다. 더욱 큰 관심은 민주주의를 지지하는 비상업적 콘텐츠에 주어질지도 모른다. 이러한 갈등을 해결하는 수단은 자기 규제 및 대안적 사업 모델들(제5장에서 논의)과 외부적 정책 및 규제 제안들(제6장에서 논의)을 통해 얻을 수 있다.

자율 규제 및
대안 비즈니스 모델들

자율 규제 및
대안 비즈니스 모델들

5.1 도입

플랫폼은 사회적·정치적·상업적 관계를 조직화하는 지배적인 형태가 되어가고 있다. 대부분의 플랫폼들이 실현하고자 한 초기 비전들은 정보에 접근하는 전례 없는 자유, 기업가적 기회 및 전 세계 사람들과의 연결에 대한 약속이다. 각 부분의 경제적 추론이 인정하듯이, 비전의 실현은 의도하지 않은 사회적·정치적·경제적 결과를 가져온다. 신고전파 경제학은 부정적 결과들이 경쟁을 통해서 치료될 수 있다는 믿음을 견지하고, 경쟁의 원리가 근본적으로 손상되었다는 결정적 확인을 기다린다. 제도학파 경제학과 비판적 정치경제학은 일부 의도하지 않은 사회적·정치적·경제적 결과들이 지속될 것이라는 예상을 공유한다. 그 결과들은 플랫폼 개발의 여지를 제공한 기존의 규칙, 규범과 표준들의 구조적 산물로 취급된다. 이러한 맥락에서, 플랫폼들에 대한 사회적 기대들은 아이디어를 표현하고 우리가 선택한 것과 소통하는 자유, 학대와 폭력 행동을 방지할 수 있는 잘 정의된 규칙들, 사회의 모든 구성원을 위한 정보, 교육 및 오락적 가치(항상 그런 순서는 아님)를 가진 콘텐츠를 포함한다. 이러한 기대들의 근저에는 공정성, 투명성 및 정직과 같은 기본적 윤리적 원칙들이 있다.

플랫폼들이 운영과 관련된 부정적이고 의도하지 않은 결과들을 인정할 때, 그들은 종종 플랫폼에 완화조치들을 취해야 한다고 주장한다. 이 장에서 우리는 자율 규제 전략들의 장단점을 파악하고, 윤리적 실행들을 도입하고자 하는 노력에 대해 조사한다. 우리가 발견한 것은 이러한 노력의 결함으로 대안적 플랫폼 비즈니스 모델들을 고려할 필요가 있다는 것이다.

5.2 플랫폼 자율 규제 전략

자율 규제는 내부 결정을 통해 이루어지는 규범 및 규칙 설정을 포함한다. 플랫폼의 자율 규제가 가능한 소수의 기업은 크게 성장했다. 이러한 기업들은 제2장과 제3장에서 논의한 비즈니스 모델들을 성공적으로 활용한다. 성공한 기업들은 외부에서 새롭게 부과되는 규제에 반대할 강력한 위치를 차지하게 되었다. 중요한 전략들은 글로벌 시장 확장의 추구, 강력한 시장 지위를 확보하기 위한 표준의 전략적 사용, 서비스 계약과 조건들에 대한 사적 수립, 콘텐츠 조정 과정에 대한 통제권 행사 및 플랫폼 사업들에 대한 외부 감독에 대한 로비이다. 추가적으로, 플랫폼들은 인공지능 기반 기술과 애플리케이션의 사용을 위한 윤리적 규약을 자율 규제 실행의 한 형태로 도입하고 있다.

5.2.1 글로벌 시장 확대

지배적 플랫폼들은 글로벌·지역·지방으로 확장함으로써 매출 흐름을 강화하고 다양화한다. 지배적 플랫폼들은 특정 시장에 적합한 플랫폼에 의해 소유·운영되는 애플리케이션들과 서비스들을 개발하고, 다른 기업들이 만든 애플리케이션들과 서비스들을 인수하고 흡수한다. 사용자들을 확보하는 데 도움이 될 경우, 지배적 플랫폼들은 자신들의 실행들과 콘텐츠를 지역 언어·문화·정치적 상황에 맞게 '현지화' 한다. 지배적 플랫폼들의 핵심 주장은 글로벌 확장으로 플랫폼이 제공하는 장점들이 더 많은 사용자에게 제공된다는 것이다. 예를 들면, 사용자 간 의사소통(소셜미디어), 전자상거래 및 인터넷을 통한 정보 접근 방법(검색)들이다. 확장 전략들은 아직 구체화되지 않은 시장의 개방 또는 확대를 포함하는데, 지역 연결 인프라에 대한 투자를 포함할 수 있다. 확장은 또한 그들의 초기 성공 원천들과 보완적인 사업 분야로의 다각화를 포함한다. 예를 들면, 게임, 메시지 서비스 및 스트리밍 미디어(플랫폼의 원칙들을 부분적으로 도입한 글로벌 기반 가입 모델인 넷플릭스는 열정적으로 확장해 왔다.) 등이다.

글로벌 확장 전략에 대한 두 가지 비판은 대체와 봉쇄(foreclosure) 효과이다. 대체 논거는 일부 플랫폼의 거대 규모와 지속적으로 확장되는 일련의 서비스 제공이 특히 지방 또는 지역의 맥락에서 시작된 잠재적 또는 새로운 경쟁자들을 구축한다는 것이다. 플랫폼은 지배적 플랫폼들의 글로벌 확장 전략들이 없던 시기에 등장했기 때문에 대체효과의 중요성을 평가하기는 어렵다. 그럼에도 불구하고 디지털 지형에서 기존 행위자들에 대한 대체를 고려하면 일부분에서 통찰을 얻을 수 있다. 전통적 신문과 방송 뉴스 산업들에 도전하는 대체효과들과 결과적으로 출판사와 방송국들이 직면한 어려움에 대해 제4장에서 토론했다.

봉쇄 효과는 대안들을 억누르는 것을 의미한다. 봉쇄의 가장 일반적인 메커니즘은 인수합병이다. 봉쇄란 새로운 회사가 플랫폼의 관행이나 기술에 대한 대안을 개발할 때 나타나는 것에 대한 해석이다. 봉쇄가 시작되는 것은 기존 플랫폼 기업과 대안을 제시할 기업의 사업을 인수합병 할 때이다. 전형적으로 인수합병 이후에, 대안 플랫폼은 기존 플랫폼에 통합되거나 또는 종료된다. 어떤 경우이든 대안 플랫폼의 독자적 개발이 봉쇄된다.

기존 플랫폼 기능과 통합되거나 종료된 인수합병 사례들에는 구글의 온라인 광고메이커 더블클릭 인수뿐 아니라 웨이즈(위치기반서비스(GPS) 기반 앱) 및 유튜브 인수합병이 포함된다. 마이크로소프트가 인수한 스카이프와 링크드인은 마이크로소프트의 다른 제품들과 통합되었다. 아마존이 사들인 솝닷컴(Soap.com)을 소유한 온라인 소매업체 쿼드시는 문을 닫았다. 페이스북이 사들인 인스타그램은 익명의 메시지 앱 서비스로 페이스북 본연의 서비스와 같이 운영되었다(앞으로 통합될 것이라는 관측에도 불구하고). 자주 제기되는 서비스 폐쇄의 이유는 이용 부족이다. 그러나 인수와 합병은 잠재적 경쟁자들이 성장으로 가져올 수 있는 어떠한 전망도 없으므로, 인수 플랫폼이 마주할 효과적 경쟁을 제한할 수 있다. 이에 대한 답변은 대안 서비스 플랫폼의 소유자들에게 성장 가능성보다는 인수할 플랫폼에 소유권을 넘기는 계약이 더 매력적이라는 것이다.

플랫폼 소유자들에게, 글로벌 확장은 기업들이 사용자들에게 제공하는 가치의 증거라고 하는 주장에 의존한다. 사용자들이 없다면, 플랫폼들은 빠르게 성장할 수 없고 혁신적인 모습도 갖추지 못한다. 따라서 플랫폼의 관점에서, 플랫폼이 고객 모집을 성공적으로 수행하는 것은 수백만 명의 사람들에게 이익이 된다는 것이다. 서비스를 받지 못하는 공적 가치들과 연계된 이익이 있다는 주장은 우회 또는 무시되는 사람들의 특별한 청원에서 나타난다. 사용자 표현의 기회를 제공하는 플랫폼들이 공개적인 것이라는 관찰은 이러한 주장을 강화한다. 따라서 그들이 배타적일 수 없다는 주장이 나올 수 있다. 일부 형태의 표현이 낮은 수준의 관여를 유도할 때, 이는 플랫폼의 관행들 때문이 아니라 효과적인 표현을 만드는 데 문제가 있다고 간주한다.

5.2.2 표준의 전략적 사용

디지털 생태계에서 기술 호환성 표준이 필요한 이유는 플랫폼들과 사용자들 간의 데이터 교환을 관리하기 위해서이다(David and Steinmueller, 1994). 또한 그런 표준들이 필요한 이유는 플랫폼 소유자들이 획득하는 데이터를 관리하고 수익을 창출하기 위해서이다. 기술 호환성 표준은 데이터 수집·획득·전달을 촉진할 뿐만 아니라 플랫폼 소유자들의 전략 이익을 발전시키는 수단이다. 플랫폼 소유자들과 협력기업들이 설정하는 많은 표준들은 자율 규제 협정하에 이루어진다. 자율 규제 협정들은 플랫폼 소유자들의 전략적 이익과 공급업체 및 광고업자들의 이익을 반영한다.

예를 들어, 사용자의 입장에서 생각할 수 있는 것은, 표준을 만드는 방식은 사용자가 입력한 데이터들이 플랫폼들 사이에서 잘 이동할 수 있게 만드는 것이다. 하지만 그렇게 하는 것은 하나의 플랫폼에서 다른 플랫폼으로의 이동이 쉬워질 수 있어서 플랫폼 소유자들이 그런 표준들을 자발적으로 만들지는 않는다. 페이스북과 구글과 같은 일부 플랫폼들은 사용자들이 플랫폼과 상호작용하는 과정에서 생성된 데이터를 볼 수 있게 해준다. 이보다 더 나아가 사용자가 만든 데이터를 즉시 이동할 수 있도록 하는 것은 이 데이터가 플랫폼에서 제공하는 서비스 없이는 우선 존재하지 않는다는 사실을 무시한다. 이는 또한 플랫폼 소유자들 수입의 중요한 원천이 무시된다는 것을 의미한다. 플랫폼에 의한 자율 규제에 포함된 사용자 데이터의 통제와 법률 준수는 데이터의 재사용과 이동을 제한한다. 표준들이 사용자들에게 좀 더 쉽게 데이터를 이동할 수 있도록 하는 것은, "개방 데이터" 제안으로 불리는데, 제3자가 자신들의 이익을 위해 개방성을 활용할 가능성을 열 수 있다. 이러한 일이 발생하면, 플랫폼 소유자는 이러한 형태의 활용이 가능하도록 공모한 것처럼 보일 수 있다.

기술 호환성 표준은 사용자 행동을 모니터하는 수단을 구성하는 데 필수적이다. 특히 사용자 행동을 모니터하는 수단은 광고주 지원 비즈니스 모델의 중심이다. 플랫폼들과 웹 서비스 제공자들이 이용하는 주요 기능은 '쿠키(cookie)'이다. 쿠키가 소규모의 데이터로 사용자 컴퓨터에 저장되는 시점은 플랫폼과 인터넷 사이트가 유지되는 웹페이지를 방문할 때이다. 쿠키는 웹서버가 웹사이트에 반복되는 방문을 기록하고, 사용자 인증에 대한 정보를 유지한다. 쿠키는 사용자에게 맞는 광고를 배치하고, 플랫폼이 관리하는 사이트들을 포함한 웹사이트들의 사용에 대한 사용자 경험을 관리하는 수단들을 배치한다. 쿠키의 거버넌스는 자기 규제, 시민 사회 조직(예: 인터넷 엔지니어링 태스크 포스)에 의한 규제 · 법률의 복잡한 혼합체이다.

사용자 플랫폼 활동을 용이하게 하는 "쿠키" 표준의 근본적인 문제는 쿠키가 사용자 감시의 목적으로 사용될 수 있다는 것이다. 때로 쿠키는 정보 접근에 대한 신용증명과 같이 사용자들에게 직접적인 가치를 제공하는 목적으로 사용된다. 다른 경우에 쿠키는 관심을 가질 만한 광고의 소환과 같이 사용자에게 간접적 가치가 있는 목적으로 사용된다. 그리고 가끔, 쿠키는 사용자의 온라인 상호작용에 대한 프라이버시를 노출한다. 후자의 경우, 대부분의 사용자가 쿠키 사용과 온라인 행동을 모니터링하는 수단들을 통보하는 메시지들을 인지하고 있음에도 불구하고, 영국 내에 18세 이상의 사람들을 대상으로 한 설문에서 47%의 응답자들이(가끔 35%, 항상 12%) 사용자들에게 광고의 개인화에 대해 통보하는 메시지를 클릭하지만, 53%의 응답자들은 메시지들을 클릭하지 않는다고 답변하였다. 가끔 이러한 메시지를 본 35%의 응답자 중에 50%는 쿠키를 사용하는 자신에게 제공되는 광고들을 단순히 무시한다고 보고하였다. 그런 메시지를 가끔 보는 응답자들 중 29%의 응답자들은 그러한 것들에 대해서 무언가 할 수 있다는 것을 믿지 않는다고 답하였다.[1]

이러한 형태의 행동들이 일으키는 한 가지 문제는 디지털 리터러시(digital literacy)이다. 자율 규제에서, 사용자에게 통제의 역량을 부여하는 것은 사용자 통제의 문제를 해결하는 것과 동등한 것으로 간주된다. 만약 상대적으로 소수 사용자가 통제를 행사할 준비가 갖추어진다면 동등성에 의문이 제기된다. 이는 플랫폼 소유자에게 딜레마를 제기한다. 사용자가 통제를 행사할 수 있도록 요구하는 것은 어떤 이유에서든 통제에 무관심한 사람들에게 부정적 영향을 줄 수 있을 것이다. 실제로, 소수 사용자가 가진 적극적 관심은 쿠키와 같은 플랫폼 감시 도구들에 대한 자신들의 통제를 확대하는 것이다. 이러한 주장은 결과적으로 통제를 제안하는 것이 통제에 관심을 가진 통제자의 문제를 다루는 것이므로 사용자 통제의 문제는 해결될 수 있다는 것이다. 그러나 이것은 통제를 희망하지만 통제를 위해 제공된 역량을 이해하고 행동할 수 없는 사용자들의 문제를 다루지 못한다. 만약 도입된 많은 표준들이 사용자를 통제할 수 있는 수단이라면, 이는 더 큰 문제가 된다. 자율 규제의 경우 전문가를 임용하거나 플랫폼 운영에 대해서 비판적 시각을 가진 사용자 커뮤니티의 대표자를 뽑지 않는다. 표준의 측면에서 플랫폼 소유자가 사용자에게 최상이라고 결정한 것이 배포되는 표준이 된다.

5.2.3 서비스 약관과 실행 강령

플랫폼들은 표준을 통해서 소프트웨어와 하드웨어의 아키텍처를 정의함으로써 자신의 판단력을 행사할 뿐 아니라 플랫폼들과 사용자들의

---

1) Harris Interactive(2019)를 참조하라.

상호작용들에 대한 민간 "규제자" 역할을 한다. 이것은 플랫폼 소유자들이 사용자들에게 제공하는 이용약관을 통제하기 때문이다. 이러한 이용약관이 변경되는 것은 데이터화와 데이터 유통의 새로운 기회를 반영한다. 예를 들어, 2019년에 페이스북이 발표한 메시징 기능에 대한 프라이버시에 중점을 둔 비전 발표는 인스타그램, 메신저, 왓츠앱과 통합할 때 공개되었다. 이 비전은 종단 간 암호화(end-to-end encryption)를 사용하여[2] 사용자들에게 "사용자들과 의사소통을 하는 사람들에 대한 분명한 통제와 다른 누구도 사용자들이 공유하는 사항에 대한 접근할 수 없다는 확신"을 주었다. 그러나 이러한 다양한 기능들을 통합함으로써, 페이스북이 사용할 수 있는 메타 데이터(예: 시간, 출발과 목적지)의 메시지는 이전에 보유했던 것보다 사용자 커뮤니티 내에 사회적 연결에 대한 정보의 대규모 저장소를 만들 수 있다.

디지털 플랫폼 기업들은 실행 강령(code of practice)들을 개발하고 있으며, 일부 사례에서는 이들을 공개하고 있다. 이들은 데이터 수집과 처리를 위한 인공지능과 기계학습의 윤리적 사용으로 확대되며(5.3절 참조), 이 강령들은 그들의 서비스 약관으로 번역된다. 예를 들어, 약관은 어떠한 형태의 불법적이고 해로운 콘텐츠가 제한되는지 명시할 수 있다. 자율 규제를 선호하는 사람들은 사용자들이 완전히(또는 적어도 합리적으로) 정보를 얻으며 자신들의 기여와 독자층의 행동을 규제할 수 있도록 해주는 그러한 기반에서 합리적인 선택들을 할 수 있다고 주장한다.

플랫폼들은 비즈니스 생태계의 다른 기업들과 시장 관계를 통제하기 위하여 "가장 선호하는 고객 조항"들을 사용한다(예: 아마존, 아이북스토어, 부킹닷컴 또는 엑스피디아). 그런 조항들은 전형적으로 판매자가 한 플

---

2) Zuckerberg(2019)를 참조하라.

랫폼에서 다른 플랫폼보다 낮은 가격을 책정하지 않을 것을 약정한다. 또한 직접 고객들에게 할인 판매하는 것을 제한할 수 있다(즉, 판매자들이 자신의 사이트들에서 낮은 가격을 책정하는 것을 금지). 이러한 관행들은 플랫폼을 재화와 서비스를 구매할 수 있는 최고의 아웃렛으로 만들고 할인 가격을 제안하는 플랫폼들의 잠재적 진입을 제한할 수 있다(예: 구매자들과 일부 판매자 비용목록을 공유함으로써). 그런 자율 규제 전략들은 핵심 자산(데이터)에 대한 플랫폼의 통제를 극대화하기 위해 설계되며, 동시에 혁신적 제품과 서비스를 제공하기 위한 인센티브를 창출한다.

공정성과 투명성에 대한 사회적 기대를 충족하는 플랫폼 사용의 이용약관과 운영에서의 실천 강령들을 설정하는 플랫폼 소유자들의 의도와 능력은 다양하나, 대부분의 경우 이러한 이용약관의 결과는 결코 사용자들에게 투명하지 않다. 이것은 사용자에게 가용한 정보와 플랫폼 사용자가 가지는 약정 결과에 대한 정보 간의 비대칭이 있기 때문이다. 호환 표준과 마찬가지로, 플랫폼 소유자가 내리는 일방적 결정이 결과를 정하는 것이다. 추가적으로, 호환 표준에 관한 것과 유사한 사용자의 무관심에 관한 딜레마가 있다. 물론 저널리즘과 사용자 커뮤니티 내에는 이용약관과 실천강령들을 분석하고 사설을 제공하는 지식이 풍부한 개인들이 있다. 그러나 소수 사용자만 이들을 참조한다. 부정적 논평이 플랫폼 가입에 대한 사용자 선택의 거대한 변화로 이어진다고 결론짓는 것은 지나칠 것이다. 이는 물론 바뀔 수 있다. 다음 장에서 우리가 논의하는 것과 같이, 동일한 힘들이 일으킨 '분노의 규제'는 플랫폼들에게 부정적 평판 효과를 낳아서, 아마도 이러한 관행에 더 큰 결과를 초래할 수 있다.

5.2.4 전략적 콘텐츠 조정

합법적 콘텐츠와 허용 가능한 콘텐츠 사이의 경계나 합법적 콘텐츠에 의해 야기되는 손해의 정도를 정의하는 문제는 판단이 필요하다. 플랫폼에서 콘텐츠와 커뮤니케이션에 대한 인식을 높이기 위해, 플랫폼들이 필요로 하는 것은 개인 정보 침해 책임에 대한 위험을 무릅쓰고 콘텐츠를 제공하는 사용자들을 추적하는 것이다. 합법적·유해 콘텐츠와 관련된 사회적 해악에 대한 우려로 인해, 플랫폼 전략은 이들의 정책에 긍정적인 관심을 유도하고, 콘텐츠 차단이나 홍보가 수반되는 콘텐츠 조정 관행에 대한 투자를 강조한다. 자체적으로(또는 새로운 법률에 대응하여) 플랫폼 소유자들은 혐오 발언에 대해서 좀 더 명확하게, 더 많은 콘텐츠 검토자들을 고용하고, 가끔 콘텐츠 자문 그룹을 설립하기도 한다. 플랫폼 소유자들은 콘텐츠 신뢰성에 대한 신호들을 사용하는데, 이는 유튜브가 비디오 옆에 위키피디아와 브리태니카 백과사전 정보를 보여주는 것과 같다. 그들은 또한 저작권을 침해하거나 음란물 또는 유해한 콘텐츠를 포함하는 사용자 게시물의 금지와 같이 자체 또는 법적 기준에 부합하지 않는다는 통지를 받은 콘텐츠를 삭제한다.

자율 규제 관행이 의미하는 것은 다수의 대중을 대표하여 플랫폼들이 사적 결정을 한다는 것이다. 그런데도, 플랫폼은 충분히 선제적으로 대응하지 못했다는 비난을 받는다. 예를 들어, 광고주 브랜드를 훼손하여 광고주들이 광고를 철회하겠다고 위협하거나 플랫폼의 관행을 감시하기 위한 입법화를 촉구하는 대중의 항의가 있을 때만 반응하는 경우이다. 플랫폼 콘텐츠 조정전략의 비난에 대한 대응의 하나로 미성년자가 등장하는 비디오에 대한 댓글을 금지한 유튜브의 발표가 포함되는데, 이는 소아성애자들의 플랫폼 사용에 관한 부모와 광고주의 염려를 해소하려는 것이었다. 페이스북은 언론 보도와 미국 하원 정보위원장의 개입 이후에 백신

오정보 확산 범위를 제한하겠다고 발표하였다. 페이스북, 유튜브, 스포티파이와 아이튠즈는 음모이론 전문 채널인 인포워스(INFOWARS)의 콘텐츠를 삭제했다. 트위터와 구글 모두 정치적 논평이 플랫폼에서 발생하는 방식을 바꾸었다. 그럼에도 불구하고 지배적 디지털 플랫폼들은 자신들의 가이드라인과 이용약관에 설정한 기준에 따라 조정하지 못한다고 자주 비난을 받는다.

플랫폼들은 그들의 콘텐츠 조정전략들이 편집 기능이 아니라고 주장하지만, 자율 규제 조정은 허위 정보, 혐오스럽거나 유해한 콘텐츠 및 고의적인 오보를 걸러내는 도전에 직면하고 있다. 조정은 대부분 콘텐츠가 공개된 이후에 이루어진다. 왜냐하면 사전 검열과정이 사용자들에게는 부담이 될 수 있다고 여겨지기 때문이다. 그리하여, 개방형 플랫폼과 사용자 생산 콘텐츠는 해로운 콘텐츠가 생산된 이후에 필터링되는 결과를 초래한다. 플랫폼들은 신뢰도 신호를 개선하고 악의적이거나 잘못된 콘텐츠를 걸러내기 위해 일부 사람들의 조정과 다양한 도구 및 관행과 함께 알고리즘 및 콘텐츠 플래그 지정에 의존한다. 그들의 목표는 플랫폼의 사용자를 유지하기 위한 그들의 선택에 균형을 유지하면서 데이터 수익 기회를 극대화하는 것이다.

정부와 시민들에게 플랫폼의 콘텐츠 조정 관행들이 공공의 가치를 존중한다는 것을 보장하기 위해, 플랫폼들은 콘텐츠 생산자들과 협력한다. 예를 들어 페이스북은 협력하는 언론 및 그 외 조직들과 사실확인을 수행하고 선거 전에 사용자들에 의해서 플래그된 뉴스를 필터링한다. 이 전략은 전문적 콘텐츠 생산자에게 부담을 줄 수 있고, 요청받은 신문사들은 콘텐츠가 거짓이어서 삭제되거나 논평이 수반되어야 함을 증명해야 한다. 구글, 페이스북 및 트위터가 사용하는 다른 전략은 사용자들이 콘텐츠의 정확성 입증을 질문할 수 있도록 허용하는 퍼스트드래프트뉴스와 같은 비영리 웹사이트를 지원하는 것이다. 또 다른 것은 트위터 또는 스포티파이가 정치적 광고의 금지를 발표했을 때처럼, 특정 유형의 콘텐츠를 모두 금지하는 것이다. 이러한 사례들에서 플랫폼들은 너무 사전 예방적이어서 발언의 억제 또는 검열로 귀결된다고 비난을 받을 수 있다. 그들은 또한 세계 각지에서 플랫폼의 콘텐츠 조정 정책들을 실행하는 업무를 수행하고 있는 외주 노동력의 열악한 작업 환경을 외면한다는 혐의를 받고 있다.

5.2.5 외부 규제에 대한 대응

플랫폼이 결정하는 많은 전략적 움직임들은 위협이 되거나 실제 도입되는 새로운 규제들에 대한 대응이다. 플랫폼의 의사소통 전략들이 목표로 하는 것은 공적 가치들에 대한 플랫폼의 헌신을 홍보하는 것이다. 예를 들어, "구글은 저널리즘에 대해서 깊은 관심이 있다. 우리가 믿는 것은 전파되는 지식이 모든 사람의 삶을 더 좋게 만든다는 것이다. 이는 핵심적인 구글의 사명이다."[3] 플랫폼이 데이터 보호법 위반 혐의로 기소된 법적 조치에 의해 책임을 져야 하는 경우, 벌금이 부과되며 그중 일부는 상당한 금액이다. 이러한 것들이 아직까진 큰 플랫폼들의 성장 궤적을 손상하지 못하였다.[4] 또 다른 전략은 관련 당국과 법원 밖에서 사건을 해결하고, 예를 들어 법률에 정의된 "개인 데이터" 사용과 관련하여 운영에 대한 투명성 감사에 동의하는 것이다.

이제까지의 산업 관점은 투명성과 책무성을 증가시키기 위한 처방이 필요하다면, 이러한 것들은 원칙적으로 플랫폼의 책임이 되어야 한다는 것이다. 대안적으로, 미래의 혁신적 기술에 의해서 잠재적이고 실제

---

3) Google(n.d.)을 참조하라.
4) 예: Facebook의 매출은 2018년 USD 17.7십억과 비교하여 2019년에 29% 증가했다(Murphy, 2019).

피해에 대한 더 나은 해결책이 제공될 수 있다고 주장된다. (우리가 제6장에서 고려할) 감시가 증가하는 상황에서, 플랫폼들이 로비, 커뮤니케이션 캠페인, 법원 소송 절차를 이끌어내는 전술, 정부 당국이 투명성을 요구할 때 불완전한(또는 부정확한) 대응 등을 사용하여 비판을 부정하거나 회피하는 데 얼마나 성공할지는 불분명하다. 플랫폼들은 일반적으로 외부 규제에 대해 적대적인 입장을 취하며, 시장 지배력의 규제 구현을 미루거나 지연시키려는 정치적 압력으로 전환하거나 또는 규제를 자신들에게 유리하게 만들려고 한다.

5.3 윤리적 원칙 및 관행

앞 절에서 논의된 자율 규제 전략의 모든 사례들은 윤리적 원칙들과 관행에 순응하려는 직·간접적 의도에 의해 형성되거나 변화된다. 의도가 꼭 윤리적 결과를 보장하지 않는데, 이는 부분적으로, 무엇이 윤리적인지에 관해 경합하는 주장들 때문이다. 예를 들어, 플랫폼 사용자들이 강한 개인 프라이버시 보호를 경험해야 한다는 윤리적 기준은 정보 제공, 교육 또는 오락을 제공해야 하는 사업 목표를 방해할 수 있으며, 이 사업 목표 역시 윤리적 기준으로 고려될 수 있다.

윤리적 원칙과 관행들은 자기 규제와 외부 규제 사이를 연결한다. 원칙적으로, 플랫폼 기업들이 자신들을 수용 가능한 윤리적 원칙들과 함께 묶을 수 있고, 실행에서 이를 관찰할 수 있다면, 외부 규제의 필요성이 없을 것이다. 계속되는 질문은 어떻게 사회적 수용성을 수립해야 하고, 플랫폼이 이러한 원칙을 지키지 않는다면, 무엇을 해야만 하는가이다. 윤리적 원칙들에 대한 선언들이 충분함에도 지금까지 이러한 원칙들이 지켜지도록 보장하는 장치는 거의 없다. 이것이 이 장에서 윤리적 토론을 다루고 다음 장에서 외부 정책과 규제안들을 고려하는 이유이다.

전문 표준, 기술 역량 및 사회적 규범이 알리는 것은 플랫폼의 실행 강령에 반영된 윤리적 원칙들이다(Anny, 2016). 이러한 것들은 누가 또는 무엇을 책임질 수 있고, 누구에게 책임을 지울지를 설명한다. 자율 규제가 가정하는 것은 플랫폼 소유자들이 당연하게 윤리적 원칙을 내재화한다는 것이다. 그러나 그렇게 함으로써, 플랫폼 소유자들은 수입을 생성하는 전략과 관행들의 효과성에 대해서 힘들게 얻은 지식을 보여주는 것에 관심이 없다. 윤리적 표준과 투명성과 상업적 이익 사이의 직접적인 갈등은 자주 나타난다. 무엇보다, 규범, 규칙 및 기술의 시스템이 그들의 창조자와 실무자들에게 투명하지 않은 방식으로 상호작용하기 때문에 플랫폼의 경우 투명성의 실현가능성에 대해 상당한 혼란이 존재한다(Ustek-Spilda et al., 2019).

플랫폼에서 상용되는 인공지능 및 기계학습의 발전된 애플리케이션들에 윤리적 원칙을 고안하고 디지털 애플리케이션 설계에서 이를 반영하려는 노력의 모습이 높아지고 있다. 기술 시스템들의 역량을 발전시키는 기술 개발자들이 혁신적 실행(practice)의 사회적 결과를 고려해야 한다는 생각은, 일부에서 나타나는 거부 사례에도 불구하고, 경제학자들 사이에서는 오랫동안 지속되어 왔다. 유명한 미국의 경제학자, 정치학자, 인지심리학자 및 인공지능의 선구자인 허버트 사이먼은 "사회적 결과와 관련해서, 나는 모든 연구자가 연구 성과물의 가능한 사회적 결과들을 평가하고, 다른 사람들에게 알리길 시도할 어떤 책임을 진다고 믿는다"(Simon, 1991: 274)라고 말한다. 제4장에서, 우리가 논의한 것은 인공지능의 발전이다. 진행 중인 많은 기획이 사이버 보안과 안전을 다룬다. 이러한 것들은 인공지능 관련 알고리즘들이 인간의 의사결정을 보완하거나 심지어 대체할 때 편의를 발생시킨다. 그런데도, 인공지능의 역량들에 대한 과도한 낙관주의의 오랜 역사가 있다. 예를 들어서, 1957년에 사이먼은 10년 안에 체스에서 컴퓨터가 인간을 능가한다고 예측하였지만, 실제로 결과를 얻는 데는 40년이 걸렸다.

여러 가지 조합의 윤리적 원칙들과 실행 강령이 고안되었으며, 2019년 6월에 약 80개 진술이 웹사이트에 자발적으로 기록되었다.[5] 접근법들은 윤리적 관점에 대한 확약(commitment), 즉 결과주의에서 의무론, 미덕 윤리에 대한 확약, 그리고 이것이 어떻게 실행될 수 있는지에 따라 다르다(Sullins, 2016). 플로리디(Floridi, 2019)는 자율 규제를 선호하는 기업은 덜 부담스러운 윤리적 기준들 및 노력이 필요한 국가로 이전하는 것을 포함하여 여러 위험을 야기한다고 지적한다. 윤리적 가이드라인 개발에 참여하는 여러 행위자들은 UN 수준, 지역 또는 국가 수준뿐만 아니라, 산업, 전문가협회 및 시민사회조직들이다.

윤리적 원칙과 확약의 적용은 결과만큼이나 불확실하다. 예를 들어, 사물인터넷에 대한 윤리적 개발은 새로운 애플리케이션의 구현을 가능하게 하기 위해 "고칠 수 있는" 윤리 관련 문제들을 해결하는 것을 포함한다. 하지만 종종 새로운 애플리케이션이 일으킬 수 있는 사회·경제적 불평등에 대해 거의 주의를 기울이지 않는다. 일부 경우에는 보안설계와 윤리설계 기획들이 논의되고, 구현되나, 가장 기본적인 안전 제공조차 빠진 인터넷에 연결된 장치들이 판매되고 있다. 추가적으로, 동일한 기관이 인공지능 애플리케이션과 윤리적 사용에 대한 책임을 질 때 이해의 상충이 나타난다. 이러한 상충들은 인공지능과 플랫폼의 인공지능 사용을 규제할 필요가 있는지 여부에 관한 질문들을 야기한다. 그런 규제를 통한 목표는 시장의 성장과 책임성 있는 윤리적 관행 – 예를 들어, 데이터 보호, 프라이버시와 노동 대체에 관련된 관행 – 의 균형이다. 이 영역에서 이루어진 엄청난 노력은 최소한

---

5) Algorithm Watch(2019)를 참조하라.

사회적 기대를 충족하기 위해서 자율 규제가 실질적으로 확대되고 심화되어야 한다는 것을 시사한다.

5.4 대안적 플랫폼의 지형

이 책의 주요 초점인 광고주 지원, 대중참여와 인공지능 기반 플랫폼들의 대안을 제공하는 비즈니스 모델들이 있다. 이러한 모델들은 상업적 플랫폼 개발의 기회를 제공한 기존 규칙, 규범 및 표준 그리고 플랫폼 기업들의 전략적 행동 및 사용자 선택에 의해 형성된다. 우리는 플랫폼 소유자가 사용자가 제공한 데이터를 적절하게 사용할 수 있도록 하는 규칙과 규범에 의해 플랫폼 성장이 뒷받침된다는 점을 강조했다. 또한 플랫폼의 성장은 플랫폼이 사용자 행동을 관찰하고 사용자 관심, 온라인 리소스와의 상호작용 및 다른 사용자와의 연결에 대한 더 많은 데이터를 수집할 수 있도록 하는 기술 표준에 의해 뒷받침된다. 이러한 데이터에 대한 사적 소유권은 플랫폼 소유자들에게 참여자의 참여와 관심에 대한 경쟁에서 상당한 이점을 제공한다. 이 소유권 규범은 기업의 주도권과 통제를 선호하는 공적·사적 경계의 정의를 나타낸다. 경쟁 우위를 확보하는 이 과정은 세 가지 경제학 렌즈 각각을 통해 어떻게 보이는가?

신고전파 경제분석은 민간 공급이 가장 효율적이라고 가정한다. 현재의 약정에 따라, 개인 데이터와 사용자 행동 관찰로 수집된 데이터들은 상업적 이익을 위해 이용 가능한 "천연(natural)" 자원으로 취급된다.[6] 이러한 논리에 따라 플랫폼 서비스의 민간 공급은 서비스를 제공

---

6) 우리는 사용자 기여 및 사용자-상호작용으로 생성된 콘텐츠를 기술자(descriptor)로 선호하는데, 왜냐하면 그들이 데이터가 획득되는 과정을 잘

하는 가장 효율적인 수단으로 간주된다(UK, 2018d). 데이터가 지식재산권 보호를 위한 제약들 이외의 다른 것들에 구애받지 않고 기업들에 자유롭게 흘러갈 수 있다고 가정한다. 플랫폼들의 데이터 사용권과 무료 콘텐츠 및 큐레이터 서비스들을 저렴한 광고 및 데이터 모음과 묶는 것은 "승자독식" 경쟁 우위를 낳는다. 이러한 분석 틀에서 대안들의 여지는 거의 없다. 우수한 비즈니스 모델 유지를 위한 유인은 강력하지만 적어도 데이터의 경제적 가치 때문은 아니다. 미국에서 개인 데이터는 2018년에 연간 760억 달러로 추정되고 2022년까지 1,980억 달러로 증가할 것으로 예상되었는데,7) 이러한 수치들은 사용자의 온라인 상호작용을 관찰해 얻어지는 데이터의 가치를 포함하지 않았다.

신고전파 경제학과 대조적으로, 제도학파 경제분석의 가정은 실증적 평가에 따라 플랫폼 관행 또는 시장 구조의 개혁들이 필요할 수 있다는 것이다. 비판적 정치경제학 분석의 가정은 플랫폼 관련 서비스들의 공적 또는 집단적 공급이 착취당하는 개인, 계층 또는 집단들의 해방과 일치한다는 것이다. 이러한 이유로, 공적 서비스 공급으로의 전환은 공적 가치를 확보할 가능성이 훨씬 크다. 플랫폼의 상업 데이터화 우세로 인해 발생하는 문제는 이러한 가치를 확보하기 위해 공공 및 민간 플랫폼 전문직 간의 경계 변경이 필요한지 여부에 대한 질문들 ― 제도학파 또는 비판적 정치경제학 틀에서 다루어질 가능성이 훨씬 더 높은 ― 을 제시한다.

포착한다.
7) 이것이 포함하는 매출들은 주요 인터넷 플랫폼들, 데이터 브로커, 신용카드 회사와 건강 데이터 기업으로부터 온다. Foroohar(2019)를 참조한다.

5.4.1 데이터 통제에 관한 공적·사적 경계의 변화

비상업적 대체 플랫폼 제공이 가용한 공간을 확장하기 위해서, 데이터의 소유권과 통제에 대한 다양한 규칙과 규범들을 고려하는 것이 필요하다. 이 절에서 우리는 공적·사적 경계에서의 변화를 일으키기 위하여 제안되거나 수행되어 온 기획들을 묘사한다. 이러한 기획의 일부는 한계가 있는데, 왜냐하면 그것들은 확인이 부족하거나 일부 사례에서 시장 개입과 새로운 입법을 포함할 정책 수단의 정당성을 아직 달성하지 못하였기 때문이다. 이러한 종류의 개입들은 제6장에서 검토한다.

데이터의 통제를 지배하는 규칙과 규범의 기존 틀에서, 기획들은 플랫폼에서 사용하는 데이터화 과정에 간섭하는 인터넷의 기술적 특성들을 사용하는 것에 제한된다. 예를 들어, 사용자들이 인터넷 연결의 "익명성(anonymising)"을 사용하고 컴퓨터에 쿠키를 설치하는 것을 거부함으로써 데이터화를 선택 해제(opt-out)하는 것은 가능하다. 이런 기술을 사용하는 일부 사람들은 자신들의 개인적 프라이버시를 유지하고 감시를 방지하려는 욕구에 동기를 부여받는다. 프라이버시에 대한 욕구는 이것이 사람들이 고객 맞춤형 콘텐츠로부터 얻는 이익을 제한할 수 있다는 사실을 능가한다.

그러나, 다른 사람들은 데이터 소유권과 사용에 대한 다른 순서에 대한 상상과 실험의 시도에 참여하고 있다. 이들의 목표는 자신들의 ID와 데이터에 대한 소유권을 다시 인정받는 것이다. 이 관점이 지향하는 것은 개인에게 유리한 소유권과 통제에 대한 차별화된 합의를 협상하는 것이다. 예를 들어 Solid와 Hub of all things[8]와 같은 프로젝

---

8) MIT의 Solid 프로젝트(주소 https://solid.mit.edu) 및 HAT커뮤니티재단의 Hub of All Things 프로젝트(주소 https://www.hubofallthings.com/main/what-is-the-hat)를 참조하라. 해당 자료는 2020년 1월 3일 접속하였다.)

트가 목표로 하는 것은 사람들이 자신들이 소유한 데이터로 가치를 추출할 수 있도록 하는 것이며, 자신들의 데이터를 거래함으로써 사람들은 가치를 얻게 되기를 희망한다. 그리고 이것은 때때로 "데이터 존엄성(data dignity)"과 관련이 있다.[9] 이러한 접근법은 사용자들이 직접 제공하는 데이터뿐만 아니라 온라인 거래로 생성되는 데이터와 온라인 행동에 대한 플랫폼의 관찰로부터 얻어지는 데이터 내의 소유권 권리들의 변화에 대해 제안한다. 그러나 제안된 도구들은 사람들이 자신들의 개인 데이터를 유지할 곳을 선택하고 누가 사용하게 할 것인지에 대한 선택을 제한한다. 이 유형의 접근방식이 이끄는 것은 하나 또는 그 이상의 ID관리 중개자들의 창출이다. 이러한 창출이 제공하는 핵심은 사용자들이 제공하거나 또는 자신들의 이름과 연계된 데이터의 사용에 관해 학습하고 의사결정을 하는 것이다.

관련된 일련의 기획들은, 이 책을 쓰는 당시에 시범적으로 시행된 "데이터 신탁(data trust)"의 생성이다.[10] 이러한 것들을 포함해 개인 데이터를 위탁할 조직이 가진 권한은 사용자를 대신해서 데이터의 접근에 대해 협상할 수 있다. 데이터 신탁은 ID관리 중개자들을 확장한 것이다. 시사점은 사용자들이 해야 할 많은 결정이 어떤 데이터를 어떠한 형태의 제3자 기관과 공유하는가이고 이는 상대적으로 높은 수준의 디지털 리터러시를 요구한다. 데이터 신탁은 계속해서 상업적 데이터화를 촉진할 수 있으나, 이 방식이 승인되는 것은 사용자의 통제에 좌우된다. 데이터 신탁은 데이터를 위한 새로운 시장을 창출하는 시도로 해석될 수 있다. 남은 일은 플랫폼들과 같은 상업적 행위자들이 데이터 신탁의 고객이 될 의향이 있을지를 지켜보는 것이다. 암묵적으로, 데이

---

9) Lanier and Weyl(2018)을 참조하라.
10) 예로 NESTA(2019)를 참조하라.

터 신탁 조직들이 예상하는 것은 사용자들을 대신해서 사용자들이 가지고 있는 데이터를 모으는 플랫폼의 방법들이 부담되거나 비용이 많이 들 수 있어서 데이터 신탁 조직들의 서비스에 대한 시장이 열린다는 것이다.

이러한 기획들이 담아내는 공적·사적(개인 또는 기업) 데이터 통제 경계의 근본적인 변화를 넘어서기 위해 요구되는 입법은 데이터 소유권의 토대가 되는 규칙들을 바꾸고 기존의 프라이버시 법안이 도입한 변화들을 넘어서야 한다. 예를 들어, 어떻게, 누가 데이터의 가치를 결정하는가는 중요한 이슈이지만, 사용자들에게 그들의 데이터 사용에 대해 보상을 해주는 것을 포함한 개입을 상상해 볼 수 있다. 만약 원칙을 선택할 자유가 채택된다면, 공급 측면의 시장은 혼란스러워질 수 있는데 이는 사용자들이 다양한 방식으로 데이터 가치를 부여할 수 있다는 사실 때문이다. 개인에게 데이터 사용료를 보상하는 것의 대안은 플랫폼들이 "디지털 배당금"을 사용자 데이터에 대한 사용자의 권리를 인식하는 국가 또는 다른 형태의 기관들에 지불하도록 요구하는 것일 수 있다. 이러한 대안들은 데이터의 소유권에 대한 개인의 권리에 중점을 두고 있지만, 지금까지는 사용자 행동을 관찰함으로써 파생된 데이터의 사용을 통제할 개인의 권리는 다루지 않고 있다.

5.4.2 플랫폼 제공에서 공적·사적 경계의 변화

온라인 상호작용에 대한 개별적 또는 집단적 통제를 선호하는 플랫폼 제공에서 공적·사적 경계의 변화는 대안적 유형의 플랫폼 제공자들을 – 상업적 데이터화에 기반을 두지 않은 비즈니스 모델을 가진 – 선호하는 개입으로 달성될 수 있다. 우리는 각자 고유한 비즈니스 모델(가입, 공적 서비스 제공, 클럽 또는 자원봉사 공동체)을 가진 세 가지의 대안들을 고려한다. 추구하는 대안적 플랫폼 모델들이 가치가 있기 위해서, 대안들은 사용자들의 상상을 포착해야만 하고, 기존의 데이터화 모델보다도 콘텐츠와 통제와 연관된 공적 가치들에 더 나은 지원을 제공해야 한다. 여기서 파악된 세 가지 대안들이 모든 가능성을 망라한 것은 아니다. 시민, 공동체 또는 기업가적 상상력과 혁신의 결과로 다른 대안들이 나타날 수 있다.

5.4.2.1 가입 모델

첫 번째 대안은 사용자 가입이다. 이 용어가 의미하는 것과 같이, 사용자 가입 플랫폼들은 사용자에게 플랫폼 접속에 대한 요금을 부과한다. 가입 지원 플랫폼들은 여전히 광고를 일부 포함하거나, 상업적 데이터화를 추진하지만, 일반적으로 플랫폼들이 선택하는 것은 이러한 관행의 사용을 좀 더 제한함으로써 무료 경쟁 대안들과 자신들의 서비스를 차별화한다. 가입 기반 플랫폼의 한 예는 넷플릭스로 현재 자체 제공물들만 광고한다. 가입 기반 모델들은 사용자들에게 있어서 상업적 데이터화를 사용하는 플랫폼들을 포함한 경쟁 대안들보다 가치가 큰 바람직한 콘텐츠가 존재한다는 것을 의미한다.

디지털 뉴스 콘텐츠는 하나의 예이다. 일부 뉴스 생산자들은 자신들의 콘텐츠에 대한 지불장벽(돈을 지불해야 콘텐츠를 볼 수 있도록 장벽을 치는 것)을 만들고 완전한 콘텐츠 또는 다른 아이템들을 제공하기 전에 가입을 요구한다. 이것은 기존의 플랫폼 기반 뉴스 취합 관행들의 공동화 가능성을 나타낸다. 왜냐하면 "뉴스"와 사설로 취합되는 무료로 사용 가능한 콘텐츠의 증가하는 부분이 생산 비용을 받지 않는 개인과 조직들에 의해 제공되기 때문이다. 콘텐츠를 생산하는 개인과 기관들이 그렇게 하는 것은 자신들이 가지고 있는 동기 때문이다. 이러한 동기들은 전문적 저널리즘의 기준과 일치해야 하는 것이 아니다. 따라서 지불장벽 또는 가입 모델이 성장함에 따라, 뉴스 콘텐츠에 대한 플랫폼 취합은 전통적인 전문적 저널리즘의 기준으로부터 멀어지게 된다. 그러나 현재까지 이러한 성장은 매우 점진적인데, 이는 가입을 통해서 뉴스 이용에 돈을 내려는 사람들의 수가 미미하게 증가했기 때문이다. 아마도 가입지원 뉴스 미디어에 대한 대중의 정서는 바뀔 수 있으나, 주요한 변화는 아직 가시화되지 않았다. 현재, 콘텐츠 종합 플랫폼들은 공동 가입과 광고 지원을 포함하는 뉴스와 편집 제품들의 모델들을 재정적으로 어렵게 한다(Picard, 2020).[11] 이러한 형태의 콘텐츠가 공적 가치에 부합되는 대규모의 가입자 후원을 받으려면 다른 모델 또는 사용자 선택에서 현저한 변화가 필요할 것이다.

많은 다른 영역들에서도 가입 모델들은 적절할 수 있다. 온라인 교육 자원들은 현재 자유롭게 이용 가능한 사이트(종종 대학에서 지원)와 가입자 제공의 혼합형으로 제공되고 있다. 미디어 스트리밍 서비스들이 제공하는 영화들(넷플릭스), 음악 또는 다른 시청각 서비스들은 가입 모델들에 기반한다. 과거에 많은 잡지가 인쇄본으로 출판되었지만, 지금은 가입을 통해서 온라인으로 볼 수 있다. 데이트 서비스들은 소셜미디어 형태로 제공되고, 일반적으로 가입 기반이다. 이들은 사용자의 관심을 끌기 위해 지배적 플랫폼 서비스와 경쟁하는 바람직한 콘텐츠의 모든 예이다. 집단적으로, 그들은 온라인 환경에 다양성과 다원성을 부여하며, 이러한 면에서 공적 가치 결과물들을 개선할 것이다. 그러한 기획들은 그들의 가입자들에게 책임을 진다. 이러한 이유로, 그들은 일반적 공적 가치 또는 온라인 공유자원 제공 모델에 미치지 못한다.

---

11) 그리고 Bell and Own(2017)과 Newman et al.(2019)을 참조하라.

5.4.2.2 공적 제공 모델

플랫폼 서비스의 공적 제공은 국가 및 지역 수준에서 전자정부에 대한 공통 모델이다. 이러한 서비스들은 범위와 의도가 엄청나게 다양하다. 일부는 허가, 과세 및 등록 요구사항 충족을 포함하여 시민들에게 정부 서비스에 대한 인터페이스를 제공하는 것으로 제한된다. 다른 것들은 또한 시민들 사이의 사회적, 정치적 교류를 장려함으로써 사회적·민주적 과정의 향상을 목표로 한다. 이는 지역 수준에서 가장 효과적이다. 아마 공적 제공 모델에서 가장 상징적인 것은 온라인 공공 서비스 미디어로의 공공 방송 전환일 것이다. 이 모델은 자발적 기부(예: 미국), 직접적 의무 라이센스 또는 과세(예: 영국) 또는 일반 과세(예: 플랑드르 벨기에) 등 다양한 방식으로 지원된다. 무선 주파수 스펙트럼(공적으로 통제되는 자원)을 할당한 많은 나라에서 지원하는 방송국들은 대중에게 정보를 제공하고, 교육 또는 즐거움을 주는 공공 서비스의 의무를 가진다. 공공 서비스 의무에 대한 해석은 자주 논란이 되지만 실행에서 지속적인 정교화가 필요하다. 공공 서비스 미디어 의무에 가려진 또는 직접적 문제는 대표성, 포괄성과 같은 개념들과 정치적, 인종적, 성별 또는 종교적 편견을 극복해야 하는 의무이다. 이러한 이슈들이 관련된 것은 콘텐츠 생산과 접속에 대한 인터넷 이전 시대의 제한들로 희소성의 시대에 한정되는 것으로 보였지만, 콘텐츠 풍요의 시대에도 등장한다. 왜냐하면 다양한 콘텐츠는 발견하기 어려울 수 있으며, 대표성 편향은 파악하고 극복하기 어렵기 때문이다.

공공 서비스 미디어 모델은 공공 서비스와 상업 미디어의 역사적 혼합이 다른 서구 국가들에서 압박을 받고 있으며 이는 플랫폼 기반 뉴스 취합 및 가입 기반 서비스로 악화되고 있다. 예를 들어 영국에서는 특히 젊은 층이 온라인 비디오 형태의 오락과 뉴스로 전환함에 따라,

BBC가 텔레비전 시청률의 하락에 직면하고 있다.[12] 이는 유럽과 미국에 걸쳐서 다양하게 나타나는 패턴이다. 시간제한이 있는 헌장에 의거, BBC는 일반 및 특정 뉴스 콘텐츠를 영국 지역들 및 인구 내의 특정 그룹들에 제공해야 하고, 모든 면허 소지자들에게 정보를 제공하고, 교육 및 즐거움을 주어야 한다. 다른 공공 서비스 미디어들과 같이 BBC에 지속적으로 논란이 되어 온 것은 편집 직무의 행사이다. 다양한 집단들은 BBC의 편집 직무가 한 집단 또는 다른 한 집단에 편향되었다고 주장한다.[13] 공공 서비스 미디어 모델(Herzog et al., 2017; Lowe et al., 2017)에 대한 논란이 만연하여 공공 서비스 미디어가 정치적 영향력에 취약하게 만든다.

공공 서비스 의무에 대한 책무성을 보여주기 위해서, BBC의 데이터 인사이트 부문은 시청자가 콘텐츠를 가치 있게 평가한다는 확신을 주기 위하여 데이터 기반 설계, 실험과 시청자 분석을 수행한다. 그것의 목표 가운데 하나는 사용자 데이터, 특히 젊은 BBC 플랫폼 사용자에 관한 데이터를 얻기 위하여 아이플레이어 플랫폼에서의 서비스 가입 사용자 수를 증가시키는 것이다.[14] 사용자를 감시하는 형태는 상업 플랫폼의 관행들과 유사하지만, 이는 공동의 공익과 사회적 연대에 대한 공공 서비스의 확약을 지원하기 위해 수행된다. 추가적으로, 면허와 국가 재정지원을 받는 공공 서비스 미디어가 자주 요구받는 것은 공공 미디어 서비스가 창출하는 가치를 보여줌으로써, 공공 미디어 서비스가 공공 서비스의 의무가 없는 상업적 기업들과 불공정하게 경쟁한다

---

12) UK(2019c)를 참조하라. BBC 시청료는 텔레비전을 소유한 가정별로 부가되고, 거의 모든 가구가 텔레비전을 소유하고 있으므로 시청료는 거의 보편적으로 적용된다.
13) 영국의 공공 서비스 방송에 대한 리뷰는 UK(2019f)를 참조하라.
14) Mari(2019)를 참조하라.

는 기우를 불식시키는 것이다. 유럽에서, 정부 지원을 받는 미디어는 "공익에 반하는 정도로 교역과 경쟁을 왜곡"해서는 안 되고,15) 공공 서비스 미디어의 적절한 규모와 범위를 안내하기 위하여 "공적 가치 테스트"가 사용된다(Moe, 2010).16) 민주주의의 기능에서 공공 서비스 미디어 콘텐츠의 중심성이라는 관점에서, 디지털 플랫폼 시대에 "진정한 공공 미디어의 비전은 ─ 공공 미디어는 대중에게 진정으로 책임을 지고 대중을 대표하는 것과 엘리트들에게 맡겨두기 보다는 그들을 면밀히 조사하는 것 ─ 그 어떤 때보다도 적절하다"(Freedman, 2019: 214).

공공 서비스 미디어는 전형적으로 공공 서비스 미디어의 비용을 충당하기 위한 공공 지출 또는 자발적 기부들을 요구한다. 재원의 출처로 인하여, 공공 서비스 미디어는 광고와 제공물을 묶거나 사용자 모니터링을 수익화하는 것을 꺼리거나, 일부 경우에는, 이것이 허용되지 않는다.17) 가장 큰 플랫폼들이 적응해야 할 압박 속에서, 전체 대중에게 서비스가 제공될 것이라는 기대하에, 새롭거나 다른 형태들의 공공 서비스 미디어를 사회적 문화적 목표와 연계하는 것에 관심이 집중된다. 이와 관련된 또 다른 중요한 예는 모든 환자에게 예약, 치료, 자문 또는 다른 가용한 서비스를 제공하는 온라인 공공 의료 시스템들이다.

---

15) EC(2009: 21)을 참조하라.
16) 미국에서 공공 관리의 맥락 속에서 Moore(1995)는 공적가치 실험을 일찍 개발하였다. 전체 미디어 시장이 강력한 공공 서비스 미디어 제공자의 존재로부터 이익을 얻을 수 있다는 것을 제안한 분석과 관련하여 Barwise and Picard(2014)를 참조하라.
17) 물론 광고가 제도적이며 광고성이 강한 미국 모델의 경우와 같이 별도의 상업 부문 운영, 광고주 지원 비즈니스 모델에 의존하는 기업에 대한 공익의무 제공, 다양한 형태의 프로그램 후원 등의 하이브리드 모델도 존재한다. 광고 시간과 달리 프로그램의 시작과 끝으로 제한된다.

5.4.2.3 클럽 또는 자발적 커뮤니티 모델

플랫폼 공급의 세 번째 대안적 접근은 "클럽" 또는 자발적 공동체이다. 클럽의 개념은 집단적 기여와 집단적 보상을 포함하는 신고전파 경제학의 행위 이론에서 비롯된다(Buchanan, 1965). 한 가지 유형의 클럽은 회원들에게 관심 있는 콘텐츠를 전달하기 위해 공유자원을 생성하고 아마도 대중에게 공개되어 있는 자발적 공동체들이다(Benkler, 2016; Ostrom, 1990). 정보 교환을 위한 가상 커뮤니티를 구축하기 위한 집단적 노력의 초기 비전은 미첼(Mitchell, 1999)과 라인골드(Rheingold, 2000)에 의해 제시되었다. 소프트웨어 창출을 지원하기 위해 설계된 깃허브 또는 소스 포지와 같은 플랫폼들과 위키피디아 플랫폼은 동시대의 사례들이다. 클럽 기반 또는 자발적 공동체 플랫폼들은 많은 비즈니스 모델 구성물들을 가지고 있지만, 핵심적 특징은 콘텐츠가 높은 헌신도를 가진 개인들의 집단에 의해 생성된다는 것이다. 이는 비용 회수 모델이 콘텐츠 생산자들의 이익과 일치해야 한다는 것을 의미한다.

이러한 클럽 또는 공동체들은 자발적 노력(예: 위키뉴스) 또는 공공 및 민간 지원의 혼합을 포함한 좀 더 복잡한 비즈니스 모델에 기초할 수 있다. 클럽 또는 자발적 공동체들이 창출하는 콘텐츠의 유형은 일반적으로 재정지원과 대중의 중요한 원천이 되기 쉬운 회원들의 이해를 반영한다. 일반 대중은 아마 완전한 접속은 아니지만, 생성된 콘텐츠에 접속한다. 이 모델의 가치는 자원들이 거버넌스에 목소리를 가진 회원들에게 이바지하는 콘텐츠의 전문화된 생산과 편집에 투입될 수 있다는 것이다. 거버넌스의 유연성은 회원들이 콘텐츠 생성과 유통 비용을 지원할 다양한 방법들을 실험할 수 있다는 것을 의미한다.

이 모델은 과학에 관한 뉴스로 설명된다(예: 영국 왕립학회, 미국과학진보연합). 왕립학회의 절반에 가까운 연 수입은 영국 정부에게서 나온다.

미국과학진보연합의 절반 이상의 수입은 가입 기반 과학 학술지들의 출판에서 나온다. 두 기관 모두 뉴스 콘텐츠를 생산하고 전문 저널리스트들과 편집자들을 고용한다. 다른 예는 위키뉴스로 모두 자발적으로 시작한 사람들이 생산한 콘텐츠는 위키피디아 공동체의 다른 회원들에 의한 동료 평가의 대상이 된다. 일부 기여자들은 전문적 저널리스트들일 수 있으나 이들은 위키미디어 재단, 위키뉴스의 소유자로부터 돈을 받지 않는다. 나머지 위키뉴스를 호스팅하고 유통하는 비용은 자발적 기부로 충당된다. 이는 간접적인 방식으로, 위키뉴스가 온라인으로 오면서 완전한 접속을 위해 가입보다는 사용자들의 지불을 요구하는 뉴스 출판업자들(예: 가디언)에 대해 상당한 특이점을 가진다는 것을 의미한다.

클럽 또는 자발적인 커뮤니티 접근법의 주된 단점은 이것이 생성하는 전문적 대중으로, 이는 설계의 핵심적인 특징이다. 이러한 대중은, 사실, 전문적인 저널리즘과 편집 비용을 지원하지만, 이 디자인은 뉴스 콘텐츠에 대한 다양성과 다원성에 대한 필요성을 다루지 않는다. 다른 문제는, 비록 클럽의 임무가 회원들의 기여로 재정적인 지원을 받지만, 이 모델이 콘텐츠 생산을 기여자들의 생계비를 지불하는 다른 활동들의 부산물로 만든다는 것이다. 만약 이것이 실패하면, 이 대안적 모델은 광고주 지원 및 또는 가입 모델들로 돌아감으로써만 유지될 수 있을 것이다. 그러나 이 모델은 인터넷에 출판할 기회에 기반하며 압박을 받고 있는 전문적 저널리즘의 전통적 모델들에 대한 대안을 제공한다.

5.5 결론

원칙적으로, 자율 규제는 대외정책과 규제의 비용 및 절차적 복잡성이 없이 공정 가치와 사적 이익의 일치를 보장해 주는 효과적인 수단이다. 플랫폼 소유자들의 중심 주장은 자율 규제가 유용한 효과가 나타날 수 있도록 실행된다는 것이다. 플랫폼 운영에 내재될 필요가 있는 공적 가치에 대한 합의가 이루어질 수 있고, 내재화를 할 수 있는 현실적 수단들이 존재할 수 있는 한 플랫폼 소유자들은 자율 규제 과정들을 진화시킬 의향이 있는 것으로 보인다. 그러나 이러한 주장들에 대한 비평적 관점은 현재의 조치들이 플랫폼 관행과 공적 가치들의 불일치 정도를 확인할 충분한 수준의 정보를 제공하지 않는다는 것이다. 진화하는 자율 규제는 이미 현저한 격차를 남기고 있다.

이 책에서 우리가 고려하는 경제분석에 대한 세 가지 접근 방식들은 경쟁의 능력이 사회적 편익을 달성하는 수단이라는 전제에 차이가 있다. 또한 세 가지 접근법들은 상업적 플랫폼 운영을 지배하는 구체적인 제도적 규칙과 규범을 설명하는 수준에 차이가 있다. 제도학파 경제학 분석은 잠재적 부정적 결과를 파악하고 대안들에 대한 기회를 만들어 냄으로써 교정의 필요성을 평가하기 위하여 플랫폼의 전략적 움직임을 조사하여야 한다는 것을 시사한다. 비판적 정치경제학의 틀에서는 자율 규제의 불만족은 공통적인데, 자율 규제가 진정한 의도와 행동을 흐린다고 본다. 이러한 관점으로부터, 상업적 데이터화의 진전을 막는 수단을 만드는 것이 필수적이다. 공공서비스 제공은 공적 가치를 보장하는 가능성이 있는 방법이다.

신고전파 경제학의 렌즈는 결과들에 좀 더 낙관적인데, 왜냐하면 시장 경쟁이 공적 가치를 유지하지 못하는 온당치 못한 관행을 수정할 것이기 때문이다. 국가의 개입은 일반적으로 마지막 수단으로 간주된다. 국가개입이 정당할 때는 담합적 행동이나 독점으로 시장 경쟁이 분명하게 손상될 때뿐이다.

　대안 플랫폼 제공 모델들은 쉽게 공적 가치를 수용하고 반영하나, 정치적 영향에 취약하거나 플랫폼 대중에게는 스스로 제한적이다. 현재의 제도적 틀에서, 대안 플랫폼들은 미래 플랫폼 발전의 차별적 경로에 대한 기반 − 외부 정책과 규제 기회를 검토하는 단계를 설정하는 − 을 제공하기 쉽지 않다. 지배적 상업 플랫폼들의 도전에 직면하여 비용을 지원할 수 있는 강건한 대안적 플랫폼 제공 모델이 고안되어야 한다. 이는 공론장을 뒷받침할 수 있는 다양하고 다원적인 콘텐츠의 창출과 관련된 공적 가치가 무기한 침식될 수 있다는 것을 시사한다. 디지털 콘텐츠, 그리고 특히 뉴스 콘텐츠의 경우, 그것이 민주주의를 유지하는 데 중요한 역할을 한다는 것은 공공 서비스 미디어와 클럽 또는 자발적 기획의 조합들이 미래 정책 수단들의 초점이 될 가능성이 있음을 의미하며, 납세자 또는 플랫폼들이 생산 비용에 기여하도록 의무화하는 "공공 서비스 저널리즘"이 제안되고 있다(Picard, 2020).18)

　다음 장에서는 외부 플랫폼 정책과 규제개입 및 정책·규제개입의 유용성과 필요성에 대한 경제적 주장들을 파악한다.

---

18) 그리고 UK(2019b)를 참조하라.

정책, 규제, 대안
플랫폼 공급

정책, 규제, 대안
플랫폼 공급

6.1 도입

언제 플랫폼 자율 규제가 기대에 못 미치는가, 언제 외부 정책 또는 규제적 개입이 더 나은 결과를 성취할 수 있는가? 그리고 그러한 개입의 한계나 비의도적인 효과는 무엇인가? 세 가지 경제적 분석의 접근방법 모두 일관적으로 외부 정책 및 규제에 대하여 경제적인 고려 이외의 것을 포함하고 있다. 신고전파 경제학은 일반적으로 시장 운영에 개입하는 것을 옹호하지 않는데, 이는 시장 경쟁을 가장 효과적인 행위 규제자로 보기 때문이다. 그러나 예외가 있다. 시장지배력을 가지는 회사는 가격을 지배할 수 있고, 효과적인 경쟁 없이 공급자 또는 소비자에게 요구사항을 부과할 수 있다. 이에 대한 대응은 기존의 경쟁 또는 새로운 잠재적 경쟁자의 진입에 기인할 수도 있다. 이러한 개입은 경쟁적 반응이 부적절하거나(예: 너무 작음) 불가능할 때(담합에 의한 방해) 정당화된다. 시장지배력을 다루는 조치에 더하여, 신고전파 경제학은 시장의 유인이 부적절할 때 민주사회가 규제를 부과하거나 공공재 또는 가치재의 생산 메커니즘을 수립하기 위한 정치적 결정을 할 수 있음을 인정한다. 이러한 조치가 취해질 때 경제학자들은 수입 또는 부의 분배 효과를 평가함으로써 그러한 결정의 결과를 보여줄 수 있다.

제도학파 경제분석은 더욱 넓고 균일하지 않은 관계적 권력을 인정한다. 이는 부분적으로 타자의 행동에 영향을 주거나 강제하기 위하여 일부 행위자들의 능력을 확장 또는 강화할 수 있는 규범, 규칙, 기준과 관계가 있다. 비판적 정치경제학 분석은 자본주의 경제에 편재하는 강제력을 이해하고 이러한 권력의 행사를 제한 또는 경합할 수단을 찾는다. 이 두 가지 분석적 전통에서, 근본적인 구조적 변화의 목적은 시장 행동의 변화 또는 플랫폼 서비스 생산의 공적·사적 경계의 변화라고 생각할지도 모른다. 이 장에서는 대안적 플랫폼 공급의 강화를 포함한 외부 정책과 규제 조치들을 검토한다.

6.2 규제 개입의 합리성

불확실성은 디지털 플랫폼의 힘을 제한하기 위한 규제 조치 결과의 예측에 관여한다. 불확실성은 새로운 규제 조항의 수정 및 도입에 대한 결정에 정치적 요소를 도입한다(Marsden, 2018b). 예를 들어, 플랫폼 자율 규제에서의 이탈은 기존 기업 이익을 강화·확장하고, 오직 "나쁜 행위자(bad actors)"의 행위를 제한하는 데 그칠 것이라고 주장할 수 있다(Marsden, 2017, 2018a). 신고전파 경제학은 경쟁과 개인적 선택의 자유를 중심 목표로 하고 외부 규제는 오직 그 목적과 타협될 때에만 이루어져야 한다고 주장한다. 규제의 형태는 공급자와 소비자 모두에게 선택의 자유에 기초한 경쟁보다 더 나은 결과를 보여주어야 한다. 또한, 앞서 지적했듯이, 신고전파 분석은 경쟁을 제한하는 새로운 수단의 창조와 같은 비의도적이거나 또는 부당한 결과를 확인할 목적으로 규제를 위한 정치적 결정의 영향을 분석할 수 있다.

 이미 살펴보았듯이, 제도학파 경제학의 관점은 플랫폼의 성과에 대한 더 넓은 관점을 제공한다. 이는 경쟁과 개인적 선택의 자유를 넘어, 공적 가치에 성과 평가에서의 자리를 부여한다. 제도적 관점에서, 규제적 개입은 더 건강하고 튼튼한 상업 시장뿐만 아니라 시민들이 공적 가치와 일관된 방식으로 참여할 수 있는 공론장으로 이어져야 한다. 자본주의의 대체 외에도, 제도학파 경제학과 비판적 정치경제학 분석 틀은 공적·사적 가치의 경계에 주목한다. 규제는 플랫폼 기업의 권력 행사를 다소 또는 극적으로 감소시킴으로써 공적 가치를 더 제공할 수 있는가?

 이러한 경제적 관점을 적용한 결과는 외부 행위자에 대한 적절한 규제 조치의 정치적 경합으로 이어진다. 코헨(Cohen, 2016: 369)은 "규제 제도는 실용적으로 대부분 정보 자본주의 시대에 규제 국가의 새로운 방향을 모색하기 위한 거대한 투쟁 내의 움직임으로 이해된다"고 주장한다. 사회적 기대에 부합하는 규범과 규칙을 장려하고 실행에 옮기기 위한 최선의 제도 구성은 무엇일까? 플랫폼 활동의 일부 측면을 둘러싼 법률과 규제자의 혼합은 이미 존재한다. 이는 여러 가지 규제 행동들이 나타날 때, 국가 내부의 조정적 규제 행동뿐만 아니라 관할권 간 조정 문제에 대한 도전이 있었음을 의미한다.

 수많은 거대 디지털 플랫폼의 고향인 미국에서, 정부는 최근까지 플랫폼 규제에 대하여 이들 회사를 부의 형성과 경제성장의 핵심으로 대우하는 기술애호적인 접근법을 취했다. 대조적으로, 1870년대에서 1900년대 초 그리고 1933년 프랭클린 루즈벨트 대통령 당선 후인 대공황(1929~1939) 동안, 미국 정부는 대기업의 독점적 관행에 대하여 더 많은 의심을 품고 있었다. 이는 철도수송과 석유 및 철강 생산과 같은 산업에서 시장지배력을 줄이는 것을 목적으로 하는 독점금지법의 제정 및 시행으로 이어졌다. 배타적 취급, 가격차별, 필수시설에 대한 접근 거부, 생산품의 묶음 또는 끼워 팔기, 약탈적 가격결정, 특허 제공 거부는 지배적 위치의 남용으로 다루어졌다(Wu, 2018). "대기업(bigness)"에 대한 우려는 1970년대에도 이어져서 IBM이 자신의 하드웨어에 소프트웨어를 함께 팔지 못하도록 강제했고, 1980년대에는 AT&T가 분할됐으며, 1990년대에는 마이크로소프트가 자신의 반경쟁적인 관행을 줄이는 것에 동의하면서 소송을 마무리 지었다.

그러나 1980년대 말, 개입 대상인 가격 고정과 같은 노골적인 담합에도 불구하고 잠재적 경쟁의 위협이 대기업의 행동을 규제하기에 충분하다는 주장이 있었다. 게다가, 외국 기업의 규모가 관심사가 되어, 외국과의 잠재적 경합성이 반경쟁적 관행을 제한할 수 있다는 주장들이 나타났다. 국제 경쟁의 촉진은 대기업을 유지하는 명분이 되었다. 이러한 이유로, 디지털 플랫폼의 초거대 기업화 방지 행동에는 관심이 없었다. 유럽에서는 (대부분 미국인이 소유한) 지배적인 플랫폼이 유럽 기업의 진입 및 성장의 방해물을 형성하는지에 대한 큰 관심이 있었다. 예를 들어, 공정거래 당국은 경쟁자를 불리하게 하는 플랫폼의 개인 데이터 통제 능력, 정보의 서열화, 또는 데이터세트의 축적을 조사했다. 이러한 개입에도 불구하고 주요 플랫폼에 의한 유럽 기업의 인수 합병은 거의 막지 못했다(Kadar and Bogdan, 2017).

초거대 플랫폼들의 행위에 대한 불안으로 촉발된, 특히 공적 가치 보호에 대한 페이스북과 구글의 계속되는 운영상의 무능력으로 인하여 유럽과 미국에서 규제로 향하는 "분노"[1]의 움직임이 있었다. 영국에서, 거대 소셜미디어 플랫폼은 "디지털 깡패"라는 딱지가 붙었으며 "사악한" 관행에 참여한다며 기소당했다. 미국에서, 페이스북은 "영리 목적의

---

1) doteveryone(2018: 20)를 참조하라.

허위 정보 기계"라 불렸으며 소셜미디어는 "부패한 시스템"[2]으로 묘사되었다. 여기에는 디지털 플랫폼의 운영들은 반향을 일으키기에 충분한 부정적인 결과를 갖는다는 정치 결정자들의 인식이 있었다. 이는 특히 잘못된 정보, 자극에 취약하고 합리적인 수준의 비판적 디지털 리터러시가 부재한 개인 또는 대상 집단이 축적될 때 더욱 그러하다. 정부들은 플랫폼 운영에 영향을 미치고, 일부 경우에는 시장을 재구조화할 것이라 예상되는 조치들을 고려 또는 집행한다. 서구 민주주의 사회들에서 정책 결정자들은 불법적인 언설을 제한하거나, 해로운 정보를 감소시키거나, (특히 아이들에게 해로운) "나쁜" 온라인 행동을 통제하기 위한 새로운 규범과 규칙을 추구한다. 그러나 그들은 새로운 형태의 플랫폼 규제의 결과로 표현의 자유가 축소되지 않도록 보장할 책임이 있음을 인정한다.[3] 문제는 어떤 규범, 규칙, 기준을 따라야 하는가이다.

플랫폼 운영과 관련하여 도입된 규제 조치들은 자신들에게 유리한 데이터화 전략을 추구함으로써 상업적 사업 모델을 운영하는 기업 행위자의 권리를 다루는 현재의 규범과 규칙으로 운영될지도 모른다. 게다가, 정책 조치들은 플랫폼 시장의 변화 또는 집합적 비상업적 플랫폼 서비스 제공 모델에 대한 더 높은 우선권을 부여하려 한다는 점에서 구조적이다. 두 가지 경우 모두 상업적 데이터화와 관련된 실제적 또는 잠재적 유해성을 막는 것을 목적으로 한다.

우리는 주로 기본 플랫폼 사업 모델의 운영을 수정하고 이러한 운영 모델을 보다 투명하고 공공에 책임 있게 만드는 조치에 대한 논의부터 시작한다. 이어서 더욱 근본적으로 플랫폼이 운영되는 시장의 변화를

---

2) UK(2019a, 2019g), 미국에 대해서는 상원의원 E. Warren를 인용한 Culliford (2019)과 상원의원 S. Brown을 인용한 Paul(2019)을 참조하라.
3) 영국, 미국, 기타 서구 국가에서 조사한 플랫폼 규제에 대해선 Morton et al.(2019: 109–119)과 Puppis and Winseck(2019)를 참조하라.

목적으로 하는 조치, 즉 구조적 해결책을 논의한다. 이 장에서의 논의는 플랫폼이 새로운 규범과 규칙을 도입하기 위한 결정이 국가/기업의 공동규제, 국가 단일 주도, 또는 하나 이상의 독립 기관 설립을 통해 시행되어야 하는가에 대한 문제를 남겨둔다. 이는 제도적 환경이 사회마다 상당히 다르기 때문이다.

6.3 플랫폼 운영과 시장 규제

플랫폼 운영을 조정하기 위하여 인센티브 형성을 목적으로 하는 조치들은 (1) 정부가 위임한 책임의 도입, (2) 데이터 및 개인 정보보호 조치, (3) 실행 강령 사용, (4) 기술과 훈련 정책의 강화 조치의 네 가지가 두드러진다.

6.3.1 정부가 위임한 책임

디지털 플랫폼이 책임을 갖게 하는 것을 목적으로 하는 새로운 플랫폼 규제 형태에 대한 논의는 종종 어떻게 책무성을 달성할 것인가에 집중한다. 플랫폼이 공적 가치를 유지하게 하기 위한 운영적 인센티브는 법률상의 "주의의무"(타인의 안전과 웰빙을 보장할 도덕적 또는 법적 의무) 또는 "정보 신탁"(특정 방식의 행동을 법으로 강제할 수 있는 약속)을 통해 도입되었을 수 있다.4) 그러한 조치들은 현재 자율 규제 전략하에서 플랫폼이 공적 가치의 "책임 있는 수호자"로 행동하여야 한다(Gillespie, 2018)고 주장함으로써 경합될 가능성이 있다. 신문은 자치와 불법 기준에 묶여 있었던 반면, 역사적으로 전통적 디지털 콘텐츠 회사가 규제의 대상이 된 이후로부터 정부의 외부 정책과 규제적 역할은 새로운 것이

---

4) UK(2019g)와 Balkin(2016)을 참조하라.

아닐 수 있다. 그러나 플랫폼의 사업 모델과 관행은 개인 정보보호나 표현의 자유와 같은 가치 간 갈등을 더욱 부각시킨다. 이는 세계적 규모의 운영과 데이터화 기술 활용의 모호한 특성 때문이다.

플랫폼이 자신의 콘텐츠 검열 관행의 결과로서 미디어 같은 편집 과정에 참여하는 한, 새로운 감시 형태가 표현의 자유를 보호하기 위해 도입되려면 어떤 조치가 적용되어야 하는가? 플랫폼들은 불법 콘텐츠에 책임이 있는 사람들이 법 집행의 초점이 되어야 한다고 주장하며 이를 지원할 준비가 되어 있어야 한다고 주장한다. 그럼에도 불구하고 플랫폼상의 불법 콘텐츠 확산에 대한 우려가 강조된다. 플랫폼이 정보의 발행자보다는 전달자(conduit)라는 원칙의 수용이 최우선적으로 고려되고 있다. 그들은 생산에 참여 및 수정하지 않는 "단순한 전달자" 또는 콘텐츠 저장소(caching content)일 경우에 불법 콘텐츠에 대한 책임에서 면제된다. 이는 법으로 규정되어 있다. 예를 들어, 2000년도 유럽연합 전자상거래 지침에서 플랫폼에는 "온라인상의 표현을 감시할 일반 의무"가 주어져 있지 않다.[5]

그러나 (글을 쓸 시점에) "정보 사회 서비스"를 제공하는 플랫폼들은 자발적으로 불법 정보를 제거 및 접근 불가능하게 하는 절차를 수행할 것이라 기대되었다. 플랫폼이 불법 또는 침해 콘텐츠 또는 활동에 주의한다면 "신속하게" 그것을 제거하거나 기능하지 않도록 해야 한다. 2018년 유럽연합 위원회(EC)는 플랫폼이 의무적으로 불법 콘텐츠와 관련된 조치에 순응할 것을 권고했다. 이 글을 쓰는 시점에서 새로운 유럽 디지털 서비스 법에 플랫폼 또는 고위 임원진이 불법 콘텐츠와 관련한 책임을 지도록 하는 조항의 도입 여부를 논의하고 있다.[6]

---

5) EC(2000)를 참조하라.
6) EC(2018b)를 참조하라.

유럽에서 운영되는 플랫폼이 조건부 책임을 유지해야 하는지 여부는 유해 콘텐츠(예: 어린이, 청소년, 성인에게 유해한 콘텐츠)에 대한 청구에 비추어 재검토되고 있다. 유해 콘텐츠의 예시로는 자해 묘사, 자살 옹호, 예방접종에 대한 잘못된 주장, 계급·성별·민족적 기원에 대한 모욕을 목적으로 하는 콘텐츠 등이 포함된다. 이러한 유해 콘텐츠 제한에 대한 수많은 열렬한 옹호에도 불구하고, 이러한 표현의 제한은 표현의 자유라는 근본적 권리를 위태롭게 하지 않고서는 매우 어렵다.

미국 헌법은 플랫폼(또는 출판사)이 관리하는 콘텐츠에 대한 책임 범위를 제한하면서 언론의 자유를 보호한다. 따라서 일부 표현이 유해하다고 여겨질 수 있다 하더라도 미국에서 플랫폼이 콘텐츠 관리에 대한 책임을 질 가능성은 낮다. 콘텐츠에 대한 플랫폼 책임은 1996년 통신품위법에 의해 결정되었으며, 이 법에 따르면 "어떤 쌍방향 컴퓨터 서비스의 제공자 또는 사용자도 다른 정보 콘텐츠 제공자가 제공한 어떠한 정보의 발행자 또는 대변자로 대우받을 수 없다"고 규정하고 있다.[7] 이 조항은 제3자의 콘텐츠 발행을 포함하는 디지털 플랫폼에 면책권을 부여하고 있다. 예외로는 (9/11 이후 확대된) 범죄 콘텐츠와 법적 분리 요청의 대상이 되는 지적 재산권 보호 콘텐츠 등이 있다. 유럽에서 언론의 자유는 완전한 보호 대상이 아니며, 그 예로는 독일의 공산당 또는 국가사회주의와 같은 비헌법적 정치 조직과 관련된 표현의 제한이 있다. 해로운 것으로 간주되는 새로운 콘텐츠 제한 규제가 고려되고 있다. 이러한 제안이 새로운 플랫폼의 콘텐츠에 대한 책임을 도입하고자 할 때, 주의의 측면에서 오류를 범하고 표현의 자유에 대한 권리를 축소할 가능성을 증가시킨다는 반론에 직면한다.

---

7) US(1996: 138)를 참조하라.

6.3.2 데이터 및 개인 정보보호

만약 플랫폼이 공적 책무를 담보한다면 알고리즘의 이용과 결과를 포함한 데이터화 과정은 투명할 필요가 있다. (제1장에서 논의한 것처럼) 데이터 보호와 개인정보에 대한 관심은 네트워크의 전산화 초기 단계 이후 높아지고 있다.

유럽에서는 2002년에 합의된 개인정보 및 전자 통신에 관한 지침 (2013년 개정)과 같은 법률을 통해 이 분야의 플랫폼 행동에 대한 규제가 도입되었다. 자동으로 처리되는 것을 포함한 개인정보 처리에 적용되는 일반 데이터 보호 규제는 2018년부터 강제적으로 시행되었다.[8] 플랫폼 사용자에게 자신의 데이터가 어떻게 이용되는지, 이 정보에 어떻게 접근하는지, 적절한 경우에 어떻게 오류를 수정하는지 알 권리가 부여된다. 또한 삭제 또는 "잊혀질" 권리, 데이터 처리의 제한, 자동화된 의사결정 및 프로파일링을 거부할 권리도 부여된다. 플랫폼은 합법적으로 공정하고 투명하게 운영되며, 제한되고 특수한 목적으로만 데이터를 보유 및 사용할 것이라 기대된다.

미국에서는 포괄적인 연방법 없이, 다양한 법조항을 통해 개인정보 및 데이터 보호가 온라인 사용자에게 제공된다. 이는 "산업의 가장 기초적인 공정한 정보 관행에 대한 자발적 채택 노력은 소비자를 보호하는 데 필요한 것이 결여되어 있다"는 연방무역위원회(FTC)의 초기 관찰에도 불구하고 그러하다.[9] 연방무역위원회 법은 연방무역위원회가 불공정 또는 기만적 사업 관행에 대한 소비자를 보호하는 조항을 포함하며, 다양한 주법에 의해 강화된다. 그중 가장 최근의 것은 개인정보의 접근 및 삭제

---

8) EC(2002, 2016)를 참조하라.
9) US(1998b: ii-iii)를 참조하라.

를 요청할 권리와 제3자에 대한 개인정보 판매를 포기하게 할 권리와 같은 조항을 포함하고 있는 캘리포니아 소비자 개인정보법이다.[10]

이러한 행동의 기저에 있는 원리는 개인들에게 플랫폼이 개인 데이터의 수집·이용·판매 또는 연결할 권한을 선택 해제할 권리를 주는 것이다. 개인 데이터와 관련하여, 개인들은 어떤 정보가 수집되고, 어떻게 판매 또는 공개되는지 동의하기 전에 완전히(또는 타당하게) 제공받아야 한다. 이는 온라인에서 마주칠 수 있는 위험을 알려주어 개인들에게 부담을 지우는 "동의의 병리학(pathology of consent)"과 "부서진" 시스템이란 특징을 갖는 접근법이다(Richards and Hartzog, 2019).[11] 이러한 개인 데이터에 관한 조항은 플랫폼이 비개인적 데이터를 처리하는 방식(예: 사용자 행동 관찰)과는 직접적인 관련이 거의 없으며, 이는 서비스 계약에서 정한 재량에 따라 크게 좌우된다. 일부에서는 개인의 프라이버시를 보호하고 더 큰 평등을 달성하려면 플랫폼 사용자가 자신에 대한 데이터의 수집 또는 판매에 선택할 권리가 있어야 한다고 주장하며, 다른 쪽에서는 데이터 분석과 알고리즘에 기반을 둔 (또는 이들에 의해 알려진) 의사결정이 허용되지 않는 영역이 있어야 한다고 주장한다.

서양의 지역 및 나라들에서, 개인 데이터 보호 및 개인정보 법에 대한 침해가 일어났을 때 벌금을 징수할 수 있는 데이터 보호 위원회 설립을 포함한 다양한 개인의 권리 또는 위험기반 데이터 보호 조치와 도구가 도입되었다(Bennett and Raab, 2018). 그러나 플랫폼이 사용자 관련 데이터를 축적하고 사물인터넷의 발전으로 인해 훨씬 더 많은 양의 데이터가 생성됨에 따라 개인 정보 침해 및 기타 손해의 위험이 증가하

---

10) US(2018a)를 참조하라.
11) 그리고 UK(2019h)를 참조하라.

고 있다. 이들은 더 넓은 감시와 데이터 수집 기술의 윤리적 활용의 문제와 연결된다(제4장, 제5장에서 논의함). 데이터 플랫폼이 데이터화에 참여하는 방식의 투명성 부재는 법률 개정 노력을 낳았지만 이러한 노력은 데이터화 관행에서 급격한 기술 진보로부터 도전을 받고 있다.

6.3.3 실행 강령

만약 새로운 특정 피해에 대한 법적 의무가 도입되거나 주의의무 또는 수탁 책임을 도입하기 위한 조치가 취해진다면 다음 단계는 플랫폼 실행 강령하에서 이들을 운영할 수 있게 하는 것이다. 일반적으로 이러한 강령은 온라인상의 소비자와 시민에게 오프라인과 동일한 수준의 보호를 가져다 줄 것으로 예상한다. 그러한 강령에는 플랫폼의 책임성 및 투명성(알고리즘 사용의 폭로를 포함)과 이를 시행하는 데 필요한 증거에 대한 요구사항이 포함될 수 있다(Flew et al., 2019). 또한 콘텐츠의 다양성과 다원성, 불법 및 유해 콘텐츠의 처리에 대한 기대를 다룰 수 있다. 콘텐츠 플래깅과 같은 기술적 도구 사용 등 플랫폼에 대한 요구사항은 정확한 디지털 정보원과 잘못된 디지털 정보원을 구별하는 대중의 능력을 지원하기 위함일 수 있다.

이러한 강령은 기술 표준을 포함할 수 있다. 예를 들어, 플랫폼 간 인터페이스에 대한 의무적인 공개 기준은 사용자들이 더욱 쉽게 플랫폼을 옮기게 할 수 있다(제5장 참조). 그러면 플랫폼은 차별화된 수준의 데이터 및 개인 정보보호, 광고 콘텐츠 없는 유료 서비스 제공, 사용자들이 보는 콘텐츠의 통제를 수월하게 할 유인을 가질 수 있다. 그러나 이러한 규제적 움직임은 어떤 사용자 데이터가 이전 가능하며 "사용자 데이터"가 실제로 무엇을 의미하는지 명확함을 가정한다. 데이터 이동성은 사용자가 페이스북의 타임라인을 또 다른 플랫폼에 옮길 수 있다는 의미인가? 이는 타임라인에 댓글을 남긴 사람들의 식별 주소의 이전을 가정할 수 있다(따라서 이전되는 데이터는 페이스북이 소유하지만, 데이터를 요청하는 사용자는 그렇지 않다). 또한 다양한 데이터 분석 유형에 불필요할 수 있기에, 관찰 데이터의 개인 식별 데이터 파일의 존재 여부도 불분명하다. 이러한 종류의 조치는 플랫폼 사용자에게 자신의 온라인 상호작용, 특히 그들의 개인 데이터에 대하여 더 큰 제어권을 주는 것을 목표로 하지만 급변하는 기술적 환경 속에서 이를 구현하는 것은 매우 도전적일 수 있다.

또한 실행 강령은 정보의 순위 매기기, 선택, 필터링에 사용되는 알고리즘이 타인에 대한 자신 및 계열사의 서비스 및 콘텐츠를 선호하지 않는다는 의미에서 "중립"임을 보장하는 기준과 관련된다. 알고리즘 "중립성"을 위한 어떠한 요구사항도 높은 투명성을 가정하는데, 이는 예측 시스템을 만드는 데 사용되는 기계학습 기술을 고려할 때 문제가 된다(제4장 참조). 일부는 이러한 알고리즘이 혁신적인 민간 투자의 결과이며, 혁신 인센티브를 보존하기 위해 소유권을 유지해야 한다고 주장할 것이다. 이를 더욱 복잡하게 하는 것은 제4장에서 관찰한 바와 같이, 알고리즘이 종종 의도하지 않으며 알려지지 않은 편향을 포함한 훈련 데이터에 의존한다는 것이다.

실행 강령에 구체화된 기준은 플랫폼 행위와 관련된, 구체적으로 인공지능과 기계학습으로 제기된 윤리 문제를 다룬다는 것이다(제5장 참조). 그러한 기준 중 하나는 의사결정을 하거나 지원하는 플랫폼의 인공지능 주도 시스템이 명료한 이유를 제시하도록 설계되어야 한다는 것이다. 즉, "설명 가능성" 기준을 충족해야 한다. 그러나 어떤 규칙이 설명 가능성을 규정하는지는 장기간의 사법적 해석이나 아직 구체화되지 않은 입법적 노력을 통해 결정되어야 한다. 대안으로서, 표준은 명시된 원칙에 대한 준수가 알고리즘 옴부즈맨과 같은 검토기관에 의한 이의 대상이 될 수 있다는 점에서 알고리즘이 "경합 가능"하다고 요구할 수 있는데, 이는 다시 선례의 장기간 축적을 시사한다.

6.3.4 기술 및 훈련 정책

(제4장에서 논의한 바와 같이) 디지털 경제에서 직장 및 노동관계의 변화가 발생하는 속도에 대한 불확실성이 있지만, 인간 수행(human performance)을 증대(또는 대체)하기 위한 인공지능 관련 시스템 활용은 증가하고 있다. 정책 입안자들은 어린이와 성인 모두 새로운 기술이 필요하다는 것을 인식하고 있다. 그에 대한 반응은 평생 훈련과 재훈련의 필요성을 인정하는 것이었다. 견습과 모든 수준의 훈련과 교육의 재설계가 요구되고 있다. 대부분의 경우, 인력 개발을 위한 적절한 훈련 노력은 성별, 성적 편향을 극복하려는 제한된 노력과 함께 산업과 대학과의 제휴 또는 협력에 대한 투자를 증가하려는 정부의 장려에 의존해 왔다.

기술 및 교육 기획은 온라인 상호작용과 관련된 잠재적 위험성과 유해성을 가르치는 데 있어 공적 가치와 관련된 플랫폼 거버넌스 기능을 수행한다. 어떻게 데이터가 그들에게 제공되고, 그들에 대한 관찰에 기초하여 수집되고, 사용되는지에 대한 성인 및 젊은이를 막론하여 인터넷 사용자들의 혼란이 만연하다.[12] 온라인 정보원에 대한 신뢰 감소[13] 및 불법 또는 유해 정보의 확산에 대한 증거는 플랫폼 참여자들의 비판적 리터러시 능력을 발전시킬 규제 개입의 필요성에 주목할 것을 요구하고 있다. 이 영역에 대한 정책 개입은 도구 및 지식에 대한 투자와 성인 및 어린이에게 온라인 공간을 효과적이며 안전하게 검색하는 기술의 취득을 장려할 인센티브의 도입을 포함한다. 이는 사람들이 온라인 정보의 정확성을 더 잘 평가할 수 있게 돕는 비판적 리터러시 훈련

---

12) CIGI(2019)를 참조하라.
13) UK(2018a)를 참조하라.

을 장려(또는 요구)한다(Livingstone and Wang, 2011).

문제는 누가 강화된 기술 및 훈련의 비용을 감당하는가이다. 디지털 리터러시 훈련은 역사적으로 제한된 국가 펀딩을 받았고, 민간부문의 기여도 한결같지 않았다. 영국의 규제 기관인 오프콤은 2003년부터 미디어 리터러시 문제를 다뤄왔으며, 유럽 연합의 시청각미디어서비스 지침(AVMSD)은 이 분야의 진행 상황 보고를 요구해 왔다. 그러나 실질적으로 미디어 또는 디지털 리터러시의 지원은 무시당했다. 2018년에 갱신된 시청각미디어서비스 지침은 이제 (도구 학습을 넘어서) 미디어 리터러시를 비판적 사고 기술에 포함시켰으며,14) 이는 이 영역에 대한 새로운 조치를 장려할 것으로 기대된다.15)

그러나 미디어 리터러시 조치를 이행하기 위한 책임이 어디에 있는지를 명확히 하는 것이 필수적이다. 영국에서는 온라인 유해성 백서에 대한 논의 이후 입법 보류 중이다. 이것은 새로운 온라인 리터러시 전략의 개발 야망을 포함하고 있을 가능성이 있다.16) 미국에서는 이 글을 쓰는 시점에 주 교육 기관에 보조금을 제공하는 디지털 시민권 및 미디어 리터러시 법안이 의회에서 논의 중에 있다.17) 그러나 이 영역에선 조치 자체만으로는 유비쿼터스 온라인 디지털 환경이 만든 문제에 완전히 대처할 수 있을 것이라 기대할 수 없다. 이들은 플랫폼의 운영이 공적 가치를 담보하고 그러한 가치에 부합하는 행동을 육성하는 조치들을 수반할 필요가 있다.

---

14) EC(2010: Art.33) 그리고 EC(2018a)를 참조하라.
15) Livingstone et al.(2017)을 참조하라.
16) UK(2019d)를 참조하라.
17) US(2019a)를 참조하라.

6.4 구조적 개입과 대안 플랫폼 공급

정책 개입은 플랫폼 기업의 구조 또는 그들이 운영하는 시장의 구조를 수정함으로써 플랫폼 행위를 바꿀 수 있다. 이러한 개입들은 경쟁정책이나 반독점 제공 또는 공공과 민간 플랫폼 공급의 경계를 변화시키기 위한 대안적 사업 모델의 전망을 형성 및 강화하는 데 사용할 수 있다(제5장에서 논의함).

6.4.1 경쟁정책과 반독점

앞 장에서 살펴본 신고전파 경제분석은 플랫폼 지배력에 대한 사회 및 정치적 우려를 경쟁정책과 독점금지 조항의 적용 범위 밖에 두고 있다. 관습적으로 경쟁정책과 독점금지 조항은 공정한 경쟁과 소비자 후생의 향상을 목적으로 한다. 후자는 일반적으로 소비자가 취득할 재화 및 서비스 선택의 자유를 통해 얻는 편익으로 좁게 이해되고 있다. 유해한 반경쟁 플랫폼 행위가 가격 상승이나 선택 감소를 야기한다는 증거가 있는가?

현재의 관행에서, 그 답은 "관련시장(relevant market)"이라 불리는 개념의 효과에 대한 계산에 달려 있다. 이는 가격을 올리거나 서비스의 조건을 바꿀 수 있는 플랫폼의 능력을 제한할 수 있는 지배적 또는 합병된 기업의 생산물 또는 서비스에 대한 기존의 대체물의 존재 여부로 정의된다. 보크와 시닥이 썼듯이, "만약 구글이나 다른 검색 제공자가 광고자에게 너무 많이 응한다면(예를 들어, 자연 검색 결과가 광고자의 지불 수준에 따른다면) 이는 선호하는 결과를 얻지 못한 검색 엔진 사용자를 잃게 할 위험이 있다"(Bork and Sidak, 2012: 4).

그러나 보다 넓은 소비자 후생에 대한 해석은 공적 가치에 맞도록 플랫폼 개발에 영향을 미칠 수단을 제공한다. 예를 들어 제3장에서 설명한 플랫폼 시장에는 플랫폼 사용자의 관심을 재판매할 가치와 광고자에게 청구할 수 있는 가격에 영향을 미치는 관심에 대한 상대적 희소성이 존재한다. 반독점적 맥락에는 지배력과 "합의되지 않고 완전히 보상되지 않은 관심 자원의 이전"으로부터 보호받지 못하는 소비자에 대한 영향력을 평가하기 위한 플랫폼 시장 경쟁성 평가의 적절한 기준에 대한 논의가 있다(Wu, 2019: 805). 이는 또한 미국의 맥락에서 모든 플랫폼 M&A에 대한 유예 외에도, 반독점 조사를 하려는 정치적 의지만 있다면 기존 소비자 후생 시험이 효과적으로 적용될 수 있음을 시사한다(Khan, 2017). 유럽에선, 좁은 소비자 후생 시험이 반경쟁 행위에 참여하는 플랫폼 여부를 결정하는 기초로서 사용되고 있다. 그러나 이는 아마 공정거래 당국이 개인정보, 서비스의 질과 혁신에 대한 유해성과 같은 비가격 기준을 고려하기 시작하면서 변화할 것이다(Just, 2018).[18]

만약 플랫폼이 반경쟁 행위에 참여하는 것이 발견되면, 공정거래 당국은 몇 가지 교정조치를 시행한다. 그들은 제안된 인수합병을 승인하지 않을 수 있으며, 내부 구조적 사업 부문 분리에 대한 요구사항이 부과될 수 있고, 회사의 분할을 요구할 수도 있다. 시장 실패에 대한 좁은 해석에서 얼마나 벗어날지는 불투명하다. 이는 공정거래 당국의 부적절하거나 불균형한 개입으로 인해 디지털 플랫폼 혜택의 손실이 있어서는 안 된다고 주장할 가능성이 높기 때문이다.

대형 플랫폼의 지배에 대한 우려가 커지자 유럽연합(EU) 경쟁이사회

---

18) 그리고 유럽 위원회에서 작성된 "소비자 손해를 정확하게 측정할 수 없는 경우에도, 소비자 복지 이득이 명확하게 문서화되어 있지 않은 상황에서 그들이 직면하는 경쟁적 압력을 줄이기 위한 지배적인 플랫폼에 의해 채택된 전략은 금지되어야 한다"는 유럽위원회의 주장을 위해 준비된 보고서에 대해선 Crémer et al.(2019: 3)을 참조하라.

와 미국 공정거래위원회(FTC)와 법무부가 경쟁법 조항에 따른 수사를 개시했다. 민감한 데이터의 사용과 관련하여 잠재적인 반경쟁 관행과 플랫폼이 경쟁을 줄이고 혁신을 저해하거나 소비자에게 해를 끼치고 있는지 여부에 집중하고 있다.[19] 반경쟁적 행동에 대한 보다 넓은 해석은 이러한 조사의 결과인 분할 옵션 형태의 개입에 대한 근거를 제공할 수 있다. 그럼에도 불구하고 "더 건강한" 플랫폼 산업 시장 구조를 형성하기 위한 기존 법에 따라 정당화될 수 있는 개입의 범위와 특성에 대한 명확함이 지속적으로 결여될 가능성이 있다. 더 작은 회사를 만들기 위하여 해체에 따른 가장 큰 플랫폼의 운영 규모를 감소시키는 것은 몇 가지 문제에 직면해 있다.

사실 일부 플랫폼이 기존의 법과 규범의 구성에 따라 "자연"독점이 된 경우, 이를 분할하는 것은 대규모의 유해성에 대한 주장과 비교 검토해야 하는 비효율성을 야기할 것이다. 또한 더 작은 기업 구조는 규제기관에 또 다른 도전, 예를 들어 그들의 데이터화 관행의 투명성과 책무성을 늘리기 위한 다른 조치들을 집행하게 하는 도전들을 만들 수 있다. 이들은 더 많은 수의 비즈니스 운영에 적용 가능하고 효과적으로 감시되어야 한다. 게다가 타인과 정보를 공유하는 사용자로 인해 많은 데이터가 축적되기 때문에 많은 수의 소규모 기업은 과도한 데이터 공유와 더 큰 개인정보에 대한 위험을 야기할 수 있다(Acemoglu et al., 2019).

6.4.2 대안적 플랫폼 공급

제5장에서 논의한 대안적 플랫폼 공급 모델은 상업적 데이터화 주도 플랫폼 모델에 더 크게 의존하는 것에 대한 경쟁적 대안의 고려를 시사한다. 대안들이 번영할 수 있고 지배적인 플랫폼에게 더 큰 경쟁의 압박

---

19) 예컨대 EC(2019a)와 US(2019b)를 참조하라.

을 줄 수 있는 공간의 확장은 플랫폼 제공에 대한 규범, 규칙, 기준을 변화시키는 특수한 개입을 통해 달성될 수 있다. 공공과 민간 공급이 공공과 민간의 경계에 미치는 영향은 상당히 극적일 것이다. 우리는 세 가지 대안적 플랫폼 공급 모델을 차례차례 살펴볼 것이다.

플랫폼들이 구독기반 접근의 기초로 활용되었을 수도 있는 콘텐츠 취득 및 형성에 활동적으로 참여하기 때문에 구독모델의 능력에 대한 불확정성이 존재한다. 예를 들어, 뉴스 취합과 뉴스 및 사설에 대한 기고는 언론 콘텐츠의 구독기반 모델을 약화시킨다. 이론상으로는 플랫폼 제공자에게 그러한 기고를 집합적으로 흥정할 수 있다면 구독기반 서비스는 강력한 위치에 있을 것이다. 그러나 이러한 집합적 위치의 형성은 카르텔을 억제하고자 하는 법률상 문제의 소지가 있다. 가능한 대안 중 하나는 콘텐츠 공급자와 플랫폼 소유자의 합의를 위한 협상 및 중재 역할을 담당하는 독립된 위원회를 만드는 것이다. 이를 위해서, 콘텐츠 공급자는 더 강력한 위치에 있어야 할 것이다. 침해 시의 처벌의 범위를 확장하고 더 정교하게 정의함으로써 지식재산권 보호를 강화하는 일부 콘텐츠 영역은 이를 성취할 것이다.

언론 콘텐츠 영역에서 출판사 및 방송사의 위치를 강화하는 수단 중 하나는 플랫폼 제공자에게 공익의 의무를 부과하는 것일 수 있다. 그러한 개혁은 이 의무를 플랫폼의 평판에 묶는 것으로 시작할 수 있다. 만약 이것이 불충분하다면 그땐 의무에 대한 면제 수수료 징수를 시도할 수 있다. 라디오 주파수를 사용하는 서비스의 규제와 다르게, 플랫폼 기업은 회사에 대한 허가가 없으며, 그렇기에 이러한 의무를 플랫폼 기업이 다른 영역의 수익에 대해 납부할 의무가 있는 세금을 상쇄하는 세금공제로 변환할 필요가 있을 수 있다.

국제세금법은 플랫폼 회사에 법적 경계를 가로질러 비용과 이익을 할당하는 것을 허용하며, 그렇기에 회사가 법적, 물리적으로 한 나라에 설립되어 있지 않다면 어떤 특정한 영역의 수익에 대한 세금을 감소시킬 수 있다. OECD 및 G20 국가들은 초거대 플랫폼들이 활동하는 국가의 법을 활용하여 납세액을 줄이고 있다는 주장의 결과로서 조세법 개정을 고려한다. 플랫폼의 경제활동 및 가치 창출과 조세 수익의 위치를 재정비하기 위해 제안된 조치들은 "영구 설립"의 정의를 바꾸고, 일부 이익과 과세권을 플랫폼 사용이 증가하고 있는 나라로 재할당할 것이다.[20]

이렇게 논의 중인 제안은 각국이 일방적인 변경을 하지 못하도록 하기 위한 것이다. 그럼에도 불구하고 개별 국가들은 국가 수준의 "디지털세" 또는 뉴스 출판을 유지하거나 콘텐츠 다양성과 다원성을 장려하기 위한 "배당"을 고려하고 있다. 신고전파 경제학의 공공재 또는 가치재 주장을 활용하여 정당화하든 시민의 권리와 연결한 공적 가치 주장을 인용하든 새로운 세금 조정은 의도하지 않은 결과를 초래할 수 있는 무관세 무역 장벽 또는 한 국가에서 디지털 플랫폼의 서비스를 감축 및 철수하게 만들 인센티브로 취급될 수 있다.

조세 조항의 수정 과정은 공공 서비스 제공 모델을 고려할 더 많은 기회를 열었다. 공공 서비스 미디어는 공적 가치와 관련된 공공 서비스 의무를 갖는다. 거버넌스에 대한 경험은 플랫폼 회사의 공공 서비스 의무를 다룰 수 있게 함으로써 초기의 벤치마크 또는 요구 조건의 수준과 다양성을 고려하는 기준을 제공한다. 그러나 공공 서비스 제공을 국가와 엮는 것은 자율성을 유지할 명확한 규정이 없는 한 항상 공공 서비스 미디어의 독립성을 떨어뜨릴 위험이 있다. 이 외에도, 정부는 데이터 신뢰와 공공 인프라와 같은 인프라 요소의 공급(대학 및 정부가 수행하는 연구를 지원하기 위한 인프라에 대한 대규모 투자)을 위한 펀딩을 고려할 수 있다. 궁극적으로, 공공 서비스 플랫폼 제공은 몇몇 조세 형태

---

20) OECD(2019)를 참조하라.

의 지원을 요구하며, 이 제공의 범위는 세계적으로 국가 정부의 중요한 정책 문제이다.

플랫폼 서비스의 "공유자원 기반(commons based)" 또는 클럽 및 자발적 제공은 더 도덕적인 합법성과 더 나은 평등을 장려할 수도 있다 (Benkler and Nissenbaum, 2006). 그러나 햅(Hepp, 2016)은 협력적 개방 기술 "창작자" 커뮤니티에서 상업적 디지털 생산 및 소비를 심화시키는 디자인의 성취가 목적이 될 수 있음을 경고한다. 게다가 대안적 사업 모델은 사용자 추적을 위한 인공지능 관련 혁신에 의존할 가능성이 있다. 그들이 알고리즘을 다른 방식으로 프로그래밍하고 사용자 데이터를 보호하는 다른 커뮤니티가 동의한 관행을 지지하더라도, 그들은 "설명 가능성"을 성취해야 하는 도전과 알려지지 않은 편의의 발생 가능성에 직면할 수 있다. 구성원의 행동에 대응하기 위해선 콘텐츠 관리를 위한 규범과 규칙이 필요하며, 유해 콘텐츠 판단에 대한 논란을 경험할 가능성이 있다. 그리고 검열의 위험도 남아 있다.

그럼에도 불구하고, 이 모든 대안적 접근법들은 공급의 경계를 사적 시장의 편에 두는 상업적 데이터화에 대한 국가 및 기업의 이해와 거리를 둘 수 있는 잠재력으로부터 편익을 얻는다.

6.5 결론

어떤 개인 또는 그룹이 플랫폼 운영의 수용성과 콘텐츠를 삭제할지 그대로 둘 것인지에 대한 결정에 책임을 져야 하는가? 이 문제에는 항상 논쟁이 있을 것이다. 어떻게 알고리즘이 지역, 국가, 국제적 기대에 맞추려는 노력과 관련하여 유해 또는 불법 콘텐츠에 대한 관심을 촉발하는 데 사용될 수 있는지는 여전히 논란이 될 것이다.

"분노에 의한 규제"를 피하기 위해 무엇이 "좋은" 또는 "나쁜" 플랫폼 행동을 구성하는지에 대한 합의가 필요하다. 그러한 합의가 (특히 세계적으로) 성취되기 어려운 시기에, 어떻게 (서양의) 정부가 플랫폼 운영과 관련된 유해성이 시민들의 표현의 자유 및 사생활을 침해하는 권력을 주지 않도록 할 것인지가 딜레마이다. 언제나 국가가 도를 넘을 위험이 있으며, 소셜미디어의 경우, 수용 가능한 공적 담론과 논쟁의 (경합적인) 영역에 속하는 콘텐츠 및 활동과 해로운 것들을 차별화하는 독립적인 메커니즘을 제공하는 데 실패할 위험이 있다. 상업적 데이터화 관행에 참여하지 않으려는 조직들은 이러한 문제에 면역을 가진 것이 아니나, 그들은 공적 가치를 지원하는 데 있어 더 많은 자치의 가능성을 가진다.

플랫폼을 "편집자"로 취급하려는 규제 조치는 하나의 문제가 있는 플랫폼 관행의 묶음을 무책임한 검열로 시민권을 위험에 처하게 하는 국가의 또는 독립적인 규칙 및 규범으로 대체할 위험이 있다. 상업적 플랫폼의 불균형하고 무책임한 책임(unaccountable responsibility)에 대응하기 위한 정책과 규제적 대응은 부주의 또는 그 설계상 이유로 공적 가치를 침해할 수 있다. 하지만 이러한 가치는 합리적이고 수준 높은 공적 담론과 포용적 참여가 번영할 수 있는 디지털 공간을 유지하는 데 필수적이다.

제8장에서 우리는 이러한 문제로 돌아온다. 그러기 전에 우리는 서양의 민주주의 너머 위치한 플랫폼 부상의 함의를 생각해야 한다.

CHAPTER

07

글로벌 **관점**

글로벌 **관점**

7.1 도입

정부, 산업계 그리고 시민들의 토론에서, 자주 가정되는 것은 "디지털 명령(digital imperative)"이다. 이것은 끊임없이 확장되는 연결성과 급증하는 온라인 장치 배열의 보편적인 채택 필요성이다. 간단하게, 21세기에 번성하기 위해서는, 누구나 연결되고 디지털 플랫폼 서비스에 접근이 가능해야 한다는 것을 가정한다. 이러한 가정은 "4차 산업혁명"(Schwab, 2017)의 논의에서 확대되었다. 이 논의들은 기계화, 대량생산의 전력화와 정보기술기반 자동화로 인한 이전의 급격한 변화에 따른 산업기술의 획기적인 변화를 예상하였다. 세계경제포럼에 따르면, 4차 산업혁명은 인공지능, 로봇, 생명공학 등의 광범위한 적용을 포함한다. 디지털 명령은 뒤처지는 자들에 대한 암울한 전망을 약속하고, 지지자들은 새 혁명에 참여하지 못하는 국가들, 특히 도시들에서 그들의 노동자와 시민들을 위한 가능성을 줄일 것이라고 주장한다.

이 장에서는 종종 남반구에 위치한 나라들이 디지털 플랫폼과 4차 산업혁명 발전을 "추격(catch up)"하는 것에 대해, 우선순위를 정해야 할 필요성에 대한 주장들을 검토한다. 우리는 국가 간 격차와 선도자를 따라잡고 접근하기 위한 보편적인 움직임을 조사하는 것으로 시작한다. 이 논의는 경제적 성장과 발전에 기여하는 디지털 경제의 한계에 대한 질문을 불러일으킬 것이다. 그 다음으로 다른 발전 경로의 선택이 고려되고, 중국의 디지털화와 플랫폼 경험에 대한 검토가 이어질 것이다.

7.2 도태

사실상 이전 장들에서 디지털 플랫폼에 대해 이야기된 모든 것은 플랫폼 사용자가 되기 위해 장벽이 비교적 낮거나 거의 없고 서비스를 제공하는 플랫폼에 대한 장벽이 거의 없다고 가정한다. 그렇게 함으로써, 우리는 세계 인구의 많은 부분을 생략하였다. 또한 연결 문제, 정보 및 통신 기술에 대한 사용자 지식 또는 남반구의 법적 및 규제 틀의 존재와 같은 장벽을 극복하기 위한 플랫폼의 국제적인 성장전략의 일부를 무시한다.

정보통신기술 혁명을 수반하는 사회와 기술 변화(WEF 프레임워크, 3번째 산업혁명)는 북반구에 집중되었다. 디지털 개발 패턴의 차이로 인해 북반구 국가와 남반구 국가(북반구 국가 및 지역에도 존재) 간에 큰 격차가 발생했다. 남반구의 나라들은 연결 인프라와 이 기술들을 이용하는 기량에 있어 디지털 기술에 대한 투자가 적은 특성을 가진다. 디지털 명령은 적은 투자의 결과로 남반구의 나라들이 느린 속도의 생산성과 생산량 증가 그리고 낮은 수준의 번영을 겪을 것으로 예측한다. 그러나 남반구의 많은 나라들은 북반구의 나라들보다 훨씬 높은 생산량(예: GDP) 증가율을 기록하고 있다. 비록 이것이 희망적인 신호지만, 낮은 기준보다 높은 기준에서 높은 성장률을 만들어내는 것이 더 어렵다는 산술적 결과이기도 하다. 북반구와 남반구의 나라들 사이에 GDP 수준의 격차는 최근에 좁아졌음에도 불구하고 크게 존재한다.

"디지털 명령"의 결과는 북반구에서 경험한 개발 패턴의 "추격"이 사회에 직접적이고 유익한 영향을 줄 것이다. 이 기대는 전 세계 인구의 약 1%가 하위 95%를 합친 것보다 많은 35% 이상의 세계 사유 재산을 보유하고 있음에도 불구하고 그대로 유지되고 있다. 9명 중 1명은 매일 밤 배고픔을 안고 잠들고 10명 중 1명은 1일에 2달러보다 적은 금액을 번다.[1] 추격 과정이 가능하다고 주장할 때 격차를 줄이는 데 요구되는 시간을 추정하는 것이 적절하다. 또한 추격의 효과를 측정하는 것이 중요하다. 예를 들어, 디지털 경제에서 요구되는 고기술 노동자들로의 구조적 이동은 저임금 일자리를 대체하고 소득분배의 불평등을 증가시킬 위험이 있다. (아마도) 외국 기업보다 국내 기업이 우세하더라도, 북반구와 유사한 개발 패턴은 기술 투자에 대한 수익률과 무역을 소수의 기업에 집중시킬 것이다(Atkinson, 2008). 인과 관계의 방향이 디지털 활용에서 경제적, 사회적 이익으로 직접 이동하더라도 상업용 디지털 플랫폼의 더 큰 접근성이 이러한 불균형을 해결하기에 충분할 것이라고 가정하는 것은 신뢰성을 높인다. 그러나 연결성이 부족(또는 매우 고가의 연결성에 직면)하고 관련 디지털 기술도 부족한 국가, 지역, 커뮤니티 및 개인들은 이들을 습득하여 격차를 좁히고 선도자를 따라잡을 수 있을 것으로 예상된다.

불평등과 디지털 연결 투자 사이의 관계는 다양한 요소에 의존하기 때문에 복잡하다. 과거 25년 동안 불평등의 감소를 경험한 국가들의 수와 거의 같은 수의 국가들이 불평등의 증가를 경험하였다. 바우어(Bauer 2018: 340)는 불평등 감소를 경험한 국가들이 높은 수준의 기술과 교육

---

1) WEF(2017, 2019)를 참조하라.

을 지속적으로 개선하고, 근로자와 기업이 새로운 시장 조건에 적응할 수 있도록 지원하는 프로그램을 제정했으며, 소득 불평등 완화를 목표로 하는 직접적인 정책을 보유하였음을 발견한다. 디지털 기술의 사용에 따른 변화(예: 인터넷 사용)와 경제 성장 또는 각국의 수준에서 생산성 증가 사이에서 인과 관계를 테스트하는 연구는 결론이 나지 않았다. 더군다나 국가 내에서 성장 과정을 더 분해하면 가장 가난한 사람들이 덜 가난해지는 동안에도 부자와 가난한 사람들 사이의 격차가 벌어지고 있는 것으로 나타났다. 이는 디지털 기술이 중요한 역할을 하는 경제성장은 수입이 높은 그룹과 국가2)에게 불균형적인 혜택을 주기 때문이다.

지역, 성별, 윤리적 그룹, 사회 경제적 수입 수준 및 다른 차원에 따른 디지털 기술의 수용률과 불균등한 경험의 격차인 "디지털 격차(digital divide)" 또는 불평등은 미국, 세계은행 보고서, 많은 컨설틴트의 주제이다. 변함없이, 그들은 차세대 기술이 선진국을 추격하는 데 도움이 될 것이라고 선언한다. 반대로 학술 연구는 디지털 불평등이 특정 사회적, 시간적 맥락에서 발생하고, 단순히 소프트웨어나 하드웨어의 확산 또는 수용에 초점을 맞춰서는 이해할 수 없다고 강조한다(Helsper, 2017; Robinson et al., 2015; van Dijk, 2013).

격차의 범위와 축소의 유망, 실망스러운 추세를 측정하려는 시도는 전 세계에서 디지털 기술개발이 유사한 방식으로 진행되어야 한다는 가정을 반영한다. 이를 경제학자들은 "기술 수렴(technological convergence)"이라 부른다. 경제학자들의 주장은 국가나 지역에서 격차를 좁히지 않는 한(즉, 부자 나라들에 수렴하지 못하는 한), 그들이 "뒤쳐지고(left behind)" 있으며 낮은 성장과 생산성 향상3)의 결과를 겪을 가능성이 높다는 것이

다. 이러한 접근에 대한 비판은 디지털 기술발전이 남반구의 나라들에게 무관하거나 하찮다는 것을 의미하지 않는다. 그러나 이러한 비평은 어떻게 발전이 다른 변화의 패턴과 결합하여 긍정적인 결과를 도출하거나 혹은 감소시키는지 조사할 기회를 열어 줄 것이다.

7.3 디지털화와 데이터화 실행의 차이

더 높은 수준의 디지털 기술투자와 디지털 플랫폼에 대한 사용자 참여를 위해 모든 국가와 국가 내의 모든 영역이 동일한 경쟁에 참여하는 "기술 수렴" 모델에 대한 대안들이 있다. 이들은 기술주도 모델의 일부 요소에 대한 합의 및 조정, 그리고 북반구 나라의 개발 패턴과 일치하거나 이를 벗어나는 더 과감한 노력을 포함한다. 이러한 대안들은 발전 동력으로서 기술을 적응 및 수용하거나 기술의 중심성을 극복하려는 정도, 그리고 그들이 구상하고 구현하려고 시도하는 디지털화 및 데이터화 과정의 차이로 구별될 수 있다.[4]

7.3.1 완화 조치들

완화 조치들(mitigating measures)은 농촌－도시 격차, 지역분열, 국가 내에서의 성별 또는 인종 차별과 같은 국가 간, 국가 내 차이들을 포함하는 정보격차에 의해 일어나는 문제들의 영향을 완화하거나 줄이기 위한 조치들이다. 비록 그러한 정책들은 종종 따라잡는 것에 높은

상황별 뷰를 제공하는 반면, 디지털 권리(Digital Rights) 지수는 기업의 책임을 측정한다. Souter and Van der Spuy(2019), 은행 디지털 권리(2019)를 참조하라.

4) Castells and Himanen(2014), Hesmondhalgh(2017) and Kleine(2013)의 대안적 견해에 대한 정교함을 참조하라.

우선순위를 두지만, 결코 쉽지 않은 남반구와 북반구의 상황 차이를 보상하기 위해 친숙하거나 새로운 요소들을 추가, 조정하는 것을 포함한다. 주요한 분야는 연결성과 인터넷 기반 기업에 대한 투자, 교육과 기술, 지역 맥락에 맞춤과 규제 등이다. 이들은 종종 상호 연관되나 아래에서는 순서에 따라 각각 논의한다.

7.3.1.1 연결성에 대한 투자

디지털화는 중요한 투자이다. 북반구에서 디지털 투자에 대한 수익을 올릴 확실한 기회가 있다면, 민간 투자가 충분히 공급될 가능성이 많다. 그럼에도 불구하고, 북반구에서는 민간 투자에 필요한 수익을 제공할 능력 또는 의지가 없는 사회의 부분들이 있다. 이러한 곳에서, 디지털 서비스에 대한 비용을 지불하거나 디지털 기술사용에 대한 교육 및 교육에 투자할 능력이 없거나 부족한 사람들에게 연결을 확대하기 위한 조치들이 자주 실시된다. 규제 요건으로서 핵심 조치는 거의 모든 사람에게 서비스를 제공하는 조건부로서 시장에 대한 접근권이 부여되는 통신 또는 인터넷 접속 서비스 기업에 대한 보편적 서비스 의무이다. 북반구의 나라들에서 훈련과 교육은 각양각색이지만 남반구와 비교했을 때는, 학교 커리큘럼 내에 통합된 상당한 수준의 공적 지원과 취업준비생, 노인, 그 밖의 사람들을 위한 사회서비스로서의 공급을 받는다.

남반구의 많은 지역에서의 보편적 서비스 제공을 위한 투자 규모는 정부 또는 기업에서 사용할 수 있는 여분의 예산을 초과하고 있다. 이것은 남반구에서 연결성은 무엇을 의미하는가에 대한 이해의 차이를 야기한다. 예를 들어, 인터넷 연결을 위한 보편적인 개별 접근 대신에, 그러한 조치들의 좀 더 실현가능한 목표와 빈번한 표적은 지역 또는 마을의 인터넷 카페, 도서관, 학교와 같은 시설에서 공유하는 것이다.

연결성에 대한 이해는 유선전화 통신보다 무선 통신이 더 빨리 발전하는 남반구에서 서비스 개발 차이에 따라 영향을 받을 것이다. 예를 들어, 아프리카의 많은 지역에서 유선전화 통신의 확장이 개인 또는 공공 투자의 능력을 넘어섰을 때, 이동통신망은 투자에 대한 수익이 발생할 수 있다. 그러나 구축된 이동통신망은 스마트폰 서비스를 위한 역량이 부족하거나 플랫폼에 완전한 접속을 제공하지 못하는 경우가 있다. 낮은 연결성 투자에 의해 만들어진 병목에 대한 반응은 플랫폼 서비스를 바꾸는 것이었다. 많은 남반구의 민간 기획은 (높은 데이터 요금을 발생시키는) 인터넷에 대한 직접 접속 대신에 "제로 등급(zero rating)" 기획하에 "기본" 인터넷 서비스를 제공한다(Hoskins, 2019; Romanosky and Chetty, 2018). 이는 글로벌 확장 전략을 가진 플랫폼 소유자들을 도와주었고, (지역) 플랫폼 초기 기업을 포함한 지역 경쟁자들의 진입장벽을 높여 그들의 시장 통제를 강화하였다.

7.3.1.2 교육과 훈련에 대한 투자

남반구의 훈련 및 교육과 관련이 있는 완화 조치들은 학교에 가지 않는 사람들에게 훈련을 제공하는 노력과 STEM 과목을 강조하는 북반구의 조치들과 일부 유사한 점이 있다. 다른 국가의 투자 순위가 주어진 상황에서 공공 투자 수준은 필연적으로 매우 낮다. 유사하지만 더욱 작은 규모로, 디지털 훈련의 사적 제공은 남반구의 도시지역에서 많이 이루어지고 있다. 그러나 남반구에서 디지털 개발에 대한 대중적 참여 수준은 더욱 낮은데, 이는 프랑스어를 사용하는 지역에서 "감각화(sensibilisation)" - 훈련, 교육, 투자를 위한 수요와 관심을 구축하기 위하여 디지털 개발에 관한 지식과 기술의 잠재적 유용성과 가치를 홍보하는 - 로 잘 알려진 추가적인 도전을 야기한다.

대중적 참여의 수준은 연결성의 문제와 더불어 디지털 기업들의 투자를 위한 수요에 병목을 발생시킨다. 어떤 경우, 남반구는 콘텐츠 중재, 콜센터, 음성 전송 또는 소프트웨어 유지보수 등과 같은 서비스를 위해 국제 시장에 참여할 수 있는 첨단 통신 능력을 갖춘 시설구축 또는 도시 구역을 통해 디지털 개발에 참여한 사례도 있다(Heeks, 2018). 비록 그러한 일부 지역들은 연결성과 직업 훈련 제공을 통한 기술 기여를 통해 지역 결점을 완화할 수 있지만, 지역 불균형과 배제를 악화시킬 수 있다. 지역 디지털 기업의 설립은 기술 역량뿐만 아니라 비즈니스 프로세스와 방법을 변화할 수 있는 고객을 필요로 하므로 더 큰 과제이다(Graham, 2019). 이를 보면 기업에 대한 투자가 부족하다고 말할 수 있지만, 잠재적인 서비스에 대한 수요 또한 부족하여, 닭이 먼저냐 달걀이 먼저냐 하는 끊임없는 문제가 발생한다.

7.3.1.3 지역 맥락에 맞춤과 규제

"지역 맥락에 맞춤(accommodating to local context)"이라는 문구에는 광범위한 문제가 걸려 있다. 앞 장들에서 논의된 플랫폼 개발은 표현의 자유에 대한 방어, 국가에 대한 혐오, 문화 또는 정치에서 차이 등이 예상되지만 사소하게 여겨지는 세계에 대한 일반적인 범세계적 관점의 맥락에서 나왔다. 예를 들어, 페이스북은 허위 및 명예훼손 청구를 촉진하고 관공서 구직자와 관련된 광고에 대한 조정 요청 또는 변덕스러운 행사를 거부하는 경우에도 표현의 자유에 대한 신념을 유지하였다. 이것은 수많은 이유로 남반구 나라의 맥락 내에서는 심각한 문제이다. 여러 이유로는 민족적 긴장, 문화, 사회 그리고 정치적 규범의 차이뿐만 아니라 피해, 폭력 특히 여성과 인종 또는 민족적 긴장[5]을 통해 피해와 폭력을 입는 것, 디지털 환경에서 경험할 수 있는 성별의 차이를 포함한다. 또한 미국의 서부 해안 지역의 "자유지상주의적", "기술문

---

5) Banaji et al.(2019)를 참조하라.

화"와 세계의 다른 지역들 사이에 갈등을 일으키는 것은 "표현의 자유" 뿐만 아니라 사회제도와 관련된 규범과 가치이다. 여러 종류의 갈등을 완화하는 방안으로 플랫폼 운영에 대한 통제권을 행사하는 노력이 포함된다. 이는 정치적 저항6)에 대응하여 국가 내에서 인터넷을 자주 폐쇄할 수 있도록 하는 기술 선택과 플랫폼 운영에 대한 제한사항을 포함하며, 이 모든 것이 경합7)한다.

비록 국가 규제는 북반구의 나라에 수립된 규범과 법에 대한 저항을 요구하지만, 남반구의 나라에게 플랫폼 기업 운영의 기회를 제공한다. 이 저항은 아직 완화 조치의 두드러진 원인이 아닌데, 이는 부분적으로는 플랫폼 회사들을 미래 또는 "현대화" – 남반구의 일부 주체들에게는 바람직하게 보이는 – 를 구현하는 것으로 수용하기 때문이다. 예를 들어, 스리랑카의 긱이코노미(gig economy)의 경우, 일부를 제외하고 마이크로웍 온라인 프리랜서(microworkonline – freelancing)는 대부분 규제하지 않는 제2의 수입원이다. 같은 시간 동안 정규직은 추가로 근무할 수 있고, 그것은 국가 성장의 기회이다(Galpaya et al., 2018). 현대화에 대한 공감들은 플랫폼 서비스에 참여하는 사람들이 북반구의 나라로부터 이전된 규범에 무관심하거나 심지어 적극적으로 반대 운동을 벌인다는 것을 의미한다. 이것은 현지 투자 전략을 만드는 역량의 부재, 강력한 지역 엘리트 및 부패한 정부와의 공모, 또는 기술개발자, 지원 기관 및 기업들에게 현지에서 말하는 것을 듣지 않은 추격 전략의 촉진 결과일 수 있다(Manyozo, 2017).

"지역 맥락에 맞춤"은 지역 정체성의 부분인 언어, 부호, 관습과 암묵적 이해에 순응하는 광범위하고 모순된 프로세스를 포함한다. 현지

---

6) 2018 각 국가의 인터넷 폐쇄에 대한 Taye and Cheng(2019)를 참조하라.
7) Alemany and Gurumurthy(2019)를 참조하라.

투자가 적더라도 현지 문화적 규범과 법을 더욱 잘 관찰하는 사회연결망과 전자상거래의 가능성이 있다. 좀 더 논란의 여지가 있지만, 지역개발에 대한 강조는 어느 지역에서든 잘 확립된 권리의 보호를 손상시키는 것을 포함할 수 있다. 예를 들어, 짐바브웨의 중국 창업기업과의 전략적 협력 협정은 국가의 컴퓨터 비전 기술[8])에 대한 접속의 대가로 짐바브웨 시민들의 얼굴 데이터베이스를 중국에 수출한다.

디지털 격차 또는 차이를 줄이는 근거는 향상된 연결성, 디지털 기술과 정책 조정이 광범위하게 이로움을 주는 포용으로 이어질지 또는 불가피하게 새로운 형태의 착취를 의미하는지에 대한 가정으로 인해 복잡해진다. 대안으로, 포용은 착취적 조건에서도 디지털 플랫폼의 도구 중 일부를 사용하는 저항 전략을 통해 해방을 위한 "플랫폼"을 제공할 수 있다.

7.3.2 도약 전략

전통적으로 도약은 선형적(linear)이고 기술적으로 수렴하는 개발 경로를 따라 진보하지만 중간 단계를 뛰어넘는 것을 의미한다. 세계 다른 곳에서의 관찰과 모방, 복제될 수 있는 지식과 훈련의 발달이 있으므로 중간단계가 꼭 필요한 것은 아니다(Ernst et al., 2014; Soete, 1985). 다른 말로 도약은 "개발도상국과 선진공업국을 분리하는 생산성과 산출물의 격차를 좁히기 위한 고정된 투자와 인간 역량을 축적하는 프로세스의 일부를 우회하는" 것을 포함한다(Steinmueller, 2001: 194). 기술 접근과 도약에 필요한 역량에 대한 질문은 도약 가능성의 핵심이다. 추가적으로, 도약은 다른 곳으로부터 기술을 흡수하고 적응할 수 있는 능력을 요구하는데, 이는 실제 실행이 어려울 수 있다(Steinmueller, 2000).

---

8) Jie(2018)를 참조하라.

도약의 대안적 관점은 도약의 종착지에 대한 의문을 가진다. 각 경제 렌즈(신고전파, 제도학파, 비판적 정치경제학)로부터의 일부 전망을 공유하고 있는 혁신학자들은 (확립된 개선 경로에 따른) 기술적 진보의 속도뿐만 아니라 변화의 방향도 중요하다는 것을 관찰하였다(Nelson, 1962; Stirling, 2007). 얼핏 보기에, 다른 방향으로 도약할 수 있다는 견해는 미지의 세계로 도약하는 것과 같은 위험한 사업인 것이다. 이러한 대안적 방향이 막다른 길인지 또는 더 나쁘게 사회 내 사람들의 조건을 떨어뜨리는 것에 기여할 것인지 알 수 없다. 말할 수 있는 것은 디지털화와 데이터화의 목적에 대한 다른 전망을 개발함으로써 도약이 형상화될 수 있다는 것이다.

예를 들어, 인터넷을 관리하는 제도(규범, 법, 기준)는 사용자 콘텐츠를 게시하는 회사가 사용자들의 진술에 대해 법적 책임을 지도록 개정할 수 있다. 이는 소셜미디어 회사에 대한 전망을 심각하게 떨어뜨릴 것이며, 이 기업들이 규정을 시행하는 국가에서 사업을 포기하는 결과를 초래할 수 있다. 또 다른 가능성은 플랫폼 회사가 그들의 플랫폼에 참여하는 사용자에게 보상을 하는 것이다. 그러면 재미에 의한 플랫폼에 참여보다 보상에 대한 동기 부여가 더 많은 사용자를 끌어들이게 할 것이다. 이런 예는 널리 퍼져있는 플랫폼 관행에 변화를 수반하며, 근본적인 데이터화의 특성을 변화시키고, 국가, 사용자, 플랫폼 회사 간의 힘의 관계를 변화시킬 것이다.

기업과 가정을 연결하는 대체 수단으로서 공동체 와이파이와 같은 접속 제공의 개발에서 다른 목적지로 도약할 덜 극적인 가능성이 관찰될 수 있다. 전형적인 공동체 네트워크는 집단 또는 가족, 소유권, 관리, 개방형 설계 및 참여를 포함한다. 그것들은 보안 및 개인 정보보호 문제 또는 현지 언어⁹⁾로 된 콘텐츠 홍보를 목표로 할 수 있다. 그러나 아프리카 네트워크의 조사에 따르면 12개국의 372개 기획 중에 단지

25개만 부분적으로 실행10)되는 것을 볼 때, 공동체 네트워크는 주요 규제와 재정상의 부담에 직면할 수 있다.

한편 통신과 모바일 운영자는 연결성을 제공하는 공동체 네트워크가 비경제적이라고 간주할 것이다. 연결 부족을 해결하기 위한 보고서에는 주로 알파벳의 룬 발룬(Loon balloons) 또는 페이스북의 프리베이직(Free basics)과 같은 민간 기획에 초점을 맞추고 있으며 공동체 주도 기획에 관심을 돌리기가 어렵다고 하였다. 공동체 기획11)은 현존하는 기술 경로의 작은 변형으로 보일 수 있다. 그러나 서비스 제공자의 규모를 제한하고, 지역 서비스를 묶는 것과 같이 다른 기획들과 결합하면 긍정적인 효과가 나타날 가능성이 있다. 심지어 만약 차후에 직접적인 변화로 조직과 제도적 규범, 법이 강화된다면 작은 변화의 방향성은 축적될 것이다. 추가적으로, 남반구에 있는 국가들은 디지털화의 경주가 좋든 나쁘든 국제적인 가치사슬과의 연계를 강화하고 있음을 발견하였다. 국제적 연결은 새로운 고용 기회를 가져오지만, 현지 시장 개발을 대체할 것이다. 다른 방향에 대한 숙고는 기술의 다른 선택, 공적·사적 경계 변화, 외국인 소유(및 국내) 플랫폼 회사의 국가 운영 규정에 대한 변경으로 이어질 수 있다. 도약의 불확실성과 도전은 남아 있지만, 이동의 방향은 남반구 내의 개인과 그룹의 이익을 제공하는 쪽으로 나아갈 것이다.

---

9) Belli(2017)를 참조하라.
10) Moreno-Rey and Graaf(2017) and Kretschmer et al.(2019)를 참조하라.
11) 추가설명: 공동체 기획(community initiatives)은 일반적으로 공동체의 건강과 복지를 개선하기 위해 헌신하는 개인 및 파트너 조직의 네트워크이다.

7.4 중국의 디지털 비전

이 절에서 우리는 북반구의 나라에서 공유되고 발산하는 비전들의 조합을 통해 맞춤 전략과 도약 조치들의 혼합으로 디지털 미래를 다루는 중국의 디지털 플랫폼 개발에 대해 고려하고자 한다. 중국은 다양한 완화 조치들을 시행했다. 기존 방식을 따르며, 여러 분야에서 도약적인 발전을 성공적으로 달성했으며, 디지털화[12]의 미래에 대한 다른 비전을 추진해 나가고 있다. 디지털 기술과 제도적 혁신의 독특한 패턴은 종종 권위주의적으로 보이나, 이런 시각은 미국에 이어 중국의 대규모 디지털 플랫폼을 두 번째로 자리 잡게 한 경제, 정치 및 사회 문화적 시스템의 복잡성을 과도하게 단순화한다.

중국은 복잡하고, 정부에 의해 영향을 받는 거버넌스 제도 내에서 운영되는 국내 기업과 해외 기업의 혼합에 의존함으로써 지금의 위치를 획득했다(Fuller, 2016). 기술 및 서비스 개발은 국가 정책 및 규제뿐만 아니라 현지 시장 지식의 이점을 누리고 있으며, 이는 많은 외국 소유 기업을 멀리하는 보호주의 정책의 조합으로부터 이익을 얻음과 동시에 내부 투자를 촉진시킨다. 그 결과 독특한 형태의 "국가 주도" 자본주의가 탄생했다(Yu, 2017).

중국의 인터넷 사용자 수는 2009년 미국을 넘어섰고, 2019년에는 사용자가 약 8억 5,400만 명이 되었다.[13] 중국의 인터넷 통제 시스템은 극도로 복잡하고 변화무쌍한 그물망 제도에 의존한다(Yang and Mueller,

---

12) Roberts et al.(2019)를 참조하라.
13) 인구의 37.2%인 약 5억 4,100만 명이 인터넷 비사용자였으며, 이러한 비사용자의 약 14.2%는 연령(너무 젊거나 너무 늙어)으로 인해 온라인에 존재하지 않는다. CNIC(2019: 17)를 참조하라.

2019). 국가는 거대하고 높은 수익률의 플랫폼 기업을 만든다. 이 나라는 상당한 연결 인프라의 투자 혜택과 국가 지원 및 국제 금융 자본에 대한 접근이 용이한, 거대하고 이목을 끄는 플랫폼 회사의 본거지이다(Jia and Winseck, 2018). 바이두(검색과 인공지능), 알리바바(전자상거래, 디지털 엔터테인먼트와 클라우드), 텐센트(위챗, 엔터테인먼트 콘텐츠와 기술을 포함한 인터넷관련 서비스), 제이디(전자상거래)를 포함한 우세한 플랫폼 기업이 있다. 이들 각 회사는 기존 기술 및 플랫폼 모델을 모방하고 개선하여 운영의 주요 영역에서 기술 개발에 성공적으로 참여하고 있다.

중국이 채택한 정책 및 규제 환경은 국내 기업의 성장에 유리하게 작용하였으며, 이 장의 앞부분에서 논의한 틀에서 완화 조치들의 한 사례이기도 하다. 추방된 다국적 기업은 이러한 정책 중 일부가 무역 및 투자에 관한 국제 협정과 일치하지 않는다고 주장한다. 해외 플랫폼에 대해 차별한다는 주장에는 페이스북에 대한 금지가 포함되었는데 이는 페이스북이 국가의 데이터 접속에 관한 규제 요구 사항을 준수하지 않았기 때문이었다. 구글은 이러한 요구 사항을 준수하지 않기 위해 검색 시장을 떠났다. 애플은 중국의 규제 요구 사항을 충족시키기 위해 중국 사용자에 대한 아이클라우드 데이터를 중국 데이터 센터로 이전했다. 중국 플랫폼은 종종 인수합병을 통해 급성장하고 있지만 대부분은 아마존, 페이스북 또는 구글의 국제적 확장 전략을 채택하지 않았다. 전략의 변화가 없다면, 거래 측면에서 데이터 흐름의 상호 의존성이 증가하고 있다는 사실에도 불구하고 대부분의 이들 기업은 당분간 지배적인 서구 플랫폼에 직접적인 경쟁 위협을 가하지 않을 것이다(Mueller and Grindal, 2019).

일부 중국 플랫폼 기업들은 서구 시장에서 경쟁자로서의 입지를 구축하는 것을 목표로 하고 있다. 짧은 형식의 모바일 비디오 호스팅 플랫폼인 틱톡은 중국의 거대한 기술 회사인 바이트댄스가 소유하고 있다. 틱톡은 약 150개 시장에서 최소 75개 언어로 운영되고 있으며, 운영 규범과 규칙은 서구 국가의 관심을 끌고 있다.14) 이 시장에서 검열 혐의를 피하고 데이터 수집 및 개인 정보보호 관행이 현지 기대치를 준수하도록 하기 위해 콘텐츠의 현지화라는 도전에 직면하고 있다. 알리바바 그룹의 전자상거래(기업 간 및 소매) 사업은 뉴욕과 홍콩의 증권 거래소에서 거래되고 있고, 유럽, 미국은 물론 신흥 경제국으로 거래를 확장하고 있다. 이러한 기업은 서비스 품질 표준을 충족하고 위조품의 호스팅 플랫폼 역할을 하거나 데이터 수집 관행에 대한 우려를 피해야 하는 필요성에 직면한다.

도약에 대한 접근법은 혁신과 모방이 혼합된 중국의 과학과 기술전략에서 분명하게 나타난다. 중국의 목표는 많은 분야에서 "과학과 기술의 초강대국"이 되는 것이다(Ding, 2018). 인공지능 분야에서도, 목표는 2030년15)까지 인공지능의 이론, 기술 및 응용 등 모든 측면에서 세계 최고 수준의 역량을 달성하는 것이다. 이 전략은 국가계획이지만 수십 개의 기관, 민간기업, 학술 기관 및 지방정부가 관련되어 있다. 어떤 의미에서 "추격" 전략, 즉 중국의 인공지능 및 플랫폼과 관련된 전략은 독특한 혁신 경로, 다른 방향으로의 도약을 나타낸다. 그러나 일부 어두운 요소가 있다. 인공지능 및 기계학습에 대한 중국의 투자와 그 지능형 대리인(agent) "봇"을 출시하는 능력, 잘못된 정보 또는 오류 정보 캠페인은 중국을 서방 국가들에서 온라인 콘텐츠를 불안정하게 만드는 원천으로 보이도록 한다.

중국은 서구(국가 챔피언의 사용, 무역 거래 촉진 및 슈퍼컴퓨팅에 대한

---

14) 2019년 바이트댄스는 13세 미만 아동의 개인 데이터를 동의 없이 수집하여 미국 연방통상위원회로부터 570만 달러의 벌금을 부과받았다. 이는 영국 정보 위원회에서 조사 중이며 작성 시점에 결정이 보류 중이다.
15) 중국 혁신 펀딩(2017)을 참조하라.

투자)와 유사점이 있다. 그러나 특히 데이터에 대한 접근, 강력한 국가 지원 및 숙련된 노동력16)에 대한 집중적이고 적극적인 투자와 관련하여 차이점도 있다. 중국은 주도권을 확보하기 위해 인터넷 거버넌스 체제의 변화를 제안하고, 국제전기통신연합(ITU)과 같은 국제 포럼에서 논의를 이끌고 있다. 이는 글로벌(이상적으로는 개방된) 인터넷에 대한 국가의 개입을 두려워하는 서방 국가들의 저항을 받고 있다. 예를 들어, 중국이 제안하는 "국가 사이버 주권"은 데이터 저장소에 대한 중국의 통제와 디지털 플랫폼에 대한 엄격한 책임 제도의 적용을 요구하는 것으로 해석할 수 있다(Shen, 2016). 상대적으로 폐쇄된 공간인 "스플린터넷"17)을 만들 수 있는 잠재력을 가진 것으로 특징지어지는 이러한 정책은 이전에 인터넷을 지배했던 몇 가지 규범과 규칙이 틀렸음을 입증하였다.

서구에서는 온라인 통신을 통제하는 목표를 지닌 중국 정책에 대해 상당한 관심을 기울이고 있다. 예를 들어, 규정은 현재 사건에 대해 사용자가 생성한 오디오 및 비디오 콘텐츠를 금지한다. "만리장성"18)을 사용한 인터넷에 대한 국가의 통제는 자동화된 시스템과 인간을 사용하여 제한된 해외 웹사이트의 접속을 거르거나 차단함으로써 검열을 강화한다. "금순 공정(Golden Shield)"은 국내 웹사이트의 정보를 규제한다. 소셜미디어 플랫폼은 국가 당국에 의해 사용자를 식별해 낼 것을 요구받는다. 정보 제어 시스템은 투명하지 않으며, 검열될 온라인 콘텐츠에 대해 예측할 수 없는 결과를 내놓는다. 서구의 주장은 비록 다른 비서구 국가들과 비교했을 때, 그리고 서구에서 검열에 대한 경향에 비

---

16) Ding(2018)를 참조하라.
17) Morowv(2010)를 참조하라.
18) 추가 설명: 중국 당국의 인터넷 검열프로그램을 말한다.

추어 볼 때, 비록 중국 이외의 관측자들이 효과의 크기에 대해 평가하기 어렵지만, 전반적인 효과는 표현을 억제한다는 것이다. 적극적인 공개 담론의 부재는 상업적 데이터화와 감시 관행의 합법성에 대해 시민들의 견해를 판단하기 어렵게 만들었다. 이러한 우려에도 불구하고, 중국 정부는 유럽연합의 GDPR[19]보다 더 제한적이라고 설명하며, 개인정보보호 표준을 도입했다.

인터넷을 통제하기 위한 중국 정부의 노력은 사회 안정을 유지하고 다양한 공공 서비스를 통합하는 데 핵심적인 역할을 할 것으로 기대하며, 그중 하나가 중국의 사회 신용 시스템이다. 사회 신용 시스템은 중국 시민의 활동을 모니터링하고 평가하여 "신뢰성"의 순위를 매기고 시민의 공공 서비스, 취업 제안 또는 학교 입학에 영향을 줄 수 있는 점수를 산출하는 것이 목적이다. 아직 초기 단계이지만, 중국 공안 당국은 세계 최대의 얼굴 인식 데이터베이스를 구축하고 감시 기술을 실험 중이라고 말하고 있다. 이러한 정책은 다른 곳에서 향후 플랫폼 개발의 궤도를 제안할 수 있다. 상업 데이터화의 진보를 위한 미국 소유 플랫폼의 야망은 비록 더 분명한 반대와 저항의 패턴을 따르고 있지만 중국과 유사한 경로를 따르고 있다.

중국에서 디지털 플랫폼과 인터넷 운영 방식은 더 넓은 정치적, 경제적 맥락 또는 문화적 조건과 분리할 수 없다. 전통적인 저널리즘과 넓은 미디어 영역에서, 중국 사회 내에서 국가의 권력이 어떻게 작동하는지에 대한 합의와 논쟁이 동시에 존재한다. 양면성은 연결 인프라와 디지털 콘텐츠에 대한 중국 정부의 접근 방식을 특징짓는다. 멩(Meng, 2018)은 중국의 예외주의도, 중국의 정책에 대한 자유주의적 비판도 중국 기업이 글로벌 자본주의로 통합되는 방식을 충분히 설명하지 못한다

---

19) Bolsover(2017)를 참조하라.

고 주장한다. 이러한 의미에서, 다른 곳과 마찬가지로 중국에서도 인터넷의 발전, 인공지능에 대한 투자 및 디지털 플랫폼에 대한 지원은 계속되는 이념 논쟁의 전장이다. 반대의견에 대한 통제와 함께 인터넷의 자체출판적용을 조정하는 복잡성의 예는 온라인 활동성에 대한 대응에서 볼 수 있다. 일부 사례에서 플랫폼 서비스는 잠재적인 사회적 또는 정치적 환경이 불안할 때, 조기 경고를 제공하기 위해 중국의 당국이 사용하고, 또 어떤 경우에는 시민들 사이의 토론을 적극적으로 억제하기 위해 통제를 사용한다. 양(Yang, 2017)은 국가가 국가의 의제를 지원하는 "긍정적 에너지"를 생산하기 위한 능동적 노력보다 강압적인 방법을 통해 온라인 시위와 관련된 감정을 "해제(demobilise)"하려고 한다고 주장하였다.

중국에서 채택하고 있는 다양한 정책은 디지털화 및 데이터화의 발전에 있어 독특한 사례가 되었다. 시장 규모, 명백한 정치적 통합 및 기업가적 계획의 결합은 서구의 디지털 플랫폼 개발 패턴에서 어떤 식으로든 벗어나는 길을 만들 수 있게 했다. 중국이 자체 플랫폼 회사를 만드는 데 성공하고 콘텐츠를 통제하려는 노력 중 일부는 특히 연결 인프라에 대한 투자를 동반할 때 남반구 국가에서 매력적일 수 있는 모델이다. 이러한 발전은 북반구 나라의 미래 변화에도 영향을 미치기 시작할 수 있다.

7.5 결론

비대칭 권력은 중요하다. 역사는 문화적, 사회적, 정치적, 경제적 과정과 불평등을 통해 디지털 포용과 배제가 작동하는 방식을 형성한다. 디지털 기술과 관련된 경제적 성과는 사람들의 삶의 환경, 제도적 맥락, 권력관계의 형태에 따라 다르게 나타났다. 남반구 나라(및 기타 지역)의 사람들이 지속 불가능하거나 파괴적이 아닌 유익한 방식으로 자신의 기술 환경을 형성하는 능력을 키울 수 있는 조건은 단순히 "파괴적인" 힘에서 발생하는 것이 아니다. 이 장에서 논의된 문제들을 제기하는 것은 디지털 플랫폼의 새로움이 아니라 다음과 같은 사실을 진지하게 받아들이는 데에 지속적으로 주저하는 것이다. 사실은 다른 기술과 마찬가지로 디지털 플랫폼과 4차 산업혁명의 발전은 "다른 개인, 회사 및 국가에 대한 통제 및 영향력을 행사하기 위한 도구들을 생산하는"[20] 수단이라는 것이다. 이것은 1970년대에 인정되었지만, 여전히 현시대 논의의 많은 부분에서 빠져 있다. 도약, 후퇴, 추격 시나리오에서는 투쟁이 요구되더라도, 남반구와 북반구 나라에서 취할 수 있는 대안이 많다. 이들 중 일부는 중국의 디지털화 및 플랫폼에 대한 경험을 검토함으로써 설명된다. 기술이 수행하는 역할과 리더십에 대한 정의 방식은 위치, 조건 및 우선순위에 따라 달라져야 하지만, 보편적이지는 않더라도 특정 원칙과 권리에 대한 폭넓은 동의가 있을 수 있다. 그러나 지배적인 플랫폼이 등장한 이유, 더 많은 상업적 발전을 촉진하는 이해관계자들, 그리고 플랫폼을 다르게 개발할 수 있는 기회(가끔이라도)에 대한 충분한 이해 없이는 대안을 상상하고 효과적으로 구현할 수 없다.

우리는 다음의 마지막 장에서 디지털 플랫폼이 제시하는 기회와 문제에 대한 경제분석의 기여를 요약하고, 앞으로의 길을 생각해 보기로 한다.

---

20) Dag Hammarskjöld Foundation(1975: 93), Bell and Pavitt(1997)를 참조하라.

CHAPTER
08

결론

결론

8.1 도입

디지털 플랫폼은 소셜미디어, 전자상거래, 출판 및 시청각 온라인 서비스는 물론 인터넷 검색과 같은 정보 서비스를 제공하는 주된 수단이다. 이 책에서 우리의 주요 초점은 가장 큰 플랫폼들에 있다. 이유는 그들이 제공하는 서비스가 가장 많은 사람의 삶에 영향을 미치기 때문이다. 우리는 민간 부문 인센티브하에서 운영되는 회사의 행동과 관행에 초점을 맞추었다. 왜냐하면 이러한 인센티브는 공적 가치들과 충돌하는 방식으로 서비스 창출 및 제공을 활용하고 조정하기 때문이다. 이러한 충돌은 기술 또는 상업적 데이터화를 기반으로 하는 광고주 지원 사업 모델의 우세함 때문만은 아니다. 플랫폼 전략은 사회적 규범과 규칙을 재해석하고 재구성하는 관행, 즉 사회의 권력 비대칭을 반영하는 관행과 분리할 수 없다.

플랫폼의 "나쁜 행동"에 대한 대중의 우려는 소비자나 시민에게 혜택을 주거나 해를 끼칠 수 있는 정책 및 규제를 낳을 수 있는 "분노에 의한 규제"라는 분위기를 불러일으키고 있다. 플랫폼이 어떻게, 왜 현재 상태로 진화하였는지, 어떤 미래를 제공할 것인지에 대한 심층적인 경제적 분석은 더 나은 결과와 대중의 이해를 얻게 한다. 앞의 여러 장에서 우리는 플랫폼 경제분석의 세 가지 전통, 즉 신고전파 및 제도학파 경제학과 비판적 정치경제학에 대해 논의했다. 각각은 플랫폼 전략 및 실행에 대한 현재 구성의 기원과 결과를 이해하는 데 기여한다.

그렇다면 경제분석은 플랫폼의 부상으로 인해 발생하는 혜택과 피해에 대해 무엇을 알려주는가? 혜택과 피해가 어떻게 플랫폼 운영자, 정책 입안자 또는 기타 행위자들의 선택에 영향을 미치는가?

8.2 디지털 플랫폼 문제 재검토

디지털 플랫폼은 다양한 인간 활동에 적용되는 중대한 또는 급진적인 혁신이다. 다른 주요 혁신들과 마찬가지로 개발자는 자신의 잠재력을 실제 제품 및 서비스로 실현시킬 수단을 찾아야 했다. 우리는 주요 혁신이 처음 등장한 맥락에 따라 형성되지만 광범위한 수용에는 추가 보완적인 혁신들을 통해 그리고 사회의 규범, 규칙 및 표준을 재구성하거나 재해석함으로써 이러한 맥락의 변화를 수반한다는 점에 주목했다. 이러한 플랫폼이 등장한 인터넷 환경은 주로 정부 및 대학에서 과학 및 기술 연구를 촉진하기 위해 만들어진 데이터 통신 인프라였다. 이런 맥락은 기관에 고용된 사람들 간의 의사소통을 포함했다. 이 같은 맥락에서 상대적으로 높은 수준의 예의 바름과 정중함은 위반 행위에 대한 실행 강령(codes of practice) 및 잠재적 제재에 따라 강화된 규범이었다. 이러한 환경은 인터넷의 상업적 사용을 허용하는 일련의 정책 결정에 따라 근본적으로 변경되었다. 이 결정은 떠오르는 디지털 경제에서 사업 기회를 열어줄 것으로 예상된다는 점

외에 어떤 일이 일어날 수 있는지에 대한 지식이 거의 없는 상태에서 내려졌다.

디지털 서비스 개척자들은 근본적인 경제적 문제에 직면했다. 그들은 자유롭게 정보를 교환하도록 설계된 시스템의 정보로 어떻게 돈을 벌 수 있을까? 경제학은 모든 표현에서 희소성의 문제와 씨름한다. 확실히 희소성의 일부 요소가 있었다. 대부분의 기업과 거의 모든 소비자들은 대학과 연구소에서 사용할 수 있는 연결성을 갖지 못했다. 인터넷은 이전에는 연결되지 않았던 가정과 직장으로 확장되면서 돈을 벌어들였다. 이로 인해 광고를 포함하여 약간의 돈을 벌 수 있는 선구적인 정보 서비스는 보고, 이메일 쓰기와 같은 많은 유용한 일들을 가능하게 했다. 또 다른 비상업적 혁신인 월드와이드웹은 정보를 찾는 기준을 만들어 정보의 범위를 넓혔다. 디지털 플랫폼을 가능하게 한 핵심 혁신들이 등장한 것은 바로 이 시점이었다. 구글과 다른 회사들은 사용자의 관심사를 표적화할 수 있으므로 사용자에 대해 배우고 이 정보를 사용하여 더 높은 가치의 광고를 판매할 수 있다는 것을 알게 되었다. 이 핵심 통찰력을 바탕으로 사용자 데이터와 사용자에 대한 관찰 데이터로 수익을 창출하기 위해 보완적인 혁신들이 연속적으로 이루어졌다. 이 프로세스를 현재 데이터화라고 한다.

이 회사들은 사용자가 누구인지 어떻게 알았는가? 초기의 과학 및 기술 연구 기관 맥락은 규범이 개방적이고 개인 정보보호에 대한 상대적 무관심과 함께 신원을 숨기는 것이 없는 상황이었다. 이러한 규범은 인터넷이 작동하도록 만든 소프트웨어에 포함되어 있다. 엄밀히 말하면 이것은 필요하지 않았다. 익명성과 사생활을 보호하는 인터넷이 가능했을 수도 있었을 것이지만 인터넷의 기원이 연구 커뮤니티이므로 그런 일은 일어나지 않았다. 인터넷의 기술적 설계와 프로토콜은 기술적 필연이 아니라 인간 선택의 결과이다.

플랫폼은 다른 사용자가 아닌 일부 사용자가 원하는 디지털 콘텐츠에 대한 접근을 제공하고 있다. 이 콘텐츠 중 일부는 불법이며 일부는 유해한 것으로 간주된다. 지배적인 플랫폼은 사용자 보기 행동을 식별하고 형성하기 위해 인공지능 지원 예측 엔진을 사용하여 점점 더 정교한 방식으로 데이터화를 이용한다. 플랫폼 모델은 매우 파괴적이며 재래식 소매업체에서 신문 및 잡지 발행인에 이르는 기존 회사를 압박한다. 많은 경제학자에게 이러한 혼란은 예상되는 혁신의 경쟁 결과이다. 경쟁의 승자와 패자는 고객의 선택에 따라 결정된다. 일부 플랫폼 회사의 눈부신 성장과 현재 엄청난 규모로 인해 일부 플랫폼 회사는 서버 팜 지원 클라우드(server farm-enabled cloud), 인공지능 서비스 및 데이터 분석 서비스와 같은 보조서비스로 다각화할 수 있었다. 전자상거래에서 인공지능 지원 예측 기계는 효율성 향상으로 인정되며 이러한 기계는 공중 보건 및 환경 악화를 관리하기 위한 제어 시스템 역할을 한다. 이전에는 전문 언론사가 대중이 정보를 수신하는 주요 필터였던 반면, 지금은 더욱 다양한 목소리를 들을 수 있다. 충분히 높은 수준의 비판적 문해력을 가진 사람들에게 이러한 변화는 긍정적이며 민주 사회에 참여할 수 있는 더 나은 기회를 제공한다.

그러나 이러한 플랫폼들은 비정상적으로 광범위한 부정적인 외부 효과 또는 사회적, 정치적, 경제적 피해와도 관련이 있다. 그들은 사용자의 관심을 끌기 위해 개인이 자신과 다른 사람에게 해로울 수 있는 방식으로 온라인과 오프라인에서 상호작용하도록 유도한다. 플랫폼의 운영은 여러 사회 문제와 관련되어 있다.

가장 큰 플랫폼의 규모, 전략 및 실행으로 인해 국가 또는 개별 사용자가 데이터화 작업을 제어할 수 있는 능력이 약화되고 있다는 사실에 관한 불편함이 커지고 있다. 플랫폼 간의 불일치, 명시된 목적과 행동, 민주주의에서 중요한 공적 가치들은 플랫폼이 새로운 형태의 자율 규제와 외부 정책 및 규제 기획들을 제정하도록 이끌고 있다. 이러한 경향은 국가/기업 공동 규제, 국가 단독 규제 및 독립 규제 기관과 관련된 조치의 조합이 고려됨과 함께 계속될 것이다. 플랫폼들은 이러한 외부 조치들을 반대할 것이며, 이 조치들은 투자로부터 이익을 거둘 수 있는 자유에 대한 간섭 및 제약으로 취급될 것이다.

저항 극복 여부를 포함한 새로운 정책 및 규제 조치의 결과는 도입된 특정 규범과 규칙 및 시행 방법에 부분적으로 달려 있다. 시민 사회를 포용하는 다양한 행위자를 대표하는 독립 기관을 포함한 모든 해결방안은 유해한 콘텐츠, 실행 및 행동으로 정의되고 운영되는 것, 즉 항상 논쟁이 되는 공익을 이해하는 방법에 대한 모호성을 해결해야 한다. 법이 제정될 경우, 결과는 지식의 타당성과 새로운 규범, 규칙 및 표준을 시행하려는 정치적 의지에 달려 있다. 플랫폼 소유자를 포함한 많은 사람들은 국내 또는 국제적으로 자율 규제와 경쟁 가능성이 외부 간섭보다 인식된 결점을 개선하는 더 나은 해결방안이라고 주장할 것이다. 일부 외부 개혁은 긍정적인 변화로 이어질 수 있고, 다른 일부 개혁은 상황을 악화시킬 수 있다. 이러한 불확실성에도 불구하고 경제분석의 세 가지 전통은 서로 다른 접근 방식에 관한 주장이 어떻게 제시될 수 있는지 보여준다.

- 경쟁 개선은 신고전파 플랫폼 분석에서 비롯되는 주요 정책의 처방이며 종종 신(新)·구(舊) 양쪽 제도학파 전통에서 비롯된다. 그러나 인수 합병 통제 또는 독점 금지 절차를 통한 시장 개입에 대한 지지는 전형적으로 약하다. 플랫폼과 생태계의 복잡성, 급속한 진화는 실행 가능한 범죄를 입증하기 어렵게 한다. 분석은 시장 개입으로부터 따르는 많은 대안적 해석을 제공한다. 다측 플랫폼 비즈니스 모델은 시장이 수많은 판매자로 구성되어 있다는 일반적인 가정에

서 벗어난다. 중개자가 교환 조건을 설정하고, 구매자와 판매자의 의사결정에 영향을 주고, 구매자와 판매자에 대한 지식을 얻을 수 있는 시장의 특성은 신고전파 분석에서 사용되는 기본 가정에 도전한다. 이 이론의 틀 내에서 개인 정보보호에 대한 고려 사항이 적용될 수 있다는 징후가 보이지만 공적 가치들은 간접적으로만 다루어진다. 그러나 기본에 충실한 공통된 주장은 플랫폼들은 규모에 상관없이 대규모 고객 이탈 전망에 길들여지므로 반드시 그들을 공평하게 다루어야 한다고 말할 것이다. 가장 큰 플랫폼이 재생산할 수 없는 위치, 즉 "자연 독점"이거나 필수 시설 또는 기반 시설이라는 주장은 혁신이 새로운 경쟁 대안을 창출하는 데 있어 계속 역동적이고 그 규모 자체가 플랫폼의 혁신적인 성공의 증거라는 주장으로 반박될 것이다. 이 주장의 수많은 귀결은 인수 합병을 정당화하는 수단이자, 다른 사업에 비해 비정상적으로 높은 이윤을 제공하는 수단이며 다른 불만들을 부인할 수 있는 근거를 제공한다.

- "새로운(신)" 제도학파 경제 분석은 플랫폼이 지배력을 달성하는 규칙에 대한 조사를 통해 시작된다. 그러나 신고전파 경제학과 마찬가지로 이러한 규칙은 외부에서 결정되는 것으로 간주한다. 여기서 경제적 분석의 목적은 대체 규칙의 가능한 결과에 대한 이해를 제공하는 것이지 규칙이 어떻게 변경되어야 하는지에 대한 규범적 처방을 제공하는 것이 아니다. 이 모든 접근 방식과 신고전파 접근 방식은 어떻게 제한사항이 플랫폼 확장을 방해하고, 혁신의 위태로움을 통해 경쟁자들에게 이익을 줄 수 있는지에 대한 방법에 중점을 둔다. 정책적 대응은 상업적 데이터화 모델에 근본적으로 도전하지 않으면서 플랫폼의 구축 및 운영에 대한 홍보적 접근을 취할 가능성이 높다. 그러나 신제도학파 경제학 전통에서 제도적 규범과 규칙을 고려하면 반경쟁적 관행의 발견에 더 개방적

일 수 있다. 따라서 플랫폼의 관행에 대한 규제적 제약이나 지배적 기업의 해체와 같은 구조적 구제책을 더 강력하게 옹호하는 기반을 제공할 수 있을 것이다.

- 다른 (구) 제도학파 경제학 전통에서 플랫폼 운영 및 그것과 공적 가치들의 불일치에 대한 집중은 규제개혁에 대한 강력하고 대체로 규범적인 경로를 제공한다. 비대칭 권력관계의 문제가 어떤 결과를 초래하는지에 대한 통찰력은 플랫폼이 대중에게 책임을 지도록 플랫폼 행동에 영향을 미치는 인센티브를 변화시키기 위해 국가, 공동 규제 또는 독립 규제에 의한 거버넌스 도구의 사용에 대한 제안을 뒷받침할 수 있다. 규제 대응은 공공과 민간 플랫폼 제공 사이의 경계를 공공으로 전환하도록 장려하고 대안적 운영 모델을 제안할 가능성이 있다. 기본 플랫폼 비즈니스 모델에 대한 도전은 대안 비즈니스 모델이 기존 모델과 근접하게 운영되어야 함을 시사할 수 있다. 이것들은 우리가 논의한 구독, 공공 서비스, 클럽 및 자발적 기부 모델일 수도 있고 미래의 창의적인 혁신을 통해 만들어질 다른 모델일 수도 있다.

- 이에 반해 디지털 플랫폼에 대한 비판적 정치경제학 분석은 처음부터 사용자로부터 부당하게 가치를 착취하는 방식에 초점을 맞춘다. 플랫폼 운영을 관장하는 규범과 규칙에 대해 더욱 광범위한 변화가 요구된다. 이러한 관점에서 보면 사용자의 기여, 관찰에 따라 생성되는 플랫폼에 대한 경제적 가치의 의도하지 않은 기여는 현대 자본주의의 착취적 관행이다. 이 접근 방식의 핵심 통찰력은 사용자에게 거의 또는 전혀 수익이 돌아가지 않고 소유자가 개인 및 집단의 가치 창출을 전유하는 특성이다. 이러한 전용(또는 수용)을 수정하려면 상업적 목적으로 소유 및 활용될 수 있는 것과 집단 또는 공유 재산으로 간주되어야 하는 것 사이의 경계를 변경해야 한

다. 이를 위해서는 플랫폼 사용자에게 소유권과 통제권을 돌려주는 것을 목표로 하는 과세 또는 공공 소유권이 포함될 수 있다.

제도학파 경제학 전통과 비판적 정치경제학 전통은 모두 상업 플랫폼을 탄생시킨 급진적 혁신에 모든 사람이 단순히 적응하는 미래의 바람직성에 의문을 제기한다. 그들은 상업적 데이터화 비즈니스 모델의 불가피성 주장에 대해 문제를 삼았다. 그들은 공적 가치들을 더 잘 유지할 수 있는 대안 - 사람들이 원할 경우, 데이터화의 상업적 논리로부터 "자유"를 주고, 대안을 만들 수 있는 "자유"를 주는 대안 - 을 평가하는 것을 목표로 한다(Milan, 2019). 이 세 가지 경제학 전통은 플랫폼에 새로운 규범과 규칙이 부과될 수 있다면 의도하지 않은(부정적이든 긍정적이든) 결과가 있을 수 있음을 인정한다. 그들은 분석을 기반으로 규범적 입장을 옹호하는 정도가 다르다.

8.3 앞으로의 길

가장 큰 디지털 플랫폼이 공적 책임성 없이 운영될 수 있다는 우려가 커지면서 정책 및 규제 조치가 논의되고 있다. 정책 입안자들은 부정적인 결과가 개인과 민주주의에 대한 긍정적인 이득보다 더 크다고 본다. 불법적이거나 승인되지 않는 일부 플랫폼과 사용자 활동 방지를 위한 보안 강화의 이익은 감시로부터 자유로울 권리를 옹호하거나 기타 공적 가치들을 지지하는 사람들의 이익에 맞서 싸운다. 행동의 원동력은 인권 침해에 대한 공포나 분노, 상업 뉴스 발행인 및 공공 서비스 미디어와 같은 기존 회사의 쇠퇴를 포함한다. 정책 및 규제 개혁은 정치적인 과정이다. 그것들은 분노와 증거의 혼합에 대해 예측할 수 없는 방식으로 대응한다. 정책 및 규제 개입에는 거버넌스 권력의 위치 또는 플랫폼 서비스의 공적 공급과 사적 공급 간의 경계 이동이 포함될 수 있다. 공적 공급으로의 전환은 개인 및 집단의 통제 범위를 넘어 개인 정보보호가 계속 감소하고 인공지능 지원 애플리케이션이 증가하는 점점 더 유해한 디지털 환경에서 더 가능성이 높다.

향후 몇 년 동안 의료, 교육, 금융, 운송 또는 전쟁 수행에서 불투명한 계산을 기반으로 한 결정이 점점 더 많이 내려진다는 사실을 알게 된다면 플랫폼 시스템에 통제권을 양도하기로 결정한 것 외에는 아무도 결정하지 않을 것이다. 모두가 지금보다 더 나은 삶을 살고 있다면 인간의 의지를 포기하는 것이 문제가 될 것인가? 모든 사람 또는 일부 그룹이 오늘날보다 훨씬 더 형편이 나빠진다면 어떻게 될 것인가? 디지털 플랫폼을 관리할 때 내리는 선택은 상업 시장의 도덕적 한계가 서구 민주주의 국가와 다른 곳에서 설정되어야 하는 위치에 대한(그리고 자유주의 국가의 한계와 제약에 대한) 선택이기도 하다.[1] 우리의 관점에서 이러한 선택은 대안을 상상하고 실험할 수 있는 지속 가능한 기회를 만드는 쪽으로 방향을 바꿀 필요가 있다.[2]

신고전파 경제분석은 디지털화 또는 데이터화와 같은 급진적 혁신에 새로운 또는 조정된 자율 규제 실행이 필요하다고 강조한다. 입법을 가능하게 하면 민간 기업이 새로운 잠재력을 활용할 수 있다. 경제분석의 다른 두 전통은 디지털화나 상업적 데이터화의 형태로 공적 가치들에 대한 파괴가 불가피하지 않을 수 있다는 점을 강조한다. 이러한 기술

---

1) 칸트가 말했듯이, "목적의 왕국에서는 모든 것에 가격이 있거나 존엄성이 있다. 가격이 있는 것은 동등한 것으로서 다른 것으로 대체될 수 있는 반면, 어떤 가격보다 높아서 동등한 것을 허용하지 않는 것은 존엄성을 가진다"(Kant, 1785/2012: 46).
2) 상상이 풍부해지는 데 필요한 조건에 대한 논의는 Mansell(2012, 2017) 및 Mosco(2019)를 참조하라.

시스템의 설계 및 전개에 대해 선택해야 할 사항이 있다. 선택은 지역, 국가, 국제 등 다양한 규모로 제정되고 있다. 여기에는 실행 강령과 알고리즘 운영에 내재되어 있는 그리고 수용 가능한 시장 구조에 대한 선택들이 포함된다. 그들은 데이터화 프로세스를 중심으로 한다. 우리의 관점에서 이러한 선택들은 플랫폼과 정부에 대해 독립적, 참여적, 그리고 민주적인 기관에 의해 감독되어야 한다.

공적 가치들을 유지하고, 투명하고 비차별적인 사업 실행을 보장하고, 시민과 소비자의 권리를 보호하기 위한 책임을 맡은 정책 및 규제의 감독 기관은 다른 부문에도 존재한다. 이러한 기관은 항상 기업 운영에 대한 데이터 생산을 요구한다. 이를 위해서는 해당 산업 부문의 운영을 비판적으로 평가할 수 있는 기술 지식을 갖춘 전문 직원의 육성이 필요하다. 이러한 기관은 항상 규제를 받는 기업에 의해 공략당하거나 부당한 영향을 받을 위험이 있지만 민주적 절차를 통해 책임을 물을 수 있다. 제 기능을 하는 규제 기관을 만들기는 어렵지만 상상하는 것은 가능하다.

일부에서는 가장 큰 디지털 플랫폼이 특정 시장이나 시민과 관련하여 허용할 수 없는 수준의 통제를 나타낸다고 결론을 내리고, 플랫폼 회사를 분할하거나 국유화하는 것과 같은 구조적 구제책을 제안할 것이다. 우선 첫째로, 그러한 구조적 구제책에는 권한이 포함된다는 점에 유의해야 한다. 다국적 사업에도 불구하고 가장 큰 플랫폼들은 미국과 중국의 기업들이다. 일부 구조적 구제책은 해당 국가의 정치 및 사법 시스템에 의해 실현되어야 한다. 둘째, 구조적 구제책은 의도하지 않았던 많은 결과를 포함하여 혼합된 결과를 가져왔다. 예를 들어, 1980년대 미국 AT&T의 분할은 통신 고객에게 혜택을 주었고 데이터 처리 영역의 혁신을 촉진했지만 뛰어난 기업 연구소인 벨(Bell) 연구소를 파괴했다. 가장 큰 플랫폼 회사에서 수행되는 연구의 수준과 다양성은 구조적 해결책을 실행할 때 유사한 위험과 이점을 시사한다. 이러한 조치가 플랫폼의 내부 표준 및 관행의 변경과 가장 큰 플랫폼의 사업부 분리를 강요할 수 있지만, 회사는 기본 데이터화 비즈니스 모델의 근본적인 변화보다는 규정 준수를 선택하게 될 위험도 있다.

우리의 견해로는 이러한 조치 중 어느 것도 공익 플랫폼 운영 또는 공적 가치들에 관한 관심을 높이기 위한 매우 실질적인 전환을 확보하지 못할 것 같다. 이를 위해서 데이터화로부터 이익을 얻는 것을 주요 목표로 운영하지 않는 대체 사업모형의 재정적 지속가능성을 확보하거나 하나 이상의 플랫폼을 공기업 또는 조직으로 만드는 구조적 구제책을 확보하기 위한 노력이 필요하다.

광고주가 지원하는 비즈니스 모델에서 완전히 또는 현재보다 훨씬 더 실질적으로 벗어나는 것은 디지털 기술과 시스템의 자금 조달 및 배치 방법을 재고하는 것을 의미한다. 좋은 (윤리적) 행동 강령 또는 지배적인 플랫폼의 분할은 상업적 데이터화의 진척과 사회 내 의사결정에 알고리즘의 추가 침투를 변화시키지 않을 가능성이 높다. 중대한 변화가 일어나려면 사람들이 상업적 데이터화를 종료할 수 있어야 하지만, 나갈 곳이 있는 경우에만 그렇게 할 수 있다. 또한 "선하게(for good)" 데이터화 프로세스를 사용하는 모든 공적 기획은 공적 가치들이 실제로 유지되고 있는지 확인하기 위해 내부 또는 외부 감독을 받아야 한다.

이러한 모든 선택은 경제적 가치뿐만 아니라 공적 가치들의 고려를 촉구한다. 한 시나리오에서는 인공지능 구동 데이터화 실행의 발전이 서구 민주주의 국가에서 가치가 있지만 비상업적 비즈니스 모델에 대한 공공 소유와 투자(예를 들면, 공공 자금 지원 검색 엔진, 데이터를 판매하거나 광고 수익을 창출하는 데 사용하지 않는 집단적으로 소유한 데이터 저장소, 자금이 넉넉한 공공 서비스 미디어)가 필수적이라는 결론을 내릴 수 있다. 사용자의 기여 및 사용자의 상호작용을 통해 생성된 데이터를 관리하는 방법 및 대상에 대한 효과적인 공익 거버넌스가 여전히 요구될 것이다. 또 다른 시나리오에서는 공적 가치들을 유지하는 데 필요한 책임 수준으로 인공지능 구동 애플리케이션을 운영하는 것이 실현 불가능하다는 결론을 내릴 수 있다. 상업 또는 공공 관리와 관계없이 특정 응용 프로그램은 허용되지 않는 것으로 간주되어 법률에 따라 중지될 수 있다. 이 시나리오가 서구 국가에서 우세한지 여부와 관계없이 다른 국가에서는 감시에 더 집중적인 사용과 시민 통제 기술의 적용을 계속 추구할 것이다.

중기적으로 가장 현실적인 시나리오는 다음과 같다. (1) 자율 규제와 새로운 감독 기관의 규제를 혼합한 기존 규제 도구의 구현, (2) 특히 정치나 아동을 대상으로 하는 콘텐츠와 같이 민감한 영역에서 데이터화의 사용 금지, (3) 공적 가치들을 존중하는 플랫폼 서비스를 대규모로 제공할 수 있을 만큼 충분히 실질적인 대체 비즈니스 모델에 대한 투자이다. 현대의 정보위기는 기후변화나 빈곤과 같은 다른 글로벌 위기보다 덜 두드러질 수 있지만, 정보에 입각한 토론을 가능하게 하는 민주주의의 공적 가치 및 공공 서비스 미디어와 일치하는 플랫폼 인프라에 관한 관심과 대규모 투자가 필요하다.

개별 어린이, 청소년 및 성인이 민주주의에서 기대되는 기준에 따라 자신의 안전과 정보를 유지하는 데 요구되는 능력으로 운영한다는 가정을 버려야 한다. 디지털 리터러시(digital literacy)는 디지털화된 세상에서 무엇이든 탐색하는 데 필수적이지만 디지털 플랫폼 운영에 대한 규범, 규칙 및 표준에서 집단적으로 영감을 받은 변화의 부재를 보완할 수는 없다. 집단적으로 영감을 받은 변화는 근로자와 고용 조건을 지원하는 데 필수적이다. 이 모든 영역에서 필요한 변화에 대한 합의가 쉽게 도출될 가능성은 없다.

8.4 결론

경제분석은 경제 조직의 상업적 플랫폼 양식의 탁월함이 지배적 플랫폼의 부상을 가능하게 하는 규범, 규칙 및 표준을 확립한 경제적, 정치적, 사회적 선택의 결과임을 보여준다. 이러한 플랫폼은 수많은 사람들에게 정보를 제공하고, 교육하고, 즐겁게 하는 데 있어 매우 실질적인 이점을 제공한다. 그리고 많은 사람들은 플랫폼이 인간의 번영을 지원한다고 주장한다. 그러나 경제분석은 경제 조직의 상업적 플랫폼 양식과 디지털화 및 데이터화 기술이 우리 시대의 일부 부정적인 사회 발전에 연루되어 있다는 증거를 제시한다.

혜택과 위험 사이의 균형에 관한 판단은 우리만 내리는 것은 아니지만 개혁에 대한 우리의 선호를 분명하게 한다. 디지털 기술과 플랫폼이 인권을 구현하는 기반이나 인프라를 제공하고, 공정하고 공평한 결과를 산출하려면 이를 관장하는 규범, 규칙 및 표준이 변화될 필요가 있다.

인간의 의사결정을 유도하거나 대체하기 위해 사용되는 알고리즘과 상업적 데이터화 운영의 중요성은 기술 혁신이 인간의 운명을 형성한다는 개념에 의해 고무되고 있다. 우리는 벤클러 등(Benkler et al., 2018: 381)과 함께 "기술은 운명이 아니다"라고 주장한다.

| 참고문헌 |

All URLs last accessed 3 January 2020.

Acemoglu, D., Makhdoumi, A., Malekian, A. and Ozdaglar, A. (2019) *Too much data: Prices and inefficiencies in data markets.* NBER Working Paper 26296. Cambridge, MA. At https://www.nber.org /papers/w26296

Akerlof, G. (1970) 'The market for lemons, quality uncertainty and the market mechanism'. *Quarterly Journal of Economics, 84*(3): 488-500.

Al-Ani, A. and Stumpp, S. (2016) 'Rebalancing interests and power structures on crowdworking platforms'. *Internet Policy Review, 5*(2): 1-20.

Alemany, C. and Gurumurthy, A. (2019) 'Governance of data and artificial intelligence'. In B. Adams, C. Alemany, R. Bissio, C. Y. Ling, K. Donald, J. Martens and S. Prato (eds). *Spotlight on sustainable development 2019: Reshaping governance for sustainability – Global civil society report on the 2030 agenda and the SDGs* (pp. 86-94): Reflection Group on the 2030 Agenda for Sustainable Development. At https://www.2030spotlight.org/en/book /1883/chapter/reshaping-governance – sustainability

Algorithm Watch. (2019) *AI ethics guidelines global inventory.* AlgorithmWatch gGmbH. Berlin. At https://algorithmwatch.org/en/ project/ai-ethics – guidelines-global – inventory/

Alphabet. (2018) *Alphabet annual report.* Alphabet Form 10-K, submitted to US Securities and Exchange Commission. Washington, DC. At https://abc.xyz/investor/static/pdf/2018 alphabet annual report.pdf ?cache=61d18cb

Amazon. (2018) *Amazon annual report*. Amazon Form 10-K, submitted to US Securities and Exchange Commission. Washington, DC. At https://ir.aboutamazon.com/static-files/0f9e36b1-7e1e-4b5 2-be17-145dc9d8b5ec

Ananny, M. (2016) 'Toward an ethics of algorithms: Convening, observation, probability, and timeliness'. *Science, Technology & Human Values, 41*(1): 93-117.

Ananny, M. and Crawford, K. (2018) 'Seeing without knowing: Limitations of the transparency ideal and its application to algorithmic accountability'. *New Media & Society, 20*(3): 973-989.

Anderson, C. (2006) *The long tail: Why the future of business is selling less of more.* New York: Hyperion.

Arrow, K. J. (1984) *The economics of information: Collected papers of Kenneth Arrow, Volume 4.* Oxford: Blackwell.

Arthur, W. B. (2015) 'All systems will be gamed: Exploitative behavior in economic and social systems'. In W. B. Arthur (ed). *Complexity and the economy* (pp. 103-118). Oxford: Oxford University Press.

Atkinson, A. B. (2008) *The changing distribution of earnings in OECD countries.* Oxford: Oxford University Press.

Atkinson, A. B. (2015) *Inequality: What can be done?* Cambridge, MA: Harvard University Press.

Autor, D., Dorn, D., Katz, L. F., Patterson, C. and Van Reenen, J. (2020) 'The fall of the labor share and the rise of superstar firms'. *Quarterly Journal of Economics,* 135(2): 645-709.

Balkin, J. M. (2016) 'Information fiduciaries and the First Amendment'. *UC Davis Law Review, 39*(4): 1185-1234.

Ballon, P. (2009) 'The platformisation of the European mobile industry'. *Communications & Strategies, 75*(3): 15-33.

Banaji, S., Bhat, R., with Agarwal, A., Passanha, N. and Pravin, M. S.

(2019) *WhatsApp vigilantes: An exploration of citizen reception and circulation of WhatsApp misinformation linked to mob violence in India.* Department of Media and Communications, London School of Economics and Political Science. At http://www.lse.ac.uk/media — and — communications/assets/documents/research/projects/WhatsApp — Misinformation-Report.pdf

Barocas, S. (2014) *Data mining and the discourse on discrimination.* Proceedings of the Data Ethics Workshop, Conference on Knowledge Discovery and Data Mining (KDD). At https://pdfs. semanticscholar.org/abbb/235fcf3b163afd74e1967f7d3784252b44fa .pdf

Barwise, P. and Picard, R. G. (2014) *What if there were no BBC television? The net impact on UK viewers.* Reuters Institute for the Study of Jouralism. Oxford. At https://reutersinstitute.politics.ox.ac. uk/sites/default/files/2017 — 06/What%20if%20there%20were%20no%2 0BBC%20TV0.pdf

Bauer, J. M. (2014) 'Platforms, systems competition, and innovation: Reassessing the foundations of communications policy'. *Telecommunications Policy, 38*(8–9): 662–673.

Bauer, J. M. (2018) 'The internet and income inequality: Socio — economic challenges in a hyperconnected society'. *Telecommunications Policy, 42*(4): 333–343.

Bauer, J. M. and Latzer, M. (eds). (2016) *Handbook on the economics of the internet.* Cheltenham, UK and Northampton, MA, USA: Edward Elgar Publishing.

Baumol, W. J. (2004) 'Red — Queen games: Arms races, rule of law and market economies'. *Journal of Evolutionary Economics, 14*(2): 237–247.

Bayamlioglu, E., Baraliuc, I., Janssens, L. and Hildebrandt, M. (eds). (2018) *Being profiled: Cogitas ergo sum 10 years of profiling the European citizen.* Amsterdam: Amsterdam University Press.

Beckett, C. and Mansell, R. (2008) 'Crossing boundaries: New media and networked journalism'. *Communication, Culture & Critique, 1*(1): 90–102.

Bell, E. and Owen, T. (2017) *The platform press: How Silicon Valley reengineered journalism.* Tow Center for Digital Journalism, Columbia Journalism School. At https://www.cjr.org/tow_center _reports/platform – press – how-silicon – valley – reengineered-journalism .php

Bell, M. and Pavitt, K. (1997) 'Technological accumulation and industrial growth contrasts between developed and developing countries'. In D. Archibugi and J. Michie (eds). *Technology, globalisation and economic performance* (pp. 83–137). Cambridge: Cambridge University Press.

Belli, L. (2017) *Community networks: The internet by the people, for the people: Official outcome of the UN IGF dynamic coalition on community connectivity.* Internet Governance Forum. Geneva. At http://bibliotecadigital.fgv.br/dspace/bitstream/handle/10438/19401/C ommunity%20networks%20 – %20the%20Internet%20by%20the %20people,%20for%20the%20people.pdf?sequence = 1&isAllowed = y

Benkler, Y. (2006) *The wealth of networks: How social production transforms markets and freedom.* New Haven, CT: Yale University Press.

Benkler, Y. (2016) 'Peer production and cooperation'. In J. Bauer and M. Latzer (eds). *Handbook on the economics of the internet* (pp. 91 –119). Cheltenham, UK and Northampton, MA, USA: Edward Elgar Publishing.

Benkler, Y. and Nissenbaum, H. (2006) 'Commons – based peer production and virtue'. *Journal of Political Philosophy, 14*(4): 394–419.

Benkler, Y., Faris, R. and Roberts, H. (2018) *Network propaganda: Manipulation, disinformation, and radicalization in American politics.* Oxford: Oxford University Press.

Bennett, C. J. and Raab, C. D. (2018) 'Revisiting the governance of

privacy: Contemporary policy instruments in global perspective'.
Regulation & Governance, first published 27 September: 1–18.

Berger, T. and Frey, C. B. (2016) *Digitalisation, deindustrialisation and the future of work*. OECD Social, Employment and Migration Working Papers, No. 193. Paris. At https://www.oecd–ilibrary. org/docserver/5jlr068802f7–en.pdf?expires=1578136825&id=id&accname=guest&checksum=A0128025898B7D4A8E04A815B45C5517

Black, R. E. (2012) *Porta Palazzo: The Anthropology of an Italian market*. Philadelphia, PA: University of Pennsylvania Press.

Bodo, B., Helberger, N., Eskens, S. and Moller, J. (2019) 'Interested in diversity: The role of user attitudes, algorithmic feedback loops, and policy in news personalization'. *Digital Journalism, 7*(2): 206–229.

Bolsover, G. (2017) *Computational propaganda in China: An alternative model of a widespread practice*. OII, Computational Propaganda Project, Working Paper, No. 2017.4. Oxford. At https://www.oii.ox.ac.uk/blog/computational–propaganda–in–china–an–alternative–model–of–a–widespread–practice/

Bork, R. H. and Sidak, J. G. (2012) 'What does the Chicago School teach about internet search and the antitrust treatment of Google?' *Journal of Competition Law & Economics, 8*(4): 663–700.

Bourgine, P. (2004) 'What is cognitive economics?' In P. Bourgine and J. P. Nadal (eds). *Cognitive economics* (pp. 1–12). Berlin: Springer.

Bowker, G. C. and Star, S. L. (1999) *Sorting things out: Classification and its consequences*. Cambridge, MA: The MIT Press.

Bozeman, B. (2002) 'Public–value failure: When efficient markets may not do'. *Public Administration Review, 62*(2): 145–161.

Bozeman, B. (2007) *Public values and public interest: Counterbalancing economic individualism*. Washington, DC: Georgetown University Press.

Branscomb, A. (1994) *Who owns information? From privacy to public access*. New York: Basic Books.

Brautigan, R. (1983) *The abortion: A historical romance 1966*. New

York: Picador. Brennen, J. S., Noward, P. N. and Nielsen, R. K. (2019) *An industry‒led debate: How UK media cover artificial intelligence.* Reuters Institute, OII, Oxford Martin School, University of Oxford. At https://reutersinstitute.politics.ox.ac.uk/sites/default/files/2018‒12/Brennen_UK_Media_Coverage_of_AI_FINAL.pdf

Bresnahan, T. and Greenstein, S. (2014) 'Mobile computing: The next platform rivalry'. *American Economic Review, 104*(5): 475‒480.

Bresnahan, T. and Trajtenberg, M. (1995) 'General Purpose Technologies "engines of growth?"' *Journal of Econometrics, 65*(1): 83‒108.

Brynjolfsson, E. and Kahin, B. (eds). (2002) *Understanding the digital economy: Data, tools, and research.* Cambridge, MA: The MIT Press.

Brynjolfsson, E. and McAfee, A. (2014) *The second machine age: Work, progress, and prosperity in a time of brilliant technologies.* New York: W W Norton.

Buchanan, J. M. (1965) 'An economic theory of clubs'. *Economica, 32*(1): 1‒14. Cammaerts, B. and Mansell, R. (2020) 'Digital platform policy and regulation: Toward a radical democratic turn'. *International Journal of Communication, 14:* 1‒19.

Castells, M. (2009) *Communication power.* Oxford: Oxford University Press.

Castells, M. and Himanen, P. (eds). (2014) *Reconceptualizing development in the global information age.* Oxford: Oxford University Press.

China Innovation Funding. (2017) *State Council's plan for the development of new generation artificial intelligence.* State Council. Beijing. At http://chinainnovationfunding.eu/dt_testimonials/state‒councils‒plan-for‒the‒development‒of‒new‒generation‒artificial‒intelligence/

Christensen, C. (1997) *The innovator's dilemma: When new technologies cause great firms to fail.* Cambridge, MA: Harvard Business School Press.

CIGI. (2019) *2019 CIGI‒Ipsos global survey on internet security and trust.* Centre for International Governance Innovation and Ipsos. At https://www.cigionline.org/internet − survey − 2019

Clark, D. D. (2018) *Designing an internet.* Cambridge, MA: The MIT Press.

CNNIC. (2019) *The 44th China statistical report on internet development,* trans. B. Meng. China Internet Network Information Center (CNNIC). At http://www.cac.gov.cn/2019 − 08/30/c_11249387 50.htm

Cohen, J. E. (2016) 'The regulatory state in the Information Age'. *Theoretical Inquiries in Law, 17*(2): 369–414.

Couldry, N. (2019) 'Capabilities for what? Developing Sen's moral theory for communications research'. *Journal of Information Policy, 9.* 43–55.

Couldry, N. and Mejias, U. A. (2019) *The costs of connection: How data is colonizing human life and appropriating it for capitalism.* Standford, CA: Stanford University Press.

Council of Europe. (2018) *Recommendation on media pluralism and transparency of media ownership.* Council of Europe Recommendation CM/Rec(2018)1 of the Committee of Ministers to Member States. Strasbourg. At https://search.coe.int/cm/Pages/result details.aspx?ObjectId = 0900001680790e13

Cremer, J., de Montjoye, Y. − A. and Schweitzer, H. (2019) *Competition policy for the digital era: Final report.* Directorate − General for Competition. Brussels. At https://ec.europa.eu/competition/publica tions/reports/kd0419345enn.pdf

Culliford, E. (2019) 'Warren campaign challenges Facebook ad policy with "false" Zuckerberg ad', *Reuters,* 12 October. At https://www.reuters.com/article/us − usa − election − facebook/warren − campaign − challenges − facebook − ad-policy − with − false − zuckerberg − ad − idUSKBN1WR0NU

Dag Hammarskjold Foundation. (1975) *The 1975 Dag Hammarskjöld report on development and international cooperation.* Dag

Hammarskjold Foundation for United Nations General Assembly, 7th Special Session. Motala. At https://www.daghammarskjold.se/publication/1975 − dag − hammarskjold-report − development − international − cooperation/

David, P. A. and Steinmueller, W. E. (1994) 'Economics of compatibility standards and competition in telecommunication networks'. *Information Economics and Policy*, *6*(3−4): 217−241.

Davies, H. C. and Eynon, R. (2018) 'Is digital upskilling the next generation our "pipeline to prosperity"?' *New Media & Society*, *20*(11): 3961−3979.

DeNardis, L. (2014) *The global war for internet governance*. New Haven, CT: Yale University Press.

DeNardis, L. and Hackl, A. M. (2015) 'Internet governance by social media platforms'. *Telecommunications Policy*, *39*(9): 761−770.

Ding, J. (2018) *Deciphering China's AI dream: The context, components, capabilities, and consequences of China's strategy to lead the world in AI*. Governance of AI Program, Future of Humanity Institute, University of Oxford. At https://www.fhi.ox.ac.uk/wp − content/uploads/Deciphering_ChinasAI − Dream.pdf

doteveryone. (2018) *Regulating for responsible technology*. doteveryone. London. At https://doteveryone.org.uk/wp − content/uploads/2018/10/Doteveryone-Regulating − for − Responsible − Tech − Report .pdf

EC. (2000) *Directive on electronic commerce*. European Commission. Brussels. At https://eur − lex.europa.eu/LexUriServ/LexUriServ.do?uri = OJ:L:2000:178:0001:0016:EN:PDF

EC. (2002) *Directive on privacy and electronic communications*. European Commission, OJ L 201/37, 31 July. Brussels. At https://eur − lex.europa.eu/legal − content/EN/TXT/PDF/?uri = CELEX: 32002L0058 & from = EN

EC. (2009) *Application of state aid rules to public service broadcasting*. European Commission, OJ L 257/1, 27 October. Brussels. At https://

eur−lex.europa.eu/legal−content/EN/TXT/PDF/?uri=CELEX:52009X C1027(01)&from=EN

EC. (2010) *Audiovisual media services directive*. European Commission, OJ L 95/1, 15 April. Brussels. At https://eur−lex.europa.eu/legal−content/EN/TXT/PDF/?uri=CELEX:32010L0013&from=EN

EC. (2016) *General data protection regulation*. European Commission, OJ L 119/1, 4 April. Brussels. At https://eur−lex.europa.eu/legal−content/EN/TXT/HTML/?uri=CELEX:32016R0679

EC. (2018a) *Audiovisual media services directive*. European Commission, OJ L 303/69, 28 November. Brussels. At https://eur−lex.europa.eu/legal-content/EN/TXT/PDF/?uri=CELEX:32018L1808&from=EN

EC. (2018b) *Recommendation on measures to effectively tackle illegal content online*. European Commission C(2018) 1177 final. Brussels. At https://ec.europa.eu/digital−single−market/en/news/commission-recommendation−measures−effectively−tackle−illegal−content−online

EC. (2019a) *Antitrust: Commission opens investigation into possible anti−competitive conduct of Amazon*. European Commission Press Release. Brussels. At https://ec.europa.eu/commission/presscorner/detail/en/ip_19_4291

EC. (2019b) *The changing nature of work and skills in the Digital Age*. European Commission Joint Research Centre. Brussels. At https://ec.europa.eu/jrc/en/publication/eur−scientific−and−technical−research−reports/changing-nature−work−and−skills−digital−age

Eide, M., Sjøvaag, H. and Larsen, L. O. (eds). (2016) *Digital challenges and professional reorientations: Lessons from Northern Europe*. Bristol: Intellect.

Ernst, D., Lee, H. and Kwak, J. (2014) 'Standards, innovation, and latecomer economic development: Conceptual issues and policy challenges'. *Telecommunications Policy, 38*(10): 853-862.

Eubanks, V. (2018) *Automating inequality: How high−tech tools profile, police, and punish the poor*. New York: St. Martin's Press.

European Parliament. (2019) *Amendments on directive on copyright in the digital single market*. European Parliament, P8_TA(2018)0337, (COM(2016)593. At http://www.europarl.europa.eu/doceo/document /TA−8−2018−0337EN.pdf?redirect

Evans, D. S. and Schmalensee, R. (2016) *Matchmakers: The new economics of multisided platforms*. Boston, MA: Harvard University Press.

Facebook. (n.d.) 'Our mission', *Facebook*. At https://about.fb.com/company−info/

FCC. (1980) *FCC Computer Inquiry II final decision*. In the Matter of Amendment of Section 64.702 of the Commission's Rules and Regulations (Second Computer Inquiry). Docket No. 20828, Federal Communications Commission. Washington, DC. At http://etler.com/FCC/pdf/Numbered/20828/FCC%2080−189.pdf

Feld, H. (2019) *The case for the Digital Platform Act: Market structure and regulation of digital platforms*. Roosevelt Institute.Org and Publicknowledge.Org Paper. At https://rooseveltinstitute.org/the−case−for−the−digital−platform−act/

Fenton, N. (2019) '(Dis)trust'. *Journalism, 20*(1): 36–39.

Flaxman, S., Goel, S. and Rao, J. M. (2016) 'Filter bubbles, echo chambers, and online news consumption'. *Public Opinion Quarterly, 80*(1): 298–320.

Flecker, J. (ed.) (2016) *Space, place and global digital work*. London: Palgrave Macmillan.

Flew, T., Martin, F. and Suzor, N. (2019) 'Internet regulation as media policy: Rethinking the question of digital'. *Journal of Digital Media & Policy, 10*(1): 33–50.

Floridi, L. (2019) 'Translating principles into practices of digital ethics: Five risks of being unethical'. *Philosophy & Technology, 32*(2): 185–193.

Foroohar, R. (2019) 'Big tech must pay for access to America's "digital

oil"', *Financial Times*, 7 April. At https://www.ft.com/content/
fd3d885c − 579d-11e9 − a3db − 1fe89bedc16e?desktop = true&
segmentId = d8d3e364 − 5197 − 20eb − 17cf − 2437841d178a

Freedman, D. (2008) *The politics of media policy*. Cambridge: Polity
Press.

Freedman, D. (2015) 'Paradigms of media power'. *Communication,
Culture & Critique, 8*(2): 273-289.

Freedman, D. (2019) '"Public service" and the journalism crisis: Is the
BBC the answer?' *Television & New Media, 20*(3): 203-218.

Freeman, C. (1988) 'Introduction'. In G. Dosi, C. Freeman, R. Nelson,
G. Silverberg and L. Soete (eds). *Technical change and economic
theory* (pp. 1-8). London: Pinter Publishers.

Freeman, C. and Perez, C. (1988) 'Structural crises of adjustment,
business cycles and investment behaviour'. In G. Dosi, C. Freeman,
R. Nelson, G. Silverberg and L. Soete (eds). *Technical change and
economic theory* (pp. 38-66). London: Pinter Publishers.

Freeman, C. and Soete, L. (1994) 'The biggest technological juggernaut
that ever rolled: Information and communication technology (ICT)
and its employment effects'. In *Work for all or mass unemployment?
Computerised technical change into the 21st century* (pp. 39-66).
London: Pinter Publishers.

Frey, C. B. (2019) *The technology trap: Capital, labor, and power in
the age of automation*. Princeton, NJ: Princeton University Press.

Frey, C. B. and Osborne, M. A. (2017) 'The future of employment:
How susceptible are jobs to computerization?' *Technological
Forecasting & Social Change, 114*(January): 254-280.

Fuchs, C. (2015) 'Dallas Smythe today − The audience commodity, the
digital labour debate, Marxist political economy and critical theory.
Prolegomena to a digital labour theory of value'. *TripleC −
Cognition, Communication and Co−operation, 10*(2): 692-740.

Fuller, D. B. (2016) *Paper tigers, hidden dragons: Firms and the
political economy of China's technological development*. Oxford:

Oxford University Press.

Funk, J. L. (2003) *Mobile disruption: The technologies and applications driving the mobile internet.* New York: Wiley—Interscience.

Galpaya, H., Perampalam, S. and Senanayake, L. (2018) 'Investigating the potential for micro—work and online—freelancing in Sri Lanka'. In L. Pupillo, E. Noam and L. Waverman (eds). *Digitized labor: The impact of the internet on employment* (pp. 229–250). London: Palgrave Macmillan.

Gandy, O. H. Jr. (1993) *The panoptic sort: A political economy of personal information.* Westview, CO: Westview Press.

Gangadharan, S. P. and Jedrzej, N. (2019) 'Decentering technolgy in discourse on discrimination'. *Information, Communication & Society, 22*(7): 882–899.

Gans, J. (2016) *The disruption dilemma.* Cambridge, MA: The MIT Press.

Garnham, N. (1997) 'Amartya Sen's "capabilities" approach to the evaluation of welfare: Its application to communications'. *Javnost—the Public, 4*(4): 25–34.

Gawer, A. (ed.) (2011) *Platforms, market and innovation.* Cheltenham, UK and Northampton, MA, USA: Edward Elgar Publishing.

Gawer, A. (2014) 'Bridging differing perspectives on technological platforms: Towards an integrative framework'. *Research Policy, 43*(7): 1239–1249.

Ghahramani, Z. (2015) 'Probabilistic machine learning and artificial intelligence'. *Nature, 521*(28 May): 424–459.

Gillespie, T. (2010) 'The politics of "platforms"'. *New Media & Society, 12*(3): 347–364.

Gillespie, T. (2018) *Custodians of the internet: Platforms, content moderation, and the hidden decisions that shape social media.* New Haven, CT: Yale University Press.

Goldfarb, A., Greenstein, S. M. and Tucker, C. E. (eds). (2015) *Economic analysis of the digital economy.* Chicago, IL: University of

Chicago Press.

Google. (n.d.) 'Google cares deeply about journalism'. *Google News Initiative*. At https://newsinitiative.withgoogle.com/intl/en_gb/about/

Graham, M. (ed.) (2019) *Digital economies at global margins*. Cambridge, MA and Ottawa: The MIT Press with IDRC.

Graham, M. and Anwar, M. A. (2019) 'The global Gig Economy: Towards a planetary labour market?' *First Monday, 24*(4): 1-15.

Groenewegen, J., Spithoven, A. and van den Berg, A. (2010) *Institutional economics: An introduction*. London: Red Globe Press/Springer Nature.

Gurumurthy, A., Bharthur, D., Chami, N., with Vipra, J and Anwar, I. A. (2019) *Platform planet: Development in the intelligent economy*. IT for Change and IDRC, Dehli and Ottawa, June. At https://itforchange.net/platformpolitics/wp−content/uploads/2019/06/Platform−Planet−Development−in-the−Intelligence−Economy_ITfC2019.pdf

Hagiu, A. (2007) 'Merchant or two−sided platform?' *Review of Network Economies, 6*(2): 115-133.

Hagiu, A. and Wright, J. (2015a) 'Marketplace or reseller?' *Management Science, 61*(1): 184-203.

Hagiu, A. and Wright, J. (2015b) 'Multi−sided platforms'. *International Journal of Industrial Organization, 41*: 162-174.

Harris Interactive. (2019) *Adtech market research report*. Harris Interactive, UK, for Information Commissioner's Office and Ofcom. London. At https://www.ofcom.org.uk/data/assets/pdf_file/0023/1416 83/ico−adtech−research.pdf

Heeks, R. (2018) *Information and communication technology for development (ICT4D)*. London: Routledge.

Helberger, N. (2018) 'Challenging diversity – Social media platforms and a new conception of media diversity'. In M. Moore and D. Tambini (eds). *Digital dominance: The power of Google, Amazon, Facebook, and Apple* (pp. 153-175). Oxford: Oxford University

Press.

Helberger, N., Kleinen—von Konigslow, K. and van der Noll, R. (2015) 'Regulating the new information intermediaries as gatekeepers of information diversity'. *Info: The Journal of Policy, Regulation and Strategy for Telecommunications, 17*(6): 50–71.

Helsper, E. J. (2017) 'The social relativity of digital exclusion: Applying relative deprivation theory to digital inequalities'. *Communication Theory, 27*(3): 223–242.

Hepp, A. (2016) 'Pioneer communities: Collective actors in deep mediatisation'. *Media, Culture & Society, 38*(6): 918–933.

Herzog, C., Hilker, H., Novy, L. and Torun, O. (eds). (2017) *Transparency and funding of public service media.* Wiesbaden: Springer VS.

Hesmondhalgh, D. (2017) 'Capitalism and the media: Moral economy, well being and capabilities'. *Media, Culture & Society, 39*(2): 202–218.

Hesmondhalgh, D. (2019a) *The cultural industries, 4th edition.* London: Sage.

Hesmondhalgh, D. (2019b) 'Have digital communication technologies democratized the media industries?' In J. Curran and D. Hesmondhalgh (eds). *Media and society, 6th edition* (pp. 101–120). London: Bloomsbury.

Hintz, A., Dencik, L. and Wahl—Jorgensen, K. (2019) *Digital citizenship in a datafied society.* Cambridge: Polity.

Hodgson, G. M. (1989) 'Institutional economic theory: The old versus the new'. *Review of Political Economy, 1*(3): 249–269.

Hoskins, G. T. (2019) 'Beyond "zero sum": The case for context in regulating zero rating in the global South'. *Internet Policy Review, 8*(1): 1–26.

IAB Europe. (2018) *AdEx benchmark 2018.* IAB Europe. At https://iabeurope.eu/wp—content/uploads/2019/07/IAB—Europe_AdEx-Benchmark—2018—Report_July—2019.pdf

Ibrus, I. (2010) Evolutionary dynamics of new media forms: The case of open mobile web. Unpublished PhD thesis, London School of Economics and Political Science. At http://etheses.lse.ac.uk/53/1/Ibrus_Evolutionary_Dynamics_of_New_Media_Forms.pdf

Ibrus, I. (ed.) (2019) *Emergence of cross−innovation systems: Audiovisual industries co−innovating with education, health care and tourism.* London: Emerald Insight.

IoT Security Foundation. (2018) *Understanding the contemporary use of vulnerability disclosure in consumer internet of things product companies.* At https://www.iotsecurityfoundation.org/wp−content/uploads/2018/11/Vulnerability−Disclosure−Design−v4.pdf

Jia, L. and Winseck, D. (2018) 'The political economy of Chinese internet companies: Financialization, concentration, and capitalization'. *International Communication Gazette, 80*(1): 30–59.

Jie, S. (2018) 'China exports facial ID technology to Zimbabwe', *Global Times*, 4 December. At http://www.globaltimes.cn/content/1097747.shtml

Just, N. (2018) 'Governing online platforms: Competition policy in times of platformization'. *Telecommunications Policy, 42*(5): 386–394.

Kadar, M. and Bogdan, M. (2017) '"Big data" and EU merger control – A case review'. *Journal of European Competition Law & Practice, 8*(8): 479–491.

Kahneman, D. and Tversky, A. (1979) 'Prospect Theory: Analysis of decision under risk'. *Econometrica, 47*(2): 263–291.

Kant, I. (1785/2012) *Groundwork of the metaphysics of morals*, trans. M. Gregor and J. Timmerman. Cambridge: Cambridge University Press.

Katz, J. E. and Aakhus, M. (eds). (2002) *Perpetual contact: Mobile communication, private talk, public performance.* Cambridge: Cambridge University Press.

Keen, A. (2015) *The internet is not the answer.* New York: Atlantic Books.

Khan, L. M. (2017) 'Amazon's antitrust paradox'. *The Yale Law Journal,* *126*(3): 710-883.

Kimball, M. S. (2015) *Cognitive economics.* NBER Working Paper 20834. Cambridge, MA. At https://www.nber.org/papers/w20834.pdf

Kleine, D. (2013) *Technologies of choice? ICTs, development, and the capabilities approach.* Cambridge, MA: The MIT Press.

Kretschmer, M., Jensen, M., Radmacher, M., Rey—Moreno, C. and Schutz, E. (2019) *Connecting the unconnected: Tackling the challenge of cost—effective broadband internet in rural areas.* Fraunhofer Institute for Applied Information Technology FIT. Sankt Augustin. At https://www.wiback.org/content/dam/wiback/en/docu ments/Study Connect %20the %20Unconnected 2019 .pdf

LaGrandeur, K. and Hughes, J. J. (2017) *Surviving the Machine Age: Intelligent technology and the transformation of human work.* London: Palgrave Macmillan.

Lanier, J. and Weyl, E. G. (2018) 'A blueprint for a better digital society'. *Harvard Business Review, Digital Article* (26 September): n.p.

Lehr, W., Clark, D. D., Bauer, S. and Claffy, K. C. (2019) *Regulation when platforms are layered.* Paper prepared for TPRC47. Washington, DC. At https://papers.ssrn.com/sol3/papers.cfm?abstract id=3427499

Lemstra, W. and Melody, W. H. (eds). (2014) *The dynamics of broadband markets in Europe: Realizing the 2020 Digital Agenda.* Cambridge: Cambridge University Press.

Livingstone, S. and Wang, Y. (2011) *Media literacy and the Communications Act.* London School of Economic and Political Science, Media Policy Brief 2. At http://www.lse.ac.uk/media@ lse/ documents/MPP/LSEMPPBrief2.pdf

Livingstone, S., Olafsson, K., Helsper, E. J., Lupianez—Villanueva, F., Veltri, G. A. and Folkvord, F. (2017) 'Maximizing opportunities and minimizing risks for children online: The role of digital skills in emerging strategies of parental mediation'. *Journal of Communication, 67*(1): 82-105.

Lowe, G. G., Van den Bulck, H. and Donders, K. (eds). (2017) *Public service media in the networked society.* Gothenburg: NORDICOM.

Lyon, D. (1994) *The electronic eye: The rise of surveillance society.* Cambridge: Polity Press.

Lyon, D. (2018) *The culture of surveillance: Watching as a way of life.* Cambridge: Polity Press.

MacKenzie, D. (1989) 'Technology and the arms race. Review: Innovation and the arms race: How the United States and Soviet Union develop new military technologies by Matthew Evangelista'. *International Security, 14*(1): 161-175.

Mansell, R. (1996) 'Designing networks to capture customers: Policy and regulatory issues for the new telecommunications'. In W. H. Melody (ed). *Telecom reform: Principles, policies and regulatory practices* (pp. 83-96). Lyngby: Den Private Ingeniorfond, Technical University of Denmark.

Mansell, R. (2002) 'From digital divides to digital entitlements in knowledge societies'. *Current Sociology, 50*(3): 407-426.

Mansell, R. (2010) 'The life and times of the information society'. *Prometheus, 28*(2): 165-186.

Mansell, R. (2012) *Imagining the internet: Communication, innovation and governance.* Oxford: Oxford University Press.

Mansell, R. (2017) 'The mediation of hope: Communication technologies and inequality in perspective'. *International Journal of Communication, 11*: 4285-4304.

Mansell, R., Avgerou, C., Quah, D. and Silverstone, R. (eds). (2007) *The Oxford handbook of information and communication technologies.* Oxford: Oxford University Press.

Manyika, J., Lund, S., Chui, M., Bughin, J., Woetzel, J., Batra, P., Ko, R. et al. (2017) *Jobs lost, jobs gained: What the future of work will mean for jobs, skills, and wages.* McKinsey Global Institute. At

https://www.mckinsey.com/featured−insights/future−of−work/
jobs−lost−jobs−gained−what−the−future−of-work−will
−mean−for−jobs−skills−and−wages

Manyozo, L. (2017) *Communicating development with communities.*
London: Routledge.

Marcolin, L., Miroudot, S. and Squicciarini, M. (2016) *Routine jobs,
employment and technological innovation in global value chains.*
STI Policy Note, OECD, Paris, February. At https://www.oecd.org/
sti/ind/GVC−Jobs-Routine−Content−Occupations.pdf

Mari, A. (2019) 'BBC seeks to incease younger audiences through data
analytics', *Computer Weekly,* 5 February. At https://www.
computerweekly.com/news/252456977/BBC−seeks−to−increase
−younger−audience−through-data−analytics

Marsden, C. (2017) *Network neutrality: From policy to law to
regulation.* Manchester: Manchester University Press.

Marsden, C. (2018a) 'How law and computer science can work
together to improve the information society'. *Communications of the
ACM, 61*(1): 29-31.

Marsden, C. (2018b) 'Prosumer law and network platform regulation:
The long view towards creating Offdata'. *Georgetown Law
Technology Review, 2*(2): 376-398.

Mattelart, A. (2000) *Networking the world: 1794-2000.* Minneapolis:
University of Minnesota Press.

Mayer−Schonberger, V. and Cukier, K. (2013) *Big data: A revolution
that will transform how we live, work and think.* London: John
Murray.

McAfee, A. and Brynjolfsson, E. (2017) *Machine, platform, crowd:
Harnessing our digital future.* New York: W. W. Norton & Company.

McGuigan, L. (2019) 'Automating the audience commodity: The
unacknowledged ancestry of programmatic advertising'. *New Media
& Society, 21*(11): 2366-2385.

McGuigan, L. and Manzerolle, V. (2014) '"All the world's a shopping cart": Theorizing the political economy of ubiquitous media and markets'. *New Media & Society, 17*(11): 1830–1848.

Meng, B. (2018) *The politics of Chinese media: Consensus and contestation.* New York: Palgrave Macmillan.

Milan, S. (2019) 'Emancipatory communication'. In R. Hobbs and P. Mihailidis (eds). *The international encyclopedia of media literacy* (n.p.). Hoboken, NJ: Wiley Blackwell.

Mitchell, W. J. (1999) *E—topia: Urban life, Jim—But not as we know it.* Cambridge, MA: The MIT Press.

Moe, H. (2010) 'Governing public service broadcasting: "Public value tests" in different national contexts'. *Communication, Culture & Critique, 3*(2): 207–223.

Moore, M. (1995) *Creating public value: Strategic management in government.* Cambridge, MA: Harvard University Press.

Moreno—Rey, C. and Graaf, M. (2017) 'Map of the community network initiatives in Africa'. In L. Belli (ed). *Community networks: The internet by the people, for the people: Official outcome of the UN IGF dynamic coalition on community connectivity* (pp. 147–169). Geneva: Internet Governance Forum. At http://bibliotecadigital.fgv .br/dspace/bitstream/handle/10438/19401/Community%20networks %20—%20the%20Internet%20by%20the%20people,%20for%20the %20people.pdf?sequence=1&isAllowed=y

Morozov, E. (2010) 'Think again: The internet', *Foreign Policy*, 26 April. At https://foreignpolicy.com/2010/04/26/think—again—the— internet/

Morton, F. S., Bourvier, P., Ezrachi, A., Jullien, B., Katz, R., Kimmelman, G., Melamed, D. et al. (2019) *Report. Commmittee for the study of digital platforms. Market structure and antitrust subcommittee.* Stigler Center for the Study of the Economy and the State. At https://research.chicagobooth.edu/—/media/research/stigler/ pdfs/market—structure—report.pdf?la=en&hash=E_08C7C9AA7367F 2D612DE24F814074BA43CAED8C

Mosco, V. (2014) *To the cloud: Big data in a turbulent world*. Boulder, CO: Paradigm Publishers.

Mosco, V. (2019) *The smart city in a digital world*. Bingley: Emerald Publishing Ltd.

Mueller, M. L. (2010) *Networks and states: The global politics of internet governance*. Cambridge, MA: The MIT Press.

Mueller, M. L. and Grindal, K. (2019) 'Data flows and the digital economy: Information as a mobile factor of production'. *Digital Policy, Regulation and Governance, 21*(1): 71-87.

Murphy, H. (2019) 'Facebook advertising revenue withstands controversies', *The Financial Times*, 31 October. At https://www.ft.com/content/f35d665e－fb3a－11e9－98fd－4d6c20050229

Musgrave, R. (1959) *The theory of public finance: A study in political economy*. New York: McGraw－Hill.

Musiani, F., Cogburn, D. L., DeNardis, L. and Levinson, N. S. (2016) *The turn to infrastructure in internet governance*. Basingstoke: Palgrave Macmillan.

Nelson, R. R. (ed.) (1962) *The rate and direction of inventive activity: Economic and social factors*. Princeton, NJ: Princeton University Press.

NESTA. (2019) *Data trusts: A new tool for data governance*. NESTA. London. At https://hello.elementai.com/rs/024－OAQ－547/images/Data_Trusts_EN_201914.pdf

Newman, N. and Fletcher, R. (2018) 'Platform reliance, information intermediaries, and news diversity'. In M. Moore and D. Tambini (eds). *Digital dominance: The power of Google, Amazon, Facebook and Apple* (pp. 133-152). Oxford: Oxford University Press.

Newman, N., with Fletcher, R., Kalogeropoulos, A. and Kleis Nielsen, R. (2019) *Reuters Institute digital news report 2019*. Reuters Institute for the Study of Journalism. Oxford. At https://reutersinstitute.politics.ox.ac.uk/sites/default/files/2019－06/DNR_2019_FINAL_0.pdf

Noam, E. (2019) 'Looking ahead at internet video and its societal impacts'. In M. Graham and W. H. Dutton (eds). *Society & the internet: How networks of information and communication are changing our lives, 2nd edition* (pp. 371–388). Oxford: Oxford University Press.

Nooren, P., van Gorp, N., van Eijk, N. and Fathaigh, R. O. (2018) 'Should we regulate digital platforms? A new framework for evaluating policy options'. *Policy & Internet, 10*(3): 264–301.

North, D. C. (1977) 'Markets and other allocation systems in history: The challenge of Karl Polanyi'. *Journal of European Economic History, 6*(3): 703–716.

North, D. C. (1990) *Institutions, institutional change and economic performance*. Cambridge: Cambridge University Press.

OECD. (2015) *In it together: Why less inequality benefits all*. OECD. Paris. At http://www.oecd.org/social/in−it−together−why−less−inequality−benefits−all−9789264235120−en.htm

OECD. (2018) *Bridging the digital gender divide: Include, upskill, innovate*. OECD. Paris. At http://www.oecd.org/internet/bridging−the−digital−gender−divide.pdf

OECD. (2019) *Secretariat proposal for a 'unified approach' under pillar one*. OECD Public Consultation Document. Paris. At http://www.oecd.org/tax/beps/public−consultation−document−secretariat−proposal−unified−approach−pillar−one.pdf

O'Neil, C. (2016) *Weapons of math destruction: How big data increases inequality and threatens democracy*. Cambridge, MA: Harvard University Press.

O'Neill, O. (2002) *A question of trust: The BBC Reith Lectures 2002*. Cambridge: Cambridge University Press.

Ostrom, E. (1990) *Governing the commons: The evolution of institutions for collective action*. Cambridge: Cambridge University Press.

Pariser, E. (2011) *The filter bubble: What the internet is hiding from you*. New York: Penguin.

Parks, L. and Starosielski, N. (2015) *Signal traffic: Critical studies of media infrastructures*. Urbana: University of Illinois Press.

Pasquale, F. (2019) 'A rule of persons, not machines: The limits of legal automation'. *The George Washington Law Review, 87*(1): 1-55.

Paul, K. (2019) '"Breathtaking arrogance": Senators grill Facebook in combative hearing over Libra currency', *The Guardian*, 16 July. At https://www.theguardian.com/technology/2019/jul/15/big−tech−behemoths−face−grilling−from−us−lawmakers−as−hearings−kick−off

Pickard, V. (2020) *Democracy without journalism: Confronting the misinformation society*. New York: Oxford University Press.

Pissarides, C. and Thomas, A. (2019) *The future of good work: The foundation of a modern moral economy*. Institute for the Future of Work (IFOW) Discussion Paper. London. At https://www.ifow.org/publications/2019/2/13/the−future−of−good−work−the−foundation−of−a−modern−moral−economy

Plantin, J.−C., Lagoze, C., Edwards, P. N. and Sandvig, C. (2018) 'Infrastructure studies meet platform studies in the age of Google and Facebook'. *New Media & Society, 20*(1): 293-310.

Pupillo, L., Noam, E. and Waverman, L. (eds). (2018) *Digitized labor: The impact of the internet on employment*. London: Palgrave Macmillan.

Puppis, M. and Winseck, D. (Compilers). (2019) *Platform regulation inquiries, reviews and proceedings worldwide*. Resource, University of Fribourg and Carleton niversity. At https://docs.google.com/document/d/1AZdh9sECGfTQEROQjo5fYeiY_gezdf_11B8mQFsuMfs/edit#heading=h.drjg9uyede6x

Raboy, M. (2016) *Marconi: The man who networked the world*. Oxford: Oxford niversity Press.

Ranking Digital Rights. (2019) *Corporate Accountability Index*. New America oundation. Washington, DC. At https://rankingdigitalrights.org/

Ren, J., Jubois, D. J., Choffnes, D., Mandalari, A. M., Kolcun, R. and Haddadi, H. 2019) *Information exposure from consumer IoT devices*. Proceedings of the nternet Measurement Conference IMC'19. New York.

Rheingold, H. (2000) *The virtual community: Homesteading on the electronic rontier* (Revised edition). Cambridge, MA: The MIT Press.

Ricaurte, P. (2019) 'Data epistemologies, the coloniality of power, and resistance'. *elevision & New Media, 20*(4): 350-365.

Richards, N. and Hartzog, W. (2019) 'The pathologies of digital consent'. *ashington University Law Reviw, 96*: 1461-1503.

Roberts, H., Cowls, J., Morley, J., Taddeo, M., Wang, V. and Floridi, L. (2019) *The hinese approach to artificial intelligence: An analysis of policy and regulation*. niversity of Oxford. At https://papers.ssrn .com/sol3/papers.cfm?abstract_id=3469784

Robinson, L., Cotten, S. R., Ono, H., Quan−Haase, A., Mesch, G., Chen, W., Schulz, J. et al. (2015) 'Digital inequalities and why they matter'. *Information, Communication and Society, 18*(5): 569-582.

Rochet, J.−C. and Tirole, J. (2003) 'Platform competition in two−sided markets'. *Journal of the European Economic Association, 1*(4): 990-1029.

Rohlfs, J. (1974) 'A theory of interdependent demand for a communications service'. *Bell Journal of Economics, 5*(1): 16-37.

Romanosky, J. and Chetty, M. (2018) 'Understanding the use and impact of the zero−rated Free Basics platform in South Africa'. *CHI'18 Proceedings of the 2018 CHI Conference on Human Factors in Computing Systems, Paper No. 192*. 1-13.

Romer, P. (1990) 'Endogenous technological change'. *Journal of Political Economy, 98*(5 Pt 2): 71-102.

Rutherford, M. (1994) *Institutions in economics: The old and the new institutionalism*. Cambridge: Cambridge University Press.

Samarajiva, R. and Mukherjee, R. (1991) 'Regulation of 976 services and dial−a−porn: Implications for the intelligent network'.

Telecommunications Policy, 15(2): 151–164.

Samuelson, P. A. (1954) 'The pure theory of public expenditure'. *Review of Economics and Statistics, 36*(4): 387–389.

Schiller, H. and Miege, B. (1990) 'Communication of knowledge in an information society'. In J. Berleur, A. Clement, R. Sizer and D. Whitehouse (eds). *The information society: Evolving landscapes* (pp. 161–167). Concord, ON: Captus Press.

Schlosberg, J. (2018) 'Digital agenda setting: Reexamining the role of platform monopolies'. In M. Moore and D. Tambini (eds). *Digital dominance: The power of Google, Amazon, Facebook and Apple* (pp. 202–218). Oxford: Oxford University Press.

Schwab, K. (2017) *The fourth industrial revolution*. Geneva: World Economic Forum.

Schwab, K. (ed.). (2019) *The global competitiveness report 2019*. Geneva: World Economic Forum Insight Report.

ScrapeHero. (2019) 'How many products does Amazon sell worldwide – January 2018', *ScrapeHero*. At https://www.scrapehero.com/how–many－products－amazon－sell－worldwide－january－2018/

Sedgewick, R. and Wayne, K. (2011) *Algorithms, 4th edition*. Boston, MA: Addison Wesley Professional.

Selbst, A. D., Boyd, D., Friedler, S., Venkatasubramanian, S. and Vertesi, J. (2019) 'Fairness and abstraction in sociotechnical systems'. *FAT* 19 Proceedings of the Conference on Fairness, Accountability, and Transparency, 1*(1): 59–68.

Shen, H. (2016) 'China and global internet governance: Toward an alternative analytical framework'. *Chinese Journal of Communication, 9*(3): 304–324.

Shiller, R. J. (2019) *Narrative economics: How stories go viral & drive major economic events*. Princeton, NJ: Princeton University Press.

Siepel, J., Camerani, R., Pellegrino, G. and Masucci, M. (2016) *The fusion effect: The economic returns to combining arts and science skills*. NESTA. London. At https://media.nesta.org.uk/documents/the

fusion_effect_v6.pdf

Simon, H. A. (1991) *Models of my life*. New York: Basic Books.

Simonite, T. (2018). AI has started cleaning up Facebook, but can it finish? *Wired*, 18 December. At https://www.wired.com/story/ai－has-started－cleaning－facebook－can－it－finish/

Soete, L. (1985) 'International diffusion of technology, industrial development and technological leapfrogging'. *World Development, 13*: 409-422.

Soete, L. and Kamp, K. (1996) 'The "bit tax": The case for further research'. *Science and Public Policy, 23*(6): 353-360.

Solomonoff, G. (1956) *Ray Solomonoff and the Dartmouth Summer Research Project in artificial intelligence*. Oxbridge Research. Cambridge, MA. At http://raysolomonoff.com/dartmouth/dartray.pdf

Souter, D. and Van der Spuy, A. (2019) *UNESCO's Internet Universality Indicators*. UNESCO. Paris. At https://unesdoc.unesco.org/ark:/48223/pf0000367617

Spithoven, A. (2019) 'Similarities and dissimilarities between original institutional economics and new institutional economics'. *Journal of Economic Issues, 53*(2): 440-447.

Srnicek, N. (2017) *Platform capitalism*. Cambridge: Polity.

Statista. (2019) 'Global no. 1 business data platform'. At https://www.statista.com/

Steinmueller, W. E. (2000) 'Will new information and communication technologies mprove the "codification" of knowledge?' *Industrial and Corporate Change, 9*(2): 361.

Steinmueller, W. E. (2001) 'ICTs and the possibilities of leapfrogging by developing countries'. *International Labour Review, 140*(2): 193-210.

Steinmueller, W. E. (2003) *Information society consequences of expanding the intellectual property domain*. STAR Issue Report No. 39, SPRU, University of Sussex. London. At https://www.dime－eu.org/files/active/1/steinmueller.pdf

Stirling, A. (2007) 'A general framework for analysing diversity in science, technology and society'. *Journal of the Royal Society Interface, 4*(15): 707-719.

Stoilova, M., Rishita, N. and Livingstone, S. (2019) 'Children's understanding of personal data and privacy online: A systematic evidence mapping'. *Information, Communication & Society.* Published Online 17 September.

Strassburg, B. (1970) Address to the communications carriers and management information systems by the Chief of FCC Common Carrier Bureau, at Institute on Management Information and Data Transfer Systems, American University. Cybertelecom – Federal Internet Law & Policy, An Educational Project. Washington, DC. At https://www.cybertelecom.org/ci/ci.htm

Sullins, J. P. (2016) 'Ethics boards for research in robotics and artificial intelligence: Is it too soon to act?'. In M. Norskov (ed). *Social robots: Boundaries, potential, challenges* (pp. 83-98). Farnham: Ashgate Publishing.

Sunstein, C. R. (2009) *Republic.Com 2.0.* Princeton, NJ: Princeton University Press. Taddeo, M. and Floridi, L. (2018) 'Regulate artificial intelligence to avert cyber arms race'. *Nature, 556*(19 April): 296-298.

Taye, B. and Cheng, S. (2019) 'The state of internet shutdowns', *Accessnow,* 8 July. At https://www.accessnow.org/the – state – of – internet – shutdowns – in – 2018/.

Thaler, R. H. and Sunstein, C. R. (2009) *Nudge: Improving decisions about health, wealth, and happiness.* London: Penguin Books.

The Royal Society. (2018) *The malicious use of artificial intelligence: Forecasting, prevention, and mitigation.* The Royal Society. London. At https://arxiv.org/pdf/1802.07228.pdf.

Tirole, J. (2017) *Economics for the common good,* trans. S. Rendall. Princeton, NJ: Princeton University Press.

Trust Truth and Technology Commission. (2018) *Tackling the information crisis: A policy framework for media system resilience.*

Report of the LSE Commission on Truth, Trust and Technology. London. At http://www.lse.ac.uk/media－and－communications/truth －trust－and－technology－commission/The－report.

Turow, J. (2011) *The daily you: How the new advertising industry is defining your identity and your worth.* New Haven, CT: Yale University Press.

Tversky, A. and Kahneman, D. (1992) 'Advances in prospect theory: Cumulative representation of uncertainty'. *Journal of Risk and Uncertainty,* 5(4): 297‒323.

UK. (2018a) *Adults' media use and attitudes online.* Ofcom. London. At https://www.ofcom.org.uk/research－and－data/media－literacy－ research/adults/adults－media－use－and－attitudes.

UK. (2018b) *Algorithms in decision－making.* House of Commons Science and echnology Committee Fourth Report of Session 2017‒19. London. At https://ublications.parliament.uk/pa/cm201719/cmselect/ cmsctech/351/351.pdf.

UK. (2018c) *Democracy disrupted? Personal information and political influence.* nformation Commissioner's Office. London. At https://ico .org.uk/media/ction－weve－taken/2259369/democracy－disrupted－ 110718.pdf.

UK. (2018d) *The economic value of data: Discussion paper.* HM Treasury. At https://assets_publishing.service.gov.uk/government/up loads/system/uploads/attachment_data/file/31349/20180730_HMT Discussion_Paper－The_Economic_Value_of_Data.pdf.

UK. (2019a) *Disinformation and 'fake news': Final report, Eighth Report of Session 017‒19.* House of Commons, Digital, Culture, Media and Sport Committee. London. At https://publications. parliament.uk/pa/cm201719/cmselect/cmcumeds/1791/1791.pdf.

UK. (2019b) *The future of public service media.* Ofcom. London. At https://www.ofcom.org.uk/data/assets/pdf_file/0022/155155/future －public－service－media.pdf.

UK. (2019c) *Media nations: UK 2019.* Ofcom. London. At https://www

.ofcom.org.uk/data/assets/pdf_file/0019/160714/media － nations － 201
9 － uk － report.pdf.

UK. (2019d) *Online Harms White Paper.* Secretary of State for Digital,
Culture, Media & Sport and the Secretary of State for the Home
Department. London. At https://www.gov.uk/government/consul
tations/online － harms － white － paper.

UK. (2019e) *Online market failures and harms: An economic
perspective on the challenges and opportunities in regulating online
services.* Ofcom. London. At https://www.ofcom.org.uk/data/assets/
pdf_file/0025/174634/online － market － failures － and － harms.pdf.

UK. (2019f) *Public service broadcasting: As vital as ever.* House of
Lords Select Committee on Communications and Digital, First Report
of Session 2019. London. At https://publications.parliament.uk/pa/
ld201919/ldselect/ldcomuni/16/16.pdf.

UK. (2019g) *Regulating in a digital world.* House of Lords Select
Committee on Communications, Second Report of Session 2017‒19.
London. At https://publications.parliament.uk/pa/ld201719/ldselect/
ldcomuni/299/299.pdf.

UK. (2019h) *The right to privacy (Article 8) and the digital revolution.*
Joint Committee on Human Rights (HC 122 HL Paper 14). London.
At https://publications.parliament.uk/pa/jt201919/jtselect/jtrights/122/
122.pdf

UNCTAD. (2019) *Digital Economy report 2019: Value creation and
capture － implications for developing countries.* United Nations
Conference on Trade and Development. Geneva. At https://unctad
.org/en/pages/PublicationWebflyer.aspx?publicationid＝2466.

US. (1990) *Critical connections: Communications for the future.*
Washington, DC: Office of Technology Assessment.

US. (1996) *Communication Decency Act.* US Public Law 104‒104, 8
February. Title V 47 U.S.C. S 230. At https://www.congress.gov/104/
plaws/publ104/PLAW － 104publ104.pdf.

US. (1998a) *Digital Millennium Copyright Act.* US Public Law 105‒304,

28 October. United States. At https://www.govinfo.gov/content/pkg/ PLAW − 105publ304/pdf/PLAW − 105publ304.pdf.

US. (1998b) *Privacy online: A report to Congress.* Federal Trade Commission. Washington, DC. At https://www.ftc.gov/sites/default/ files/documents/reports/privacy − online − report − congress/priv − 23a.pdf.

US. (2018a) *California Consumer Privacy Act of 2018.* State of California Legislature, Assembly Bill No. 375, Chapter 55. At https:// leginfo.legislature.ca.gov/faces/billTextClient.xhtml?billid = 201720180 AB375.

US. (2018b) *Charting a course for success: America's strategy for STEM education.* Executive Office of the President Report by Committee on STEM Education, National Science & Technology Council (NSTC). Washington, DC. At https://www.whitehouse.gov/wp − content/ uploads/2018/12/STEM − Education − Strategic − Plan − 2018.pdf.

US. (2019a) *Digital Citizenship and Media Literacy Act.* Introduced in Senate US Congress, 116th Congress 2019–2020. Washington, DC. At https://www.congress.gov/bill/116th − congress/senate − bill/2240/text ?r = 8&s = 1

US. (2019b) *Justice Department reviewing the practices of market − leading online platforms.* US Department of Justice. Washington, DC. At https://www.justice.gov/opa/pr/justice − depart ment − reviewing − practices − market − leading − online − platforms

Ustek − Spilda, F., Powell, A. and Nemorin, S. (2019) 'Engaging with ethics in Internet of Things: Imaginaries in the social milieu of technology developers'. *Big Data & Society,* July–December: 1–12.

van Dijck, J., Poell, T. and De Waal, M. (2018) *The platform society: Public values in a connective world.* Oxford: Oxford University Press.

van Dijk, J. A. G. M. (2013) 'A theory of the digital divide'. In M. Ragnedda and G. W. Muschert (eds). *The digital divide: The internet and social inequality in international perspective* (pp. 29–51). New

York: Routledge.

Van Doorn, N. (2017) 'Platform labor: On the gendered and racialized exploitation of low−income service work in the "on−demand" economy'. *Information, Communication & Society, 20*(6): 898–914.

van Schewick, B. (2010) *Internet architecture and innovation.* Cambridge, MA: The MIT Press.

Varian, H. R. (2016) 'The economics of internet search'. In J. M. Bauer and M. Latzer (eds). *Handbook on the economics of the internet* (pp. 385–394). Cheltenham, UK and Northampton, MA, USA: Edward Elgar Publishing.

WEF. (2017) '8 men have the same wealth as 3.6 billion of the world's poorest people. We must rebalance this unjust economy'. World Economic Forum. At https://www.weforum.org/agenda/2017/01/eight−men−have−the−same−wealth−as−3−6−billion−of−the−worlds−poorest−people−we−must−rebalance−this−unjust−economy

WEF. (2018) *The future of jobs report 2018.* World Economic Forum, Centre for the New Economy and Society. At http://www3.weforum.org/docs/WEF_Future_of_Jobs_2018.pdf

WEF. (2019) *Agenda in focus: Fixing equality.* World Economic Forum based on Oxfam. At https://www.weforum.org/focus/fixing−inequality

Williamson, O. E. (1975) *Markets and hierarchies: Analysis and antitrust implications.* New York: Free Press.

Williamson, O. E. (2000) 'The new institutional economics: Talking stock, looking ahead'. *Journal of Economic Literature, 38*(3): 595–613.

Winseck, D. (2016) 'Reconstructing the political economy of communication for the digital media age'. *The Political Economy of Communication, 4*(4): 73–114.

Wu, T. (2016) *The attention merchants: The epic scramble to get inside our heads.* New York: Random House.

Wu, T. (2018) *The curse of bigness: Antitrust in the new Gilded Age*. New York: Penguin Random House.

Wu, T. (2019) 'Blind spot: The attention economy and the law'. *Antitrust Law Journal, 82*(3): 771–806.

Yang, F. and Mueller, M. L. (2019) 'Internet governance in contemporary China'. In J. Yu and S. Guo (eds). *The Palgrave handbook of local governance in contemporary China* (pp. 441–463). Singapore: Palgrave Macmillan.

Yang, G. (2017) 'Demobilizing the emotions of online activism in China: A civilizing process'. *International Journal of Communication, 11*: 1945–1965.

Yu, H. (2017) *Networking China: The digital transformation of the Chinese economy*. Chicago: University of Illinois Press.

Zelizer, B. (2017) *What journalism could be*. Polity Press. Cambridge.

Zittrain, J. (2003) 'Internet points of control'. *Boston College Law Review, 44*(2): 653–688.

Zuboff, S. (1988) *In the age of the smart machine: The future of work and power*. New York: Basic Books.

Zuboff, S. (2019) *The age of surveillance capitalism: The fight for a human future at the new frontier of power*. New York: Public Affairs.

Zuckerberg, M. (2019) 'A privacy-focused vision for social networking', *Facebook*, 6 March. At https://www.facebook.com/notes/mark-zuckerberg/a-privacy-focused-vision-for-social-networking/10156700570096634/.

저자 약력

로빈 만셀(Robin Mansell)

로빈 만셀(Robin Mansell)은 런던정경대학(London School of Economics and Political Science) 미디어 커뮤니케이션학과 교수이다. 그녀는 커뮤니케이션, 정보 및 인터넷 정책에 관한 연구 회의인 TPRC(Research Conference on Communications, Information and Internet Policy)의 이사이며, 국제 미디어 및 통신 연구 협회인 IAMCR(the International Association for Media and Communication Research)의 전 회장이다. 그녀의 연구는 기술 혁신, 디지털 플랫폼 거버넌스 및 이들의 사회 정치적 및 경제적 결과에 중점을 둔다. 그녀는 1984년 캐나다 사이먼프레이저대학교(Simon Fraser University)에서 박사 학위를 받았고 1988-2000년에는 서식스대학교 SPRU대학원(the Science Policy Research Unit)에서 정보 통신 기술 정책의 부교수와 교수를 역임하였다.

에드워드 스타인뮬러(Edward Steinmueller)

에드워드 스타인뮬러(Edward Steinmueller)는 스탠포드대학교에서 경제학 박사 학위를 받았고 스탠포드 경제정책연구소 부소장을 역임하였다. 1994년 유럽으로 이주한 이후 마스트리히트대학교(Maastricht University)의 교수를 재직하였으며 현재는 서식스대학교 SPRU 대학원 혁신경제학 R.M. 필립스 체어(R.M. Phillips Chair)를 맡고 있다. 그는 주로 소프트웨어, 집적 회로 및 통신 산업을 연구하였다. 현재 주요 연구 분야는 사회 및 경제의 근본적인 전환에서 디지털 기술의 역할과 사회적 요구 및 큰 도전을 해결하기 위한 과학기술정책의 재편 등이다.

역자 약력

김병근

김병근 교수는 영국 서식스(Sussex)대학교 과학기술정책대학원(SPRU)에서 과학기술정책학 박사 학위를 취득하고 서식스(Sussex)대학교 Research Fellow를 거쳐 한국기술교육대학교 산업경영학부 교수로 재직 중이다. 기술경영경제학회장(2012년)과 Asian Journal of Technology Innovation의 편집위원장(2013년－2019년)을 역임하였으며 현재 기술혁신경영연구소장을 맡고 있다.

옥주영

옥주영 교수는 서울대학교에서 경제학 박사 학위를 취득하였으며, 주식회사 데이콤과 한국기술교육대학교 기술경영대학원에서 근무하였다.

강민정

강민정 교수는 한양대학교 경영대학에서 경영학 박사를 취득하였으며, 한국기술교육대학교 기술혁신경영연구소에서 연구교수로 재직하였고, 현재 고려대학교 BK21경영학교육연구단 연구교수로 근무하고 있다.

김규환

김규환 교수는 서울시립대학교에서 도시행정학 박사를 취득하였고, 한국지식재산연구원과 인적자원개발위원회를 거쳐 한국기술교육대학교 기술혁신경영연구소에서 연구교수로 재직하였다.

김종석

김종석 교수는 영국 맨체스터대학교 경영대학원에서 경영학 박사를 취득하였다. 한국기술교육대학교 기술혁신경영연구소에서 연구교수로 재직하였고, 현재는 지식집약비즈니스서비스기업인 KJS & Group의 학술연구이사로 활동하고 있다.

플랫폼 경제학

초판발행   2022년 1월 15일

지은이   Robin Mansell · W. Edward Steinmueller
옮긴이   김병근 · 옥주영 · 강민정 · 김규환 · 김종석
펴낸이   안종만 · 안상준

편 집   김민조
기획/마케팅   오치웅
표지디자인   이미연
제 작   고철민 · 조영환

펴낸곳   (주) **박영사**
                서울특별시 금천구 가산디지털2로 53, 210호(가산동, 한라시그마밸리)
                등록 1959. 3. 11. 제300-1959-1호(倫)
전 화   02)733-6771
f a x   02)736-4818
e-mail   pys@pybook.co.kr
homepage   www.pybook.co.kr
ISBN   979-11-303-1408-2   93320

* 파본은 구입하신 곳에서 교환해 드립니다. 본서의 무단복제행위를 금합니다.
* 역자와 협의하여 인지첩부를 생략합니다.

정 가   16,000원